Schmitz/Böhning/Krings

Konstruktionsempfehlungen

Schmitz / Böhning / Krings

Konstruktions-Empfehlungen

Altbaumodernisierung im Detail

Rudolf Müller

Die Deutsche Bibliothek - CIP-Einheitsaufnahme

Schmitz, Heinz:
Konstruktionsempfehlungen:
Altbaumodernisierung im Detail /
Schmitz; Böhning; Krings. -
Köln : R. Müller, 1991

ISBN 3-481-00137-1

NE: Böhning, Jörg:; Krings, Edgar:

Dieses Fachbuch
»Konstruktionsempfehlungen - Altbaumodernisierung im Detail«
beruht auf dem Projekt B I 5-800186-203
des Bundesministeriums
für Raumordnung, Bauwesen und Städtebau.

2. Auflage 1991

ISBN 3-481-00137-1

Umschlaggestaltung: Steffen Missmahl, Köln
Umschlagfoto: Gruppe Haus- und Stadterneuerung, Aachen
Satz: Fotosatz Gluske, Köln
Druck: Druckerei A. Hellendoorn KG, Bad Bentheim
Printed in Germany

Inhalt

A Einleitung

B Allgemeine Hinweise zur Modernisierung

C Darstellung und Wertung altbaugerechter Lösungsmöglichkeiten

D Anhang

A Einleitung

1 Ziel des Buches

Fünfundzwanzig Jahre Praxiserfahrung bei der Instandsetzung und Modernisierung bestehender Bausubstanzen bilden die Grundlage dieses Buches.

Aufbauend auf diese Erfahrungen wurden 19 Problempunkte ausgewählt, die typische Mängel und Schäden verschiedener Altersstufen aufzeigen. Das Spektrum reicht von Abdichtungsmaßnahmen gegen Bodenfeuchtigkeit bis zum sinnvollen Verlegen von Rohrleitungen. Aspekte des Schallschutzes werden ebenso behandelt wie Möglichkeiten nachträglicher Wärmedämmung. Ausgewählt wurden Problempunkte, die typisch sind an Häusern von der Jahrhundertwende bis in die 50er und 60er Jahre.

Allgemeinen Aspekten der Modernisierung, wie unterschiedliche Modernisierungserfordernisse, Hinweise zur Durchführungspraxis der Modernisierung und grundlegende bauphysikalische und technische Probleme, ist übergreifend ein eigenes Kapitel gewidmet.

2 Aufbau und Handhabung

»Altbaumodernisierung im Detail« ist aufgebaut wie ein Nachschlagewerk: In den bereits erwähnten Problempunkten, zum Beispiel »Geringe Wärmedämmung von Außenwänden«, werden zunächst allgemeine Aspekte des Wärmeschutzes von Außenwänden dargestellt. Hieran anschließend finden Sie immer mehrere Möglichkeiten als Konstruktionslösung. Neben einem Konstruktionsschema werden vor allem auch technische Daten benannt. Dies sind neben den Baukosten so wichtige Werte wie Lebensdauer, Einbauzeiten, Trocknungs- und Wartezeiten, Schallschutz-, Wärmeschutz- und andere technische Werte.

Sie finden also, wie in einem Katalog, zu einem spezifischen Problem bestimmte Lösungen, die Sie anhand der genannten Parameter beurteilen und auswählen können.

Andererseits werden Ihnen zu einer vielleicht schon oft ausgeführten, bekannten Konstruktionslösung mehrere Alternativen aufgezeigt, die für einen speziellen Anwendungsfall besser geeignet sein können als die herkömmliche Lösung.

Neben diesen Konstruktionsvergleichen werden für ausgewählte Konstruktionslösungen technische Details dargestellt. Wie die Praxis gezeigt hat, ist es nicht der Regelquerschnitt, der problematisch ist, sondern es sind vielmehr die Anschlußbereiche, die Übergänge, die Sonderlösungen etc., die bei der Altbaumodernisierung noch von weit größerer Bedeutung sind als bei der Errichtung von Neubauten.

Nicht genannt werden Produktbezeichnungen. Es sind jedoch bei definierten Anforderungen an ein Produkt immer exakte technische Beschreibungen aufgeführt, zum Beispiel der Inhaltsstoffe, so daß daraus klare Anforderungen an die Produkthersteller abgeleitet werden können.

Der Aspekt »Umweltverträglichkeit« wurde bei den Beurteilungskriterien ausgespart, da es im Bereich des Bauwesens noch zu wenig umfassende Untersuchungen und daraus abgeleitete Parameter für umweltverträgliche, sinnvoll einsetzbare Stoffe gibt.

3 Erläuterung der Beurteilungskriterien

Dieses Buch will die schadensfreie Modernisierung mit bauphysikalisch und technisch richtigen Konstruktionen zu günstigen Kosten anregen. Hierzu werden verschiedene praxisgerechte Konstruktionen gegenübergestellt und hinsichtlich ihrer Kosten, ihrer konstruktiven Eigenschaften, ihrer Einbauzeiten etc. gewertet und beurteilt.

Für die Gegenüberstellung wurden hierzu folgende Parameter ausgewählt:

1. Kosten
- □ Baukosten
- □ Instandhaltungskosten
- □ Folgekosten

2. Zeiten
- □ Lebensdauer
- □ Einbauzeiten
- □ Trocknungs-/Wartezeiten

3. Technische Einflußgrößen
- □ Gewicht
- □ Abmessungen
- □ Schalldämmung
- □ Feuchtebeständigkeit

4. Sonstige Einflußgrößen
- □ Zusätzlich erforderliche Maßnahmen
- □ Ausführende Unternehmen
- □ Gestaltung
- □ Denkmalverträglichkeit
- □ Beeinträchtigung der Wohnnutzung
- □ Anmerkungen zu sonstigen Eigenschaften

Nicht bei jedem Problempunkt sind alle Parameter von gleicher Bedeutung. Den einzelnen Kapiteln sind deshalb immer nur die wichtigsten Einflußgrößen zugeordnet, um die Beurteilung klar und deutlich zu halten.

Ermittlung von Kosten-/Zeitwerten

Während einige Einflußgrößen wie Gewicht, Abmessung, Schalldämmung etc. einfach meßbar und damit unstrittig sind, bedürfen andere der Erläuterung und Definition:

Baukosten

Unter Baukosten werden hier die Kosten verstanden, die erforderlich sind, um das Bauteil vollständig einschließlich aller Nebenleistungen zu errichten, das heißt zum Beispiel, daß bei Fliesenbelägen die Randfugen, bei neuen Türen die Beiputzarbeiten enthalten sind.

Die Baukosten wurden auf der Grundlage des Bauteilkostenkatalogs ermittelt, den die Gruppe Haus- und Stadterneuerung in einem Forschungsauftrag für das Bundesbauministerium entwickelte. Im Bauteilkatalog sind ca. 1450 komplett kalkulierte Baupreise enthalten, die dem Stand vom Frühjahr 1991 und einem Index von 190 bezogen auf 1976 = 100 entsprechen. Grundsätzlich unterliegen die Baukosten gewissen Schwankungen, die ihre Ursache in regionalen Unterschieden, in besonderen Schwierigkeiten der Einzelkonstruktion, in der Zugänglichkeit des Einbauortes, in besonderen Schutzmaßnahmen etc. haben können. Bewußt wurde deshalb keine Preisspanne angegeben, da sie in einem Fall eine Besonderheit nicht erfaßt, im anderen Fall unzulässig weit gefaßt ist. Der angegebene Preis ist also immer ein Mittelpreis, der Abweichungen nach oben und unten aufweisen kann.

Instandhaltungskosten/Folgekosten

Manche Konstruktionen bedürfen bis zur Gebrauchsfertigstellung einer Ergänzung durch weitere Baumaßnahmen. Um den Vergleich mit fertigen Konstruktionen zu ermöglichen, wurde in den Folgekosten der zusätzliche Aufwand erfaßt.

Beispiel »Unterböden«: der Gußasphalt muß im Gegensatz zu Spanplattenböden, bei denen die Spachtelung zur Herstellung gehört, noch vom Fußbodenleger zusätzlich gespachtelt werden.

Aus dem gleichen Grund der Vergleichsmöglichkeit sind bei einigen Konstruktionen die Instandhaltungskosten angegeben, um zum Beispiel »instandhaltungsaufwendige« von »instandhaltungsgeringen« Konstruktionen zu unterscheiden.

Lebensdauer/Einbauzeiten

Für die Lebensdauer von Bauteilen gibt es drei Tabellen:

a) die Wertermittlungsrichtlinien des Bundes vom 31. 5. 1976,
b) den Häufigkeitskatalog des Gesamtverbandes Gemeinnütziger Wohnungsunternehmen und
c) eine Tabelle mit Werten aufgrund eigener Ermittlungen.

Alle Listen sind im Anhang abgedruckt und einander gegenübergestellt.

Für die Werte, die bei den einzelnen Konstruktionen angegeben sind, wurde überwiegend die eigene Liste verwendet, die am ausführlichsten auf Einzelprobleme eingeht.

Insgesamt ist der Bereich der Lebensdauer von Konstruktionen noch wenig untersucht und beschrieben. Vor allem, wenn es um den Vergleich ähnlicher Konstruktionen geht, sind die Werte mit entsprechender Vorsicht zu bewerten. Grundsätzlich kann die Lebensdauer nur ein Anhaltswert sein, der, wie alle anderen Werte auch, gewissen Schwankungen unterliegt, da zum Beispiel Ausführungsqualität und Beanspruchung eines Bauteiles sehr unterschiedlich sein können.

Festlegung von Standards

Kosten- und Zeitwerte sind außerordentlich stark abhängig von der gewählten Qualität, das heißt vom Standard einer ausgeführten Konstruktion.

Um möglichst universell verwertbare Ergebnisse bieten zu können, wurden als Richtschnur mittlere Standards gewählt, wie sie zum Beispiel bei der Modernisierung im sozialen Wohnungsbau zur Anwendung kommen. Konstruktionsbedingte Abweichungen oder alternative Lösungsvorschläge mit höherem Standard sind jeweils gekennzeichnet.

Zusammenfassung

Alle genannten Kosten-, Zeit- und Konstruktionswerte sollen als Richtschnur dienen. Es wurde bewußt darauf verzichtet, Preisspannen anzugeben. Die Werte sollen vielmehr dazu dienen, bestimmte Trends innerhalb festgelegter Konstruktionsbereiche erkennen zu können und Konstruktionen gegeneinander zu werten und zu vergleichen. Hierzu wurden mittlere Werte gewählt. Die genannten Kosten beziehen sich auf Preise des II. Quartals 1991 (Index 190 bezogen auf 1976 = 100).

B Allgemeine Hinweise zur Modernisierung

1 Schadensbilder und Modernisierungserfordernisse an Gebäuden verschiedener Bauperioden

Die Untersuchungen und Erläuterungen in den folgenden Kapiteln beziehen sich auf Wohngebäude aus drei verschiedenen Bauperioden:

- □ Stadthäuser der Jahrhundertwende
- □ Häuser der 20er und 30er Jahre
- □ Nachkriegsbauten der 50er Jahre

Die Häuser der drei genannten Kategorien unterscheiden sich wesentlich in ihren Konstruktionsmerkmalen.

Bürgerhaus der Jahrhundertwende

Stadthäuser der Jahrhundertwende

Die Stadthäuser der Gründerzeit zeigen sehr dicke Außenwände mit guten Schall- und recht guten Wärmeschutzeigenschaften. Die Kellerdecken bestehen aus gemauerten Kappen, die Decken der Obergeschosse aus Holzbalken mit Holzdielenbelag und unterseitigem Putz auf Spalierlatten. Die Außenwände sind oft reich verziert, während sich im Inneren zumindest im 1. OG. zahlreiche Stuckarbeiten finden. Räume und Wohnungen sind großzügig geschnitten, Bäder finden sich nur selten, das WC auf dem Treppenpodest ist vorherrschend.

Der Wärmeschutz der Wände findet bisweilen eine Entsprechung in der Ausbildung der Fenster als Kastenfenster.

Vorherrschendes Heizsystem ist die Einzelofenheizung.

Typische Schadensbilder und Mängel

Außenwände

- □ Statische Probleme durch Risse in tragenden Teilen, rostende Stahlträger
- □ Rißbildungen in tragenden Gebäudeteilen
- □ Durchfeuchtung der Kellerwände bei fehlender Vertikalabdichtung
- □ Durchfeuchtung der Erdgeschoßwände durch fehlende Horizontalabdichtung

Innenwände

- □ Unzureichender Schallschutz von Wohnungstrennwänden aufgrund geringer Wandstärken, Ausbildung der Wände oft mit Stahl- oder Holzfachwerk
- □ Unzureichender Brandschutz bei Treppenhaus- oder Wohnungstrennwänden
- □ Putzschäden mit großflächigen Abplatzungen

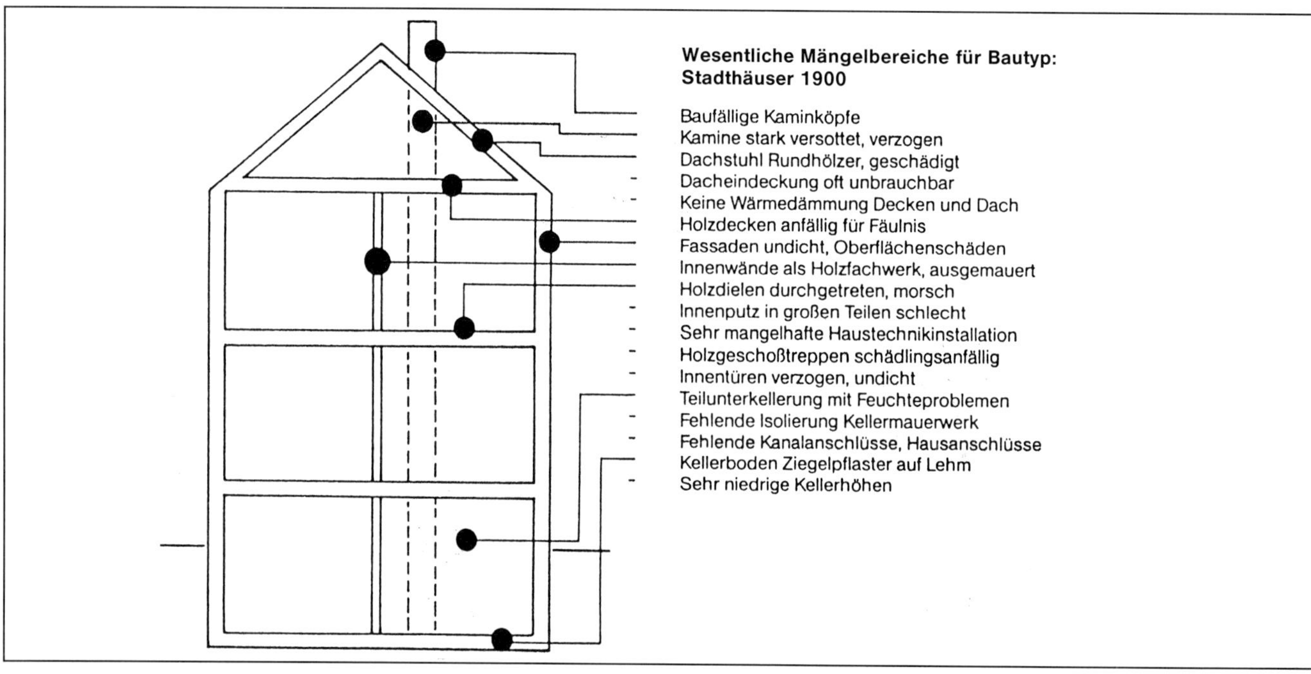

Außenwandbekleidungen

- □ Putzschäden in Form von Rissen, Hohlstellen und Abplatzungen
- □ Beschädigungen von Stuck und anderen Fassadenapplikationen
- □ Ungenügende Abdeckung von Wandvorsprüngen – fehlende Metallabdeckung
- □ Sandende Fugen bei Ziegelsichtmauerwerk

Fenster, Außentüren

- □ Mangelhafte Dichtigkeit des Anschlusses zwischen Blendrahmen und Mauerwerk
- □ Fäulnisschäden an Blend- und Flügelrahmen
- □ Unzureichende oder schadhafte Fensterbeschläge
- □ Schäden an Klapp- oder Rolläden
- □ Defekte Fensterbankabdichtung
- □ Ungenügender Schall- und Wärmeschutz durch Einfachverglasung
- □ Beschädigte, undichte Hauseingangstüren

Dach

- □ Mangelhafte Tragfähigkeit des Dachstuhles wegen Unterdimensionierung der Traghölzer
- □ Tierischer und pflanzlicher Schädlingsbefall an den Holzteilen
- □ Undichtigkeit durch schadhafte Eindeckung und fehlende Unterspannbahn
- □ Ungenügende Wärmedämmung
- □ Schadhafte Kaminköpfe und Versottungen der Kaminzüge
- □ Schadhafte Eindichtung von Dachaufbauten

Geschoßdecken

- □ Durchbiegungen von unterdimensionierten Holzbalkendecken

- □ Fäulnisschäden am Auflager der Balken
- □ Abplatzung des Deckenputzes
- □ Befall durch Hausschwamm an Deckenbalken in Bereichen, an denen Feuchtigkeit eindringen kann
- □ Korrosionsschäden an Stahlträgern im Kellergeschoß

Fußböden, Innentüren

- □ Ausgetretene Holzdielenbeläge
- □ Beschädigte Fußleisten, oft mit Fäulnisbefall
- □ Beschädigte Fliesen- und Plattenbeläge im Hausflur des Erdgeschosses
- □ Durchfeuchtung des Kellerbodens
- □ Oberflächenschäden und Risse in den vorhandenen Holztüren

Geschoßtreppen

- □ Ausgetretene Holztreppenstufen
- □ Fäulnisschäden an Holztreppen im Erd- und Kellergeschoß
- □ Fäulnis- oder Schwammbefall an Treppenpodesten, vor allem bei undichten WC-Leitungen
- □ Ungenügender Trittschallschutz der Treppe
- □ Ungenügender Brandschutz der Treppe

Sanitärinstallation

- □ Unzureichende Installation in technisch schlechtem Zustand
- □ Verstopfte Abflußleitungen
- □ Ungenügende Ausstattung der vorhandenen Wohnung mit Bädern und WC's

Heizung

- □ Fehlende Zentralheizung
- □ Versottene Kaminzüge
- □ Brandgefahr durch unsachgemäß aufgestellte Einzelöfen

Elektroinstallation

- □ Technisch unzureichende Elektroinstallationen, oft ohne notwendigen Schutzleiter

Innerstädtische Bebauung der Jahrhundertwende

- □ Ungenügende Absicherung und Unterverteilung
- □ Gering dimensionierte Hausanschlüsse

Modernisierungsschwerpunkte

- □ Abdichtung von Kelleraußenwänden und Kellerböden gegen eindringende und aufsteigende Feuchtigkeit
- □ Verbesserung der Raumaufteilung durch Einbau neuer Zwischenwände
- □ Einbau von Bad und WC in der Wohnung
- □ Verbesserung des Schallschutzes vorhandener Innenwände
- □ Reparatur von Holzbalkendecken
- □ Reparatur beziehungsweise Erneuerung der Fenster
- □ Reparatur beziehungsweise Erneuerung der Dacheindekkung und Teilerneuerung des Dachstuhls
- □ Reparatur ausgetretener Holztreppenstufen
- □ Reparatur/Erneuerung von Innentüren
- □ Erneuerung der Haustechnik

Häuser der 20er und 30er Jahre

Die Wohnhäuser der 20er und 30er Jahre, vor allem die Wohnsiedlungen ehemaliger Stadtrandgebiete, zeigen deutlich kleinere Wohnungen und Grundrisse als Wohnhäuser der Jahrhundertwende. Die Wandquerschnitte sind oft schon stark minimiert, auch sind Ziegel nicht mehr allein vorherrschendes Wandbaumaterial, sondern verstärkt werden Bims- oder Bimshohlblocksteine eingesetzt. Die reich verzierten Stuckfassaden sind einfachen Putzfassaden gewichen, die teilweise jedoch noch sehr schöne Putzapplikationen zeigen.

Holzbalken dienen nach wie vor als Tragelement der Geschoßdecken, die Beheizung der Räume erfolgt über Einzelöfen. WC und kleines Bad (Badewanne) finden sich vorwiegend innerhalb der Wohnung.

Die Kellerwände bestehen vielfach aus Stampfbeton, haben aber oft nur ungenügende Sperren gegen Feuchtigkeit.

Vorstädtischer Siedlungsbau der 20er Jahre

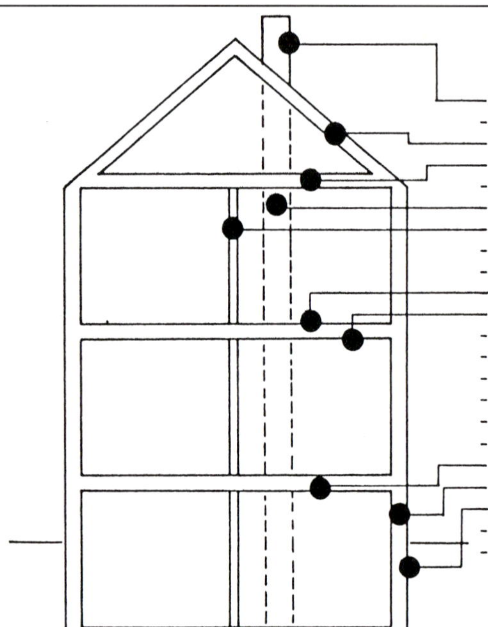

Wesentliche Mängelberichte für Bautyp: Wohnblock von 1930

- Kaminköpfe schadhaft
- Keine Unterspannbahn unter Dachdeckung
- Keine Wärmedämmung der Dachfläche
- Keine Wärmedämmung der obersten Decke
- Dachentwässerung erneuerungsbedürftig
- Kaminzüge versottet, zu groß
- Wohnungstrennwände nur 12 cm dick
- Holzfenster mit Einfachverglasung
- Fußböden zum Teil noch als Holzdielen
- Estrich auf Schüttung, Löcherbildung
- Spalierlattenputz unter Holzdecken
- Haustechnische Leitungen überaltert
- Elektroinstallation überaltert
- Einzelofenheizung
- Überdimensionierte Zentralheizung
- Innentüren reparaturbedürftig
- Holzkellerfenster defekt
- Keine Wärmedämmung unter Kellerdecke
- Keine Horizontalsperre im Mauerwerk
- Fehlende Vertikalisolierung außen
- Grundleitungen schadhaft, verstopft
- Hausanschlüsse unterdimensioniert

Typische Schadensbilder und Mängel

Innerstädtische Bebauung der 30er Jahre

Außenwände

- □ Durchfeuchtung der Kellerwände bei fehlender Vertikalisolierung
- □ Durchfeuchtung der Erdgeschoßwände bei fehlender Horizontalabdichtung
- □ Risse und Fugen in tragenden Außenbauteilen, vor allem auch in Balkonen und Loggien

Innenwände

- □ Ungenügender Schallschutz von Wohnungstrennwänden aufgrund geringer Wandstärken
- □ Unzureichender Brandschutz von Treppenhauswänden
- □ Großflächige Putzschäden
- □ Geringe Festigkeit und geringer Verbund von Innenwänden aus großformatigen Bauplatten

Außenwandbekleidungen

- □ Putzschäden in Form von Rissen und Abplatzungen im Sockelbereich
- □ Mangelnder Wärmeschutz von Außenwänden
- □ Mangelnder Feuchteschutz von Außenwänden, zum Beispiel durch fehlende Metallabdeckung an Mauervorsprüngen
- □ Ausgewaschene Fugen bei Sichtmauerwerk

Fenster, Außentüren

- □ Mangelhafte Dichtigkeit zwischen Blendrahmen und Mauerwerk
- □ Fäulnisschäden an Blend- und Flügelrahmen
- □ Schäden an Roll- und Klappläden
- □ Verzogene schiefe Flügelrahmen
- □ Ungenügender Schall- und Wärmeschutz der Fenster
- □ Beschädigte Außentüren

Dach

- □ Tierischer und pflanzlicher Schädlingsbefall an tragenden Holzteilen
- □ Undichtigkeit durch schadhafte Eindeckung und fehlende Unterspannbahn
- □ Unzureichende Wärmedämmung
- □ Schadhafte Dachrinnen und Fallrohre
- □ Beschädigte und durchfeuchtete Kaminköpfe
- □ Schäden an Putzflächen der Dachschrägen, hervorgerufen durch Bewegungen des Dachstuhls

Geschoßdecken

- □ Durchbiegungen von unterdimensionierten Holzbalkendecken

- □ Fäulnisschäden am Auflager im Mauerwerk
- □ Korrosionsschäden an Stahlträgern im Kellergeschoß
- □ Schwammbefall von Deckenbalken durch eindringende Feuchtigkeit
- □ Schadhafter Deckenputz

Fußböden, Innentüren

- □ Ausgetretene Holzdielenböden
- □ Fäulnisschäden an Lagerhölzern von Erdgeschoßdecken
- □ Beschädigte Fußleisten, oft mit Fäulnisschäden
- □ Beschädigte Fliesenbeläge im Hausflur des Erdgeschosses
- □ Undichte, verzogene Innentüren

Geschoßtreppen

- □ Ausgetretene Holztreppenstufen
- □ Beschädigte Plattenbeläge bei Massivtreppen
- □ Fäulnisschäden an Holztreppen im Erd- und Kellergeschoß
- □ Schwammbefall an tragenden Holzteilen im Treppenpodest
- □ Mangelnder Trittschallschutz der Treppen
- □ Mangelnder Brandschutz der Treppen

Sanitärinstallation

- □ Unzureichende Sanitärinstallation
- □ Verstopfte Abflußleitungen
- □ Unterdimensionierte Hausanschlüsse
- □ Unzureichende Ausstattung der Wohnungen mit Bad, WC und Küche

Heizung

- □ Fehlende Zentralheizung
- □ Versottene Kaminzüge

Elektroinstallation

- □ Unzureichende technische Ausführung der Elektroinstallation, oft ohne Schutzleiter
- □ Ungenügende Unterverteilung und Absicherung
- □ Unterdimensionierter Hausanschluß

Modernisierungsschwerpunkte

- □ Abdichtung von Kelleraußenwänden gegen eindringende Feuchtigkeit
- □ Verbesserung der Wärmedämmung von Außenwänden
- □ Abdichtung von Außenwänden gegen aufsteigende Feuchtigkeit
- □ Vergrößerung vorhandener Badezimmer
- □ Verbesserung des Schallschutzes vorhandener Innenwände
- □ Verbesserung des Schallschutzes von Decken
- □ Verbesserung der Wärmedämmung von Dächern
- □ Reparatur beziehungsweise Erneuerung der Dacheindekkung
- □ Reparatur des Dachstuhles
- □ Erneuerung der Fenster durch neue Fenster mit Isolierverglasung
- □ Erneuerung der Haustechnik

Nachkriegsbauten der 50er Jahre

Bei den Häusern der 50er Jahre weisen die Außenwände sehr kleine Querschnitte mit schlechten Wärme- und Schallschutzeigenschaften auf.

Die Geschoßdecken bestehen meist schon aus Stahlbeton, oft mit Verbundestrichen ohne weitere Schallschutzmaßnahmen. Die Dachstühle haben weitgehend chemischen Holzschutz. Die meisten Wohnungen verfügen über ein eingebautes Bad. Bei den Heizsystemen herrscht noch Einzelofenheizung vor. Die Wohnungsgrößen und -zuschnitte sind einfach und manchmal beengt.

Die Fenster bestehen aus Holz mit Einfachverglasung. Putz- und Stuckornamente fehlen fast völlig.

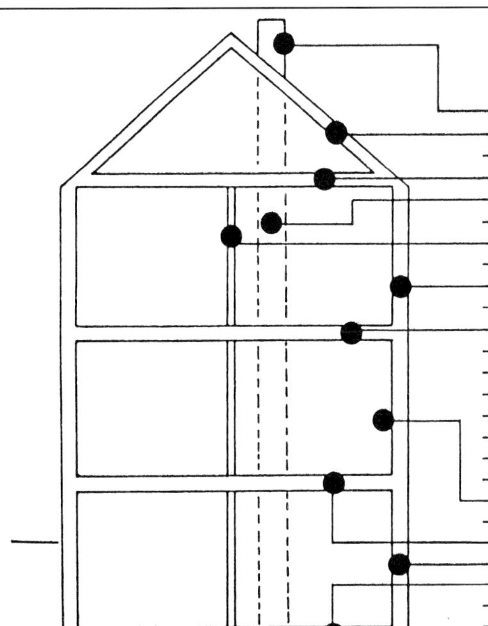

Wesentliche Mängelberichte für Bautyp: Wohnblock von 1950

- Kaminköpfe schadhaft
- Unterspannbahn unter Dachdeckung fehlt
- Keine Wärmedämmung der Dachfläche
- Keine Wärmedämmung der obersten Decke
- Dachentwässerung erneuerungsbedürftig
- Kaminzüge versottet, zu groß
- Wohnungstrennwände nur 11,5 cm dick
- Holzfenster mit Einfachverglasung
- Außenwände zum Teil nur 24 cm dick
- Fußböden zum Teil noch als Holzdielen
- Holzbalkendecken zum Teil ohne Schüttung
- Deckenputz zum Teil noch auf Lattung
- Bäder zum Teil noch ohne Waschtisch
- WW-Bereitung im Bad über Kohleboiler
- Haustechnische Leitungen erneuerungsbedürftig
- Elektroinstallation überaltert
- Beheizung mit Einzelofenheizung
- Holzgeschoßtreppen, gestrichen
- Wandputzflächen schadhaft
- Holzkellerfenster defekt
- Keine Wärmedämmung unter Kellerdecke
- Keine Horizontalsperre im Mauerwerk
- Grundleitungen schadhaft, verstopft
- Fehlende Vertikalisolierung außen
- Hausanschlüsse unterdimensioniert

Geschoßwohnungsbau der 50er Jahre

Typische Schadensbilder und Mängel

Außenwände

- □ Unzureichender Schall- und Wärmeschutz der Außenwände
- □ Kondensatgefahr bei dünnen Außenwänden
- □ Wärmebrücken durch Heizkörpernischen mit geringen Wandstärken
- □ Durchfeuchtung von erdnahem Mauerwerk

Innenwände

- □ Unzureichender Schallschutz der Wohnungstrennwände
- □ Teilweise Putzschäden

Außenwandbekleidungen

- □ Putzschäden in Form von Rissen und Abplatzungen, vor allem im Sockelbereich
- □ Putzschäden durch Risse im Mauerwerk

Fenster, Außentüren

- □ Undichte, verzogene Fensterrahmen mit oft erheblichen Anstrichschäden
- □ Ungenügender Schall- und Wärmeschutz bei Einfachverglasung

Dach

- □ Undichtigkeiten von Dächern durch fehlende Unterspannbahn oder beschädigten Mörtelverstrich
- □ Durchfeuchtung und Versottung der Kaminköpfe
- □ Schadhafte Dachrinnen und Fallrohre
- □ Ungenügender Wärmeschutz von Dachgauben

Geschoßdecken

- □ Ungenügender Tritt- und Luftschallschutz bei Massivdecken mit Verbundestrichen
- □ Ungenügender Wärmeschutz zum Kellergeschoß

Fußböden, Innentüren

- □ Schadhafte Keramik- oder Natursteinbeläge im Erdgeschoß
- □ Schadhafte PVC- oder Linoleumbeläge
- □ Korrosionsschäden an Metalleitungen, die in magnesitgebundenen Estrichen verlegt wurden
- □ Anstrichschäden an Innentüren und Türzargen

Geschoßtreppen

- □ Schadhafte Platten- und Kunststeinbeläge auf Massivtreppen und im Hausflur
- □ Ungenügender Trittschallschutz
- □ Ungenügender Brandschutz bei Holztreppen

Sanitärinstallation

- □ Knapp bemessene Ausstattung der Wohnungen mit Bädern und WC
- □ Korrosionsschäden an Wasserleitungen
- □ Verstopfte Abflußleitungen im Kellergeschoß

Heizung

- □ Fehlende Zentralheizung
- □ Beschädigte Gußasphaltbeläge in der Nähe von Einzelfeuerstätten
- □ Zentralheizungsanlagen ohne energiesparende Regelungseinrichtungen

Elektroinstallation

- □ Teilweise erneuerungsbedürftige Elektroinstallation ohne erforderlichen Schutzleiter
- □ Teilweise ungenügende Ausstattung mit Unterverteilungen und Absicherungen

Modernisierungsschwerpunkte

- □ Verbesserung der Wärmedämmung von Außenwänden
- □ Verbesserung des Schallschutzes bei vorhandenen Innenwänden
- □ Verbesserung des Schallschutzes von Decken
- □ Verbesserung der Wärmedämmung von Dächern
- □ Reparatur ausgetretener Estrichböden
- □ Verbesserung der Wärmedämmung von Fenstern
- □ Erneuerung vorhandener Heizungsanlagen
- □ Erneuerung schadhafter Sanitärleitungen

2 Durchführungspraxis der Modernisierung

Jede Modernisierung bedarf neben der Abwicklung der eigentlichen Modernisierungsarbeiten einer Reihe begleitender Arbeitsschritte, die eine besondere Qualität der Modernisierung gewährleisten sollen. Hierzu gehört eine sorgfältige Bestandsaufnahme als Grundlage der gesamten Planung. Planungsfehler, Kostenüberschreitungen und Terminprobleme haben meist ihre Ursache in einer fehlenden oder mangelhaften Bestandsaufnahme. Dazu ist eine Betreuung der Mieter und vor allem auch eine Koordinierung der verschiedenen Bauhandwerker Grundvoraussetzung.

2.1 Maßliche Bestandsaufnahme

Die maßliche Bestandsaufnahme kann entweder nur eine Kontrolle und Überprüfung bereits vorhandener Pläne sein, oder eine vollständige, neue Erfassung der vorhandenen Bausubstanz.

Im ersten Fall ist zu klären, ob die Pläne den letzten Stand der Dokumentation mit allen nachträglichen Änderungen darstellen, oder ob sie veraltet und damit für die Planung nicht mehr ausreichend sind. Die Erfahrung zeigt, daß vorhandene Pläne sehr häufig unvollständig und zum Teil auch sachlich falsch sind. Es ist also Vorsicht bei ihrer Verwendung geboten.

Dennoch ist vor einer maßlichen Bestandsaufnahme nachzuforschen, ob nicht Pläne neueren Datums auffindbar sind. Diese können zumindest als Skizzen für eine exakte Bestandsaufnahme dienen. Handwerkerzeichnungen, zum Beispiel von einem nachträglichen Heizungseinbau, können schon wertvolle Hinweise geben. Muß eine vollständig neue maßliche Aufnahme erfolgen, so ist sie vor der technischen Zustandskontrolle durchzuführen, da die Bewertung von Bauteilen ihre Einordnung und Fixierung im Gebäude voraussetzt. Mängel und Schwachstellen sind also in Plänen zu vermerken und durch ein Kodierungssystem zu erfassen.

2.2 Technische Bestandsaufnahme

Die technische Bestandsaufnahme erfaßt und bewertet sämtliche Bauteile des vorhandenen Gebäudes hinsichtlich Funktionsfähigkeit, Zustand und Qualität.

Einfache Prüfmethode: Untersuchung des Falzes durch Kittstreifen

Sie ist im Gegensatz zur Kurzbegehung verbindlich, und detailliert durchzuführen. Zusammen mit den maßlichen Bestandszeichnungen und der Planung dient sie als Planungs-, Ausschreibungs- und Kostenberechnungsgrundlage.

Neben technisch aufwendigen Verfahren wie Endoskopie, Thermographie oder Ultraschalluntersuchungen gibt es auch einige einfache Untersuchungsmöglichkeiten wie Gipsmarken, Rauchröhrchen, Falzprüfungen mit Knetmasse oder Wassereindringungsprüfungen mit Karstenschen Prüfröhrchen. Wichtig sind aber auch andere Hilfsmittel, wie zum Beispiel eine Checkliste, mit der die vorhandene Substanz dokumentiert und bewertet werden kann (siehe Seiten 21 bis 25).

Einzelheiten zu Verfahren, Geräten und technischen Hilfsmitteln können aus unserer Forschung im Auftrag des Ministeriums für Stadtentwicklung, Wohnen und Verkehr NRW, erschienen beim Landesinstitut für Bauwesen und angewandte Bauschadensforschung (LBB), Aachen, ersehen werden (Titel: Verfahren/Geräte zur Erfassung von Bauschäden - 1387 - 2,3 -).

Durch die technische Bestandserfassung müssen sämtliche möglichen Fehlerquellen ausgeschaltet werden. Die Ergebnisse dieser Untersuchungen ermöglichen erst eine verbindliche Kostenberechnung nach Bauteilen (Abweichung ca. ± 10%) und verschaffen dem Bauherren einen Überblick darüber, welche Maßnahmen an seinem Gebäude möglich und welche dringend erforderlich sind.

Ohne exakte technische Bestandsaufnahme ist jede Planung reine Spekulation und die Kostenberechnung ein Glücksspiel. Nur das fehlende Wissen um diese Problematik führte zu der verbreiteten Meinung, Kosten ließen sich im Altbau nicht genau berechnen.

! Die technische Bestandsaufnahme ist dementsprechend die unverzichtbare Grundlage jeder genauen Planung. !

Prüfung der Wasseraufnahmefähigkeit von Außenwänden durch Karstensches Prüfröhrchen

Checkliste zur technischen Bestandsaufnahme

Bebauung:	offen	halboffen	geschlossen
Geschosse:	Zahl der Geschosse:	Unterkellerung:	Dach ausgebaut:
	Hauptbau: Anbau:	ganz zum Teil	zum Teil nicht ausgebaut
Baujahr:			
Nutzung:			
Zahl der WE:		Zahl der GE:	
Bemerkungen:			
Bearbeiter:			Datum:

Angaben zur vorhandenen Konstruktion	Bewertungskriterien je Bauteilbereich	Zustand			Maßnahmen		Bemerkungen
		gut	ausreichend	schlecht	Instandsetzen	Erneuern	
Außenwände							
	Tragverhalten						
	Feuchteschutz						
	Feuchteschutz Sockel						
	Wärmedämmung						
	Besondere Bauteile						
Außenwände							
	Tragverhalten						
	Feuchteschutz						
	Feuchteschutz Sockel						
	Wärmedämmung						
	Besondere Bauteile						
Außenwände							
	Tragverhalten						
	Feuchteschutz						
	Feuchteschutz Sockel						
	Wärmedämmung						
	Besondere Bauteile						

Angaben zur vorhandenen Konstruktion	Bewertungskriterien je Bauteilbereich	Zustand			Maßnahmen		Bemerkungen
		gut	aus-reichend	schlecht	Instandsetzen	Erneuern	
Außenwände							
	Tragverhalten						
	Feuchteschutz						
	Feuchteschutz Sockel						
	Wärmedämmung						
	Besondere Bauteile						
Außenfenster							
	Konstruktion						
	Wärme-/Schalldämmung						
	Fensterbänke außen						
	Fensterbänke innen						
	Schutzelemente						
Außenfenster							
	Konstruktion						
	Wärme-/Schalldämmung						
	Fensterbänke außen						
	Fensterbänke innen						
	Schutzelemente						
Außentüren							
	Konstruktion						
	Oberflächen						
Außentüren							
	Konstruktion						
	Oberflächen						

Angaben zur vorhandenen Konstruktion	Bewertungskriterien je Bauteilbereich	Zustand			Maßnahmen		Bemerkungen
		gut	aus-reichend	schlecht	Instandsetzen	Erneuern	
Dach, außen							
	Dacheindeckung						
	Tragverhalten						
	Rinnen, Rohre, Anschlüsse						
	Dachaufbauten						
	Dachfenster						
Dach, innen							
	Unterspannbahn						
	Wärmedämmung						
	Holzkonstruktion						
	Schädlingsbefall?						
Treppenhaus							
	Fußboden Flur						
	Wände						
	Wandoberfläche						
	Wohnungstüren						
Geschoßtreppen							
	Tragverhalten						
	Stufenoberflächen						
	Bekleidung Unterseite						
	Geländer						

Angaben zur vorhandenen Konstruktion	Bewertungskriterien je Bauteilbereich	Zustand			Maßnahmen		Bemerkungen
		gut	aus-reichend	schlecht	Instandsetzen	Erneuern	
Innenwände							
	Konstruktion						
	Oberfläche						
	Oberfläche Außenwand						
Geschoßdecken							
	Tragverhalten/Durchbiegung						
	Wärme-/Schalldämmung						
	Oberfläche Feuchtraum						
	Fußleisten						
	Decke						
Innentüren							
	Konstruktion						
	Oberfläche						
Heizungsanlagen							
	Wärmeerzeuger						
	Heizflächen						
Sanitärinstallation							
	Entsorgungsleitung						
	Versorgungsleitung						
	Bäder/WCs						
Elektroinstallation							
	Zähler, Sicherung						
	Leitung, Schalter						

Angaben zur vorhandenen Konstruktion	Bewertungskriterien je Bauteilbereich	Zustand			Maßnahmen		Bemerkungen
		gut	ausreichend	schlecht	Instandsetzen	Erneuern	
Keller							
	Feuchteschutz						
	Tragwände						
	Trennwände						
	Tragverhalten Decke						
	Kellerboden						
	Innentreppen						
Hausanschlüsse							
	Kanalanschluß						
	Wasseranschluß						
	Gasanschluß						
	Elektroanschluß						
	Telefonanschluß						
Außenanlagen							
	Zäune/Mauern						
	Befestigte Flächen						
	Stellplätze/Garagen						
	Außentreppen						
	Schutzelemente						
	Spielplatz/Müllplatz						
	Grünfläche/Bepflanzung						

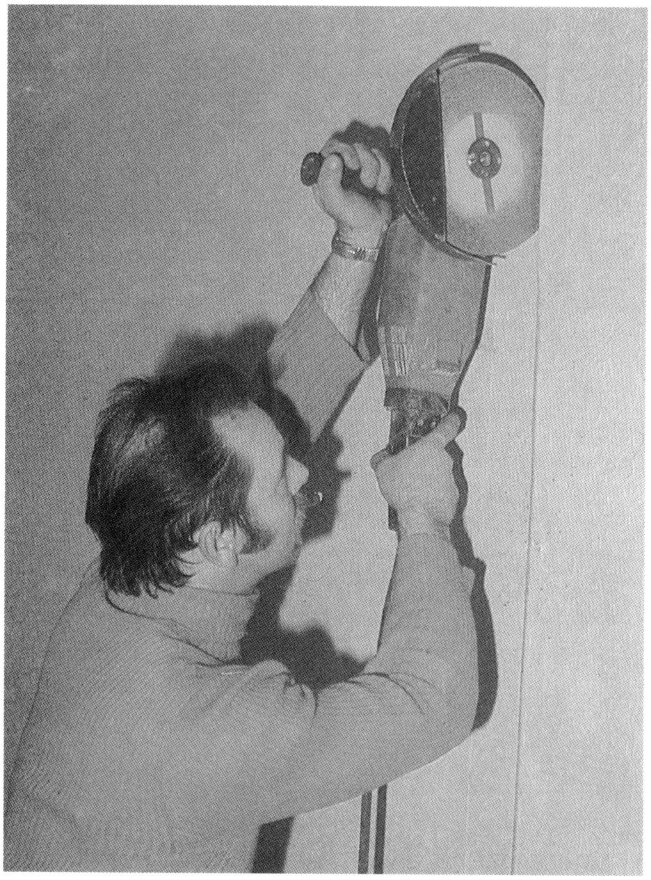

Beim Herstellen von Türdurchbrüchen sind Putz und Mauerwerk einzuschneiden

2.3 Mieterbetreuung/Information

Eine Modernisierung kann nur wirtschaftlich und im Interesse der Bewohner durchgeführt werden, wenn die Mieter als kooperative Partner für die Bauaufgabe gewonnen werden können.

Dies setzt eine umfassende Information der Bewohner voraus.

Sowohl vor Beginn von Untersuchungen als auch vor der Durchführung der Maßnahmen und während der Modernisierung kann eine möglichst genaue Information der Bewohner nur eine Verbesserung der Zusammenarbeit bringen.

Vorbehalte und Mißtrauen der Bewohner sind oft auf ungenügende Aufklärung zurückzuführen und auf die Vermutung, daß gegen die Belange der Betroffenen modernisiert werden soll.

Ziel einer genauen Information der Bewohner sollte also sein, diese Vorbehalte auszuräumen und die Zielvorstellung der Maßnahmen in allen Belangen verständlich darzustellen.

Es sollte in jedem Fall auch die Art der beabsichtigten Bestandsaufnahme und ihrer Verfahrensweise vorher bekanntgegeben werden. Diese muß der Durchführende dem Bauherrn rechtzeitig erläutern, damit dieser in seiner Bewohnerinformation darauf hinweisen kann.

Oft sind beispielsweise die Bewohner verärgert, wenn sie erst im Verlauf der Durchführung erfahren, daß in ihrer Wohnung Dielenbretter aufgehoben oder Bohrungen in Wand und Decke gemacht werden müssen. Es sollte selbstverständlich sein, daß durch eine möglichst schonende Arbeitsweise die auftretenden Belästigungen so gering wie möglich gehalten werden.

Werden Heizungsleitungen auf Putz verlegt, entfallen umfangreiche Stemmarbeiten

2.4 Handwerkerkoordinierung

Eine wirtschaftliche und vor allem eine gebäudeschonende Modernisierung setzt die konstruktive Mitarbeit aller beteiligten Handwerker voraus.

Viel stärker als im Neubaubereich müssen die Arbeiten der verschiedenen Gewerke inhaltlich und zeitlich aufeinander abgestimmt werden. Außerdem müssen die Handwerker ein Gespür entwickeln für die Besonderheiten des Altbaus. Nur allzu bekannt sind zum Beispiel die Bilder von alten Stuckdecken, die vom Installateur an vielen Stellen zerstört worden sind, nur um Heizleitungen auf kürzestem Wege verlegen zu können.

Wichtigste Information für alle Handwerker ist das Einweisungsgespräch vor Beginn der Arbeiten, in dem die Planung und alle wichtigen Aspekte des Bauablaufes und der Baudurchführung dargestellt werden. Hier ist auch Gelegenheit, auf bestimmte altbaugerechte Arbeitstechniken hinzuweisen, zum Beispiel darauf, daß Putz bei Durchbrüchen einzuschneiden ist, daß Bohrlöcher in bewohnten Räumen nur mit Staubabsaugung herzustellen sind, etc.

Gleichzeitig sollen die Handwerker über bestimmte Schutzmaßnahmen an vorhandenen Konstruktionen (zum Beispiel zur Sicherung wertvoller Treppengeländer) sowie über die Wiederverwendung vorhandener Bauteile informiert werden.

Während der Bauzeit muß eine aufmerksame Bauleitung einen intensiven Informationsaustausch zwischen den Gewerken unterstützen, um Leerzeiten, Mißverständnisse und Baufehler zu vermeiden.

Einweisung der Handwerker bei jeder Baumaßnahme

3 Grundlegende bauphysikalische und technische Probleme bei der Althausmodernisierung

Es gibt bei der Althausmodernisierung eine Reihe bauphysikalischer Probleme, die vor Beginn der Planung beachtet werden müssen. Sie sind besonders wichtig, damit geplante Sanierungsmaßnahmen den gewünschten Erfolg zeigen beziehungsweise durchgeführte Maßnahmen nicht durch nachteilige Folgeerscheinungen getrübt werden.

3.1 Schallschutz

Typische Problempunkte:

- □ Vorhandene Wohnungstrennwände aus 12,0 cm Ziegelmauerwerk oder aus 24,0 cm Hohlblockbimsmauerwerk erfüllen bei weitem nicht die Anforderungen, die heute an den Schallschutz gestellt werden.
- □ Das gleiche gilt für vorhandene Holzbalkendecken und ebenso für vorhandene dünne Betondecken mit Verbundestrichen.
- □ Neue Trennwände haben, je nach Bauart oder bei nur geringfügig geänderter Ausführung, ganz unterschiedliche Schallschutzwerte. Gipskarton- beziehungsweise Gipsfaserplattenwände mit Metalleinfachständern haben zum Beispiel grundsätzlich eine um 8 dB bessere Schalldämmung als Wände mit Holzständern.
- □ Schwere Vorsatzschalen zur Verbesserung des Schallschutzes vorhandener Trennwände sind in ihrem Schalldämmverhalten sehr kritisch, zudem kann ihr hohes Gewicht durch vorhandene Holzbalkendecken oft nicht aufgenommen werden.
- □ Die Neuaufteilung vorhandener großer Wohnungsgrundrisse muß die Trennung zwischen ruhigen und lauten Räumen, auch von einem Geschoß zum anderen, berücksichtigen. So sollten Badezimmereinrichtungen nicht über oder an der Trennwand von Schlafzimmern liegen, auch dann nicht, wenn sie geschoßweise versetzt sind.
- □ Bei Wohnungen, die hohem Verkehrslärm ausgesetzt sind, ist zu berücksichtigen, daß nach dem Einbau neuer, schall-

dämmender Fenster die Innengeräusche im Haus viel stärker wahrgenommen werden.

3.2 Wärmeschutz

Typische Problempunkte:

- □ Der Wärmeschutz vorhandener Außenwände ist vor allem bei Häusern der 50er Jahre oft sehr schlecht.
- □ Die Decken zwischen den einzelnen Geschossen haben meist keinen ausreichenden Wärmeschutz.

  Zwischen den Wohnungen kann das noch tragbar sein, zum (unbeheizten) Dachboden und Kellerraum müssen jedoch zusätzliche Wärmedämmaßnahmen ergriffen werden.
- □ Beim Einbau zusätzlicher Wärmedämmschichten muß die Gefahr der Kondensatbildung im Bauteil berücksichtigt werden. Besonders beim Einbau von zusätzlicher Dämmung auf der Innenseite von Außenwänden ist diese Gefahr sehr groß. Durch Einbau von Dampfsperren auf der Innenseite der Bauteile ist den Schäden vorzubeugen.
- □ Ein ähnliches Problem besteht bei der Verbesserung des Wärmeschutzes von Fenstern. Mit dem Einbau neuer Fenster ist unmittelbar eine Verminderung der Fugendurchlässigkeit des Fensterrahmens verbunden. Während bei alten Fenstern die Fugenundichtigkeit einen ständigen Luftaustausch und damit eine ständige Abführung der Raumluftfeuchte garantierte, besteht nach dem Einbau neuer Fenster die Gefahr, daß durch mangelnden Luftaustausch die Raumluftfeuchte unzulässig hohe Werte annimmt. An Bauteilen mit geringen Oberflächentemperaturen kommt es zur Bildung von Oberflächenkondensat und in Folge bei anhaltender Feuchtebelastung zur Schimmelbildung.

  Es ist deshalb zu prüfen, ob beim Einbau neuer Fenster nicht sinnvollerweise auch der Wärmeschutz der übrigen Außenflächen verbessert wird, um Kondensatschäden an Bauteilen zu verhindern, die sonst stark auskühlen würden.
- □ Während für viele Bereiche des Altbaues die heute geltenden Normen und Richtlinien nur als Vergleich herangezogen werden können, da diese Regelwerte zur Zeit der Gebäudeerrichtung noch nicht bestanden, gibt es für den Wärmeschutz auch von Altbauten ganz klare gesetzliche Vorschriften. Seit 1984 stellt die Wärmeschutzverordnung Anforderungen zur Begrenzung des Wärmedurchganges bei bestehenden Gebäuden, und zwar dann, wenn Außenbauteile erstmalig eingebaut, ersetzt oder erneuert werden.

3.3 Feuchteschutz

Außer im Keller kommt es vor allem im Sockelbereich bestehender Gebäude oft zu starken Durchfeuchtungen. Die Ursachen hierfür können sehr unterschiedlich sein:

- von außen eindringendes Wasser
- aufsteigende Feuchtigkeit
- Kondensatfeuchte
- Feuchtebelastung durch Hygroskopizität

Vor Beginn der Sanierungsmaßnahmen muß die Schadensursache eindeutig geklärt sein.

- □ Das Aufbringen vertikaler Sperrschichten auf der Innenseite durchfeuchteter Außenwände verbessert die Situation im allgemeinen überhaupt nicht, sondern führt lediglich dazu, daß die Feuchtigkeit in der Wand noch höher steigt.
- □ Das Problem der Kondensatbildung ist im Abschnitt »Wärmeschutz« schon angesprochen worden. Besondere Beachtung verdient dieses Problem auch beim Einbau neuer Badezimmer oder anderer feuchter Räume, wenn hoch feuchtebelastete Bereiche an Bauteile mit niedrigen Oberflächen- oder im Querschnitt stark abnehmenden Kerntemperaturen grenzen. Hier sind raumseitig Dampfsperren anzuordnen, um den Feuchtedurchgang im Bauteil zu reduzieren.

3.4 Brandschutz

Die Anforderungen an den Brandschutz bei Modernisierungen unterscheiden sich deutlich von Brandschutzanforderungen bei Neubauten.

Während für Neubauten in den jeweiligen Landesbauordnungen unumstößliche Rechtsvorschriften bestehen, ist für Altbauten grundsätzlich die Möglichkeit der Ausnahmeregelung vorgesehen.

Grundsätzlich sind die Belange des Brandschutzes in der Musterbauordnung beziehungsweise in den jeweiligen Landesbauordnungen geregelt.

In der Landesbauordnung Nordrhein-Westfalen beispielsweise finden sich umfangreiche Vorschriften für die brandschutztechnische Ausbildung von Wänden, Decken, Dächern, Treppenräumen und Rettungswegen.

In § 82 der BauONW wird zunächst einmal die Anpassung bestehender Gebäude an diese Rechtsvorschriften gefordert, »wenn dies im Einzelfall wegen der Sicherheit für Leben und Gesundheit erforderlich ist«.

Die Anpassung kann bei der Änderung baulicher Anlagen sogar für nicht unmittelbar von der Änderung berührte Teile verlangt werden, wenn

»1. die Bauteile, die diesen Vorschriften nicht mehr entsprechen, mit den Änderungen in einem konstruktiven Zusammenhang stehen und

2. die Durchführung dieser Vorschriften bei den von den Änderungen nicht berührten Teilen der baulichen Anlage keine unzumutbaren Mehrkosten verursacht.«

In § 68 (2) BauONW werden zu den obengenannten Forderungen folgende Ausnahmeregelungen formuliert:

»Weiter können Ausnahmen von den Vorschriften der §§ 25 bis 46 gestattet werden

1. zur Erhaltung und weiteren Nutzung von Denkmälern, wenn Gefahren für Leben und Gesundheit nicht zu befürchten sind,
2. bei Modernisierungsvorhaben für Wohnungen und Wohngebäude und bei ... Ausbau, wenn die öffentliche Sicherheit oder Ordnung nicht gefährdet wird, insbesondere wenn Bedenken wegen des Brandschutzes nicht bestehen.«

Das bedeutet, daß besondere Ausnahmen zur Erhaltung und weiteren Nutzung von Baudenkmälern gestattet werden können, wenn nicht *erhebliche* Gefahren für Leben und Gesundheit zu erwarten sind. Diese Regelung ist sehr weit gefaßt, gleichwohl ist sie zu begrüßen, da in der Praxis die Belange des Denkmalschutzes sehr häufig mit den Verpflichtungen zur Einhaltung des Bauordnungsrechtes kollidieren. Durch diese Regelung wird eine Nutzung von Baudenkmälern unter Beibehaltung des historischen Zustandes überhaupt erst gesichert.

Weiterhin sind Ausnahmen bei der Modernisierung von Wohnraum oder bei der Schaffung von zusätzlichem Wohnraum durch Ausbau möglich. Hierbei sind die Ausnahmeregelungen allerdings enger gefaßt:

Die Ausnahme kann schon dann nicht mehr gestattet werden, wenn die öffentliche Sicherheit oder Ordnung gefährdet wird. Dies ist der Fall, wenn Bedenken wegen des Brandschutzes bestehen. Allerdings, und das ist ganz wichtig, muß es sich um eine konkrete Gefahr handeln.

Das Vorhandensein einer Holztreppe in einem normalen Wohnhaus stellt demnach eine konkrete Gefahr nicht dar, im Gegensatz zur Holztreppe in einem Hotel, die sehr wohl als konkrete Gefahr anzusehen und brandschutztechnisch zu verbessern ist.

Anhand einiger *Praxisbeispiele* sollen die Aspekte des Brandschutzes und mögliche Ausnahmeregelungen dargestellt werden:

1. Rettungswege

Bei der Modernisierung eines Gründerzeithauses sollen die Grundrisse vollständig verändert werden. Ist das Gebäude von der Rückseite her für die Feuerwehr nicht anleiterbar, müssen alle Wohnungen so geschnitten sein, daß mindestens ein Zimmer zur Straße liegt, so daß der zweite Rettungsweg - hier durch die Feuerwehr - gesichert ist.

Sollte dies nicht möglich sein, ist eine Feuertreppe so anzuordnen, daß der zweite Rettungsweg auch für hofseitig gelegene Wohnung gewährleistet ist. Hierbei ist der zweite Rettungsweg im allgemeinen bis auf den öffentlichen Straßenraum zu führen und entsprechend zu sichern.

2. Deckenbekleidungen

Die Verbesserung des Brandschutzes von Holzbalkendecken kann grundsätzlich nicht verlangt werden, wenn an diesen Decken keine Änderungen vorgenommen werden.

Oft ist es aber leicht möglich, durch den Einbau von Unterdecken aus Gipsfaser-, Gipskarton- oder Silikatplatten den Brandschutz der Decke zu verbessern.

Vor allem, wenn ohnehin neue Unterdecken eingebaut werden, sollten diese dann nach Brandschutzgesichtspunkten ausgelegt werden, was im allgemeinen nur geringfügige Mehrkosten verursacht.

3. Vorsatzschalen

Vorhandene Wohnungstrennwände entsprechen oft nicht den Brandschutzanforderungen der jeweiligen Landesbauordnung.

Auch hier ist durch das Anbringen geeigneter Vorsatzschalen eine Verbesserung der Brandschutzeigenschaften leicht möglich, das heißt es wird eine Wandkonstruktion geschaffen, die einer entsprechenden Feuerwiderstandsdauer von 60 oder 90 Minuten zugeordnet wird und in ihren wesentlichen Bestandteilen aus nichtbrennbaren Materialien besteht.

Ist eine Aufdoppelung von Wohnungstrennwänden aus schallschutztechnischen Überlegungen erforderlich, können auch hier meist die Brandschutzaspekte mit nur geringen Mehrkosten zusätzlich erfüllt werden.

4. Treppenhaus

Der Ausbildung des Treppenraumes kommt wegen seiner Ausbildung als erster Fluchtweg besondere Bedeutung zu.

Grundsätzlich kann nicht verlangt werden, daß vorhandene Holztreppen durch neue Betontreppen ersetzt werden, dies würde in weiten Bereichen auch den Belangen des Denkmalschutzes widersprechen und zu unerträglich hohen Mehrkosten führen.

Eine erhebliche Verbesserung des Brandschutzes kann jedoch erreicht werden, indem die Unterseiten der Treppenläufe mit Gipskarton-, Gipsfaser- oder Silikatplatten bekleidet werden, die einer entsprechenden Feuerwiderstandsklasse angehören. Dies ist eine rein freiwillige Maßnahme, die jedoch dazu beitragen kann, die Standzeit der Treppe im Brandfall erheblich zu verlängern.

Gleichzeitig sollte überlegt werden, die Abtrennung zwischen Keller und Treppenraum, die oft nur aus einer Holztrennwand besteht, durch eine Mauerwerkskonstruktion zu ersetzen und die notwendigen Zugänge durch feuerhemmende Türen abzuschließen.

Diese Maßnahme ist recht wirkungsvoll, da vom Keller immer eine recht große Brandbelastung ausgeht und Erneuerungsarbeiten an der oft desolaten Holzabtrennung ohnehin erforderlich sind.

Der Einbau von Türen, die einer Brandschutzklassifikation entsprechen, wird von den Bauaufsichtsbehörden ohnehin meist gefordert.

Außerdem fordern die Behörden oft den Einbau einer Rauch- und Wärmeabzugsanlage im Treppenhaus. Ob diese Forderung mit dem geltenden Baurecht in Einklang steht, ist zur Zeit noch strittig. Der Einbau einer solchen Anlage ist sicher sehr sinnvoll, jedoch mit erheblichen Mehrkosten verbunden.

5. Denkmalschutz - Brandlast

Vor allem im Bereich des Denkmalschutzes kommen Möglichkeiten des Brandschutzes durch schaumbildende Anstriche in Betracht. Dies ist insbesondere von Bedeutung für tragende Bauteile aus Holz oder Gußeisen.

Es gibt eine ganze Reihe von Beispielen der Umnutzung von Industriegebäuden der Gründerzeit, in denen die Haupttraglasten über gußeiserne Stützen abgeleitet werden. Hierbei sind diese gußeisernen Stützen auch ein wichtiger architektonischer Gesichtspunkt der Innenraumgestaltung. Eine Bekleidung dieser Stützen durch Plattenbaustoffe in herkömmlicher Bauart würde den architektonischen Eindruck und den Denkmalwert des Gebäudes völlig in Frage stellen.

Durch die Verwendung schaumbildender Anstrichstoffe und gegebenenfalls durch entsprechende Befreiungen nach Prüfung durch die oberste Bauaufsichtsbehörde des Landes können die alten Gußeisenstützen sichtbar erhalten bleiben.

In diesem Zusammenhang sei auch darauf hingewiesen, daß durch entsprechende Berechnungen eine Ermittlung der tatsächlichen Brandlast in Gebäuden möglich ist, wodurch die Anforderungen an die Feuerwiderstandsdauer von Bauteilen häufig deutlich herabgesetzt werden können.

C Darstellung und Wertung altbaugerechter Lösungsmöglichkeiten

1 Bauwerksohle

1.1 Problempunkt: Durchfeuchtung und Unebenheit der Bauwerksohle

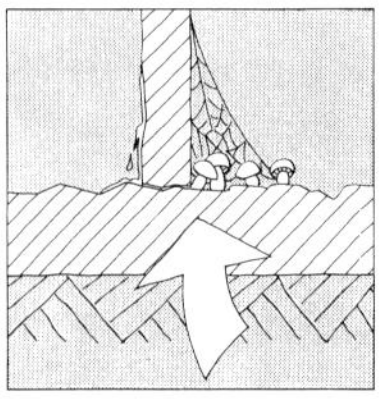

In der Folge von Modernisierungen werden häufig erhöhte Anforderungen an die Nutzbarkeit von Kellerräumen gestellt. So soll die Feuchtigkeit in Kellerräumen so weit gesenkt werden, daß Gegenstände wie Möbel, Kartons etc. hier schadensfrei aufbewahrt werden können.

Im allgemeinen muß mit Feuchtebelastung aus allen erdberührten Bauteilen, das heißt also aus Wänden und Fußböden, gerechnet werden.

Hier sollen Hinweise gegeben werden zur Abdichtung des Kellerbodens und zur Beseitigung vorhandener Unebenheiten, zum Beispiel bei Natursteinplattenbelägen.

Hinweise auf Abdichtungsmaßnahmen an den Wänden finden sich in den Kapiteln C 3 und 4. Zur Sanierung des Fußbodens kommen folgende Möglichkeiten in Betracht:

Aufbringen eines Zementestriches

Durch Zusatz eines Dichtungsmittels wird der Zementestrich so wasserdicht, daß er die Feuchtebelastung aus dem Boden deutlich herabsetzt.

Dies Verfahren wird sich vor allem dann anbieten, wenn nur eine kleine Fläche auszubessern ist.

Bei größeren Flächen sind die Trocknungszeiten und die Belastung durch zusätzlich eingebrachte Feuchtigkeit oft problematisch.

Einbau von Gußasphaltestrich

Dieses Verfahren bietet sich an, wenn größere Flächen, etwa ab 100 m^2, mit einer Dichtungsschicht zu versehen sind. Bei Kleinmengen wird der Aufwand für Transport, Baustelleneinrichtung, Vorbereitung etc. im Verhältnis zur Einbauzeit unverhältnismäßig hoch, so daß Mindermengenzuschläge erhoben werden.

Grundsätzlich ist der Einbau von Gußasphaltestrich ein sehr gut geeignetes Verfahren zur Abdichtung und Egalisierung von Kellerböden.

Neben der guten Wasserdichtigkeit bietet dies Verfahren die Vorteile der kurzen Einbau- und Erhärtungszeit sowie der niedrigen Konstruktionshöhe.

Ausschachtung und Einbau von Pflasterbelägen

Liegt der Schwerpunkt der Erneuerungsarbeiten weniger auf der Abdichtung als auf der Egalisierung des Oberbodens, so kommt als mögliche Baumaßnahme auch der Einbau von Pflasterbelägen in Betracht. Verwendet werden Beton-, Ziegel- oder Holzpflaster. Für die Auswahl ist vor allem die spätere Nutzung des Kellerraumes von Bedeutung.

Sind die Raumhöhe des Kellers und die Durchgangshöhen der Türen ausreichend, kann der neue Pflasterbelag im Sandbett auf den vorhandenen Unterboden verlegt werden. Steht ausreichende Höhe nicht zur Verfügung, muß zuvor der alte Belag entfernt und notwendiger Platz für das Sandbett ausgeschachtet werden. Da diese Arbeiten von Hand ausgeführt werden müssen, kann die Ausschachtung zu erheblichen Kosten führen.

Ausschachtung und Einbau einer Betonsohle

Die bei weitem umfangreichste Maßnahme ist der Einbau einer neuen Betonsohle. Sie kommt vor allem dann in Betracht, wenn ohnehin Ausschachtungsarbeiten im Keller erforderlich sind, zum Beispiel bei Tieferlegungsarbeiten.

Durch Einbau einer kapillarbrechenden Schicht und durch Zusatz von Dichtungsmitteln zum Beton wird die Feuchtebelastung aus dem Boden stark reduziert. Bei wenig begangenen Bereichen reicht es im allgemeinen, wenn die Betonoberfläche nur abgerieben wird.

1.1.1 Übersicht über Lösungsmöglichkeiten

Aufbringen eines Zementestriches	
Baukosten	Ca. 35,- DM/m²
Begleitende erforderliche Maßnahmen	Keine ggf. Oberflächen-versiegelung
Instandhaltungskosten	Keine
Lebensdauer	30 bis 40 Jahre
Einbauzeiten	Ca. 0,45 Std./m²
Trocknungs-/Wartezeiten	Mindestens 2 bis 3 Tage
Anmerkungen und Entscheidungshilfen	Mittlere Abdichtung gegen Feuchte

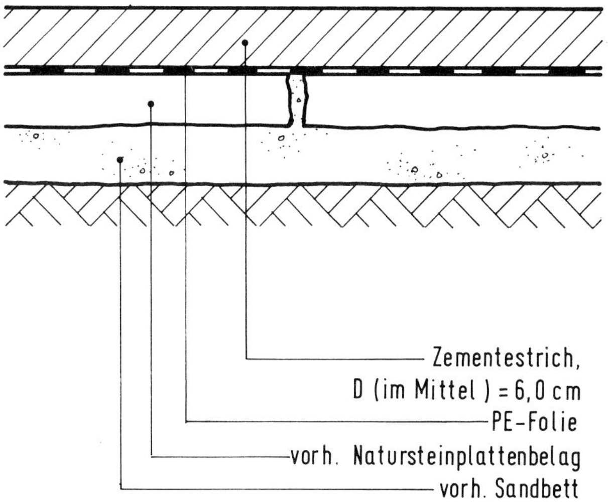

Aufbringen eines Gußasphaltestriches	
Baukosten	Ca. 60,- DM/m²
Begleitende erforderliche Maßnahmen	Keine
Instandhaltungskosten	Keine
Lebensdauer	30 bis 40 Jahre
Einbauzeiten	Ca. 0,80 Std./m²
Trocknungs-/Wartezeiten	2 Stunden
Anmerkungen und Entscheidungshilfen	Gute Abdichtung gegen Feuchte Ungeeignet bei hohen punktförmigen Belastungen

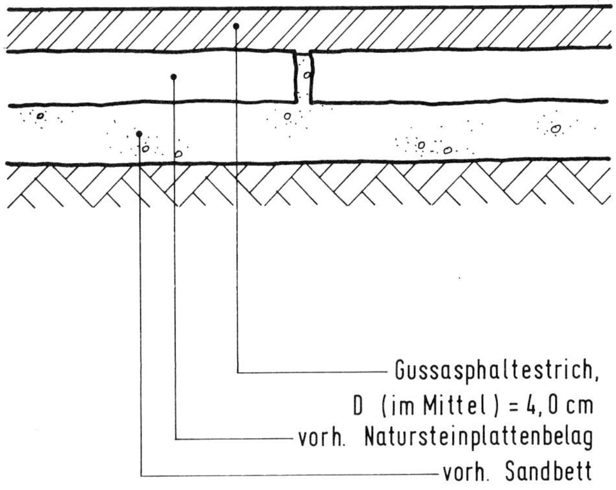

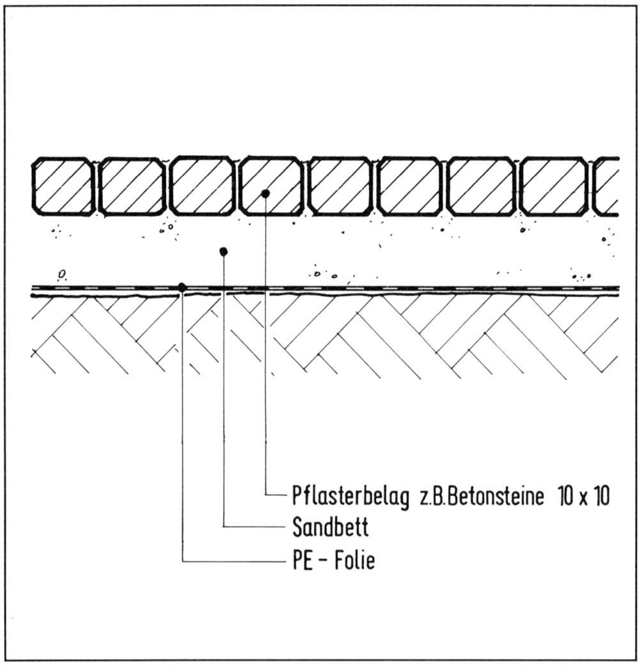

Ausschachten und Einbau von Pflasterbelägen	
Baukosten	Ca. 155,– DM/m² (einschl. Ausschachtung)
Begleitende erforderliche Maßnahmen	Ausschachtung
Instandhaltungskosten	Keine
Lebensdauer	40 Jahre
Einbauzeiten	Ca. 1,80 Std./m² + 0,80 Std./m² (für Ausschachtung)
Trocknungs-/Wartezeiten	Keine
Anmerkungen und Entscheidungshilfen	Geringe Abdichtung gegen Feuchte Hoher Aufwand für Ausschachtung

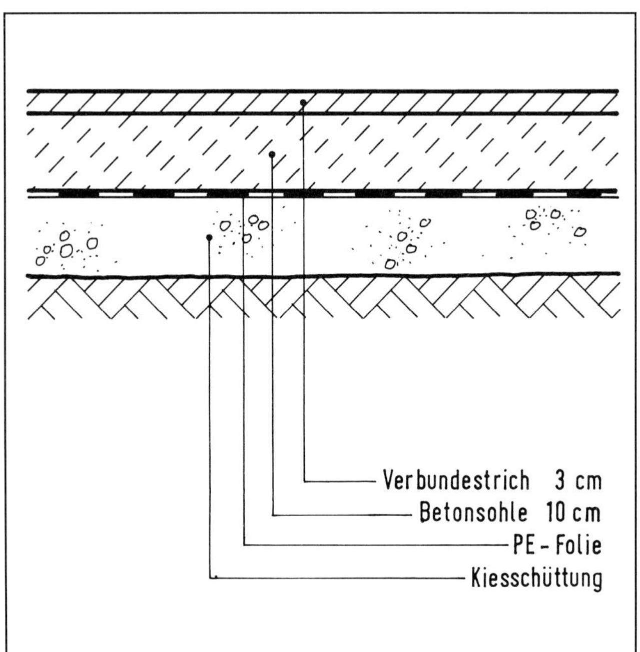

Ausschachten und Einbau einer Betonsohle (einschließlich Verbundestrich)	
Baukosten	Ca. 160,– DM/m² (einschl. Ausschachtung und Verbundestrich)
Begleitende erforderliche Maßnahmen	Ausschachtung, ggf. Oberflächenversiegelung
Instandhaltungskosten	Keine
Lebensdauer	40 Jahre
Einbauzeiten	Ca. 1,20 Std./m² + 0,80 Std./m² (für Ausschachtung)
Trocknungs-/Wartezeiten	Mindestens 2 bis 3 Tage
Anmerkungen und Entscheidungshilfen	Gute Abdichtung gegen Feuchte Hoher Aufwand für Ausschachtung

1.1.2 Vergleichende Beurteilung

	Zementestrich	**Gußasphalt**	**Pflasterbelag**	**Betonsohle**
Baukosten	Ca. 35,- DM/m²	Ca. 60,- DM/m²	Ca. 155,- DM/m² (einschl. Ausschachtung)	Ca. 160,- DM/m² (einschl. Ausschachtung und Verbundestrich)
Begleitende erforderliche Maßnahmen	Keine ggf. Oberflächenversiegelung	Keine	Ausschachtung	Ausschachtung ggf. Oberflächenversiegelung
Instandhaltungskosten	Keine	Keine	Keine	Keine
Lebensdauer	30 bis 40 Jahre	30 bis 40 Jahre	40 Jahre	40 Jahre
Einbauzeiten	Ca. 0,45 Std./m²	Ca. 0,80 Std./m²	Ca. 1,80 Std./m² + 0,80 Std./m² (für Ausschachtung)	Ca. 1,20 Std/m² + 0,80 Std./m² (für Ausschachtung)
Trocknungs-/Wartezeiten	Mindestens 2 bis 3 Tage	2 Stunden	Keine	Mindestens 2 bis 3 Tage
Anmerkungen und Entscheidungshilfen	Mittlere Abdichtung gegen Feuchte	Gute Abdichtung gegen Feuchte Ungeeignet bei hohen punktförmigen Belastungen	Geringe Abdichtung gegen Feuchte Hoher Aufwand für Ausschachtung	Gute Abdichtung gegen Feuchte Hoher Aufwand für Ausschachtung

2 Außenwände

2.1 Problempunkt: Geringe Wärmedämmung von Außenwänden

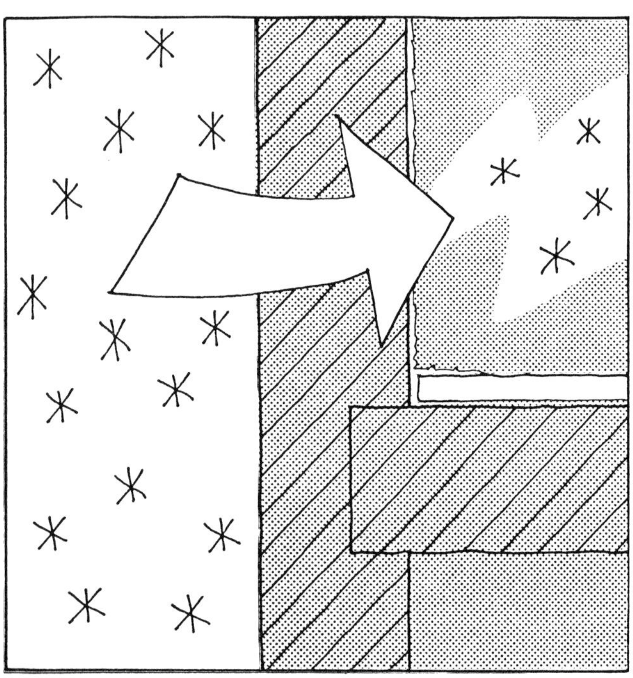

Viele Gebäude der 20/30er und 50er Jahre, aber auch Anbauten von Gründerzeithäusern, haben Außenwände mit sehr geringem Wandquerschnitt. Entstanden in einer Zeit preiswerter und ausreichender Rohstoffversorgung für Heizmaterialien, genügen diese Außenwände heutigen Ansprüchen an die Wärmedämmung im allgemeinen nicht mehr.

Der Wärmedurchgangskoeffizient (k-Wert) für eine Wand aus 24,0 cm Ziegelmauerwerk mit 2,0 cm Außen- und 2,0 cm Innenputz beträgt beispielsweise 1,56 $W/(m^2K)$. Die DIN 4108, die Werte für einen Mindestwärmeschutz aus konstruktiven Gründen vorgibt, gestattet einen maximalen Wärmedurchgangskoeffizient von $k = 1{,}39\ W/(m^2K)$. Die Wärmeschutzverordnung gestattet maximal $k = 0{,}60\ W/(m^2K)$.

Die Anforderungen der Wärmeschutzverordnung werden von der 24,0 cm Ziegelmauerwerkswand bei weitem nicht erreicht, aber selbst die Mindestwerte der DIN 4108 werden von dem dargestellten Wandaufbau nicht erfüllt.

Dies kann eine Reihe nachteiliger Folgen haben:

1. Zur Schaffung eines behaglichen Raumklimas ist eine Überhitzung der Räume erforderlich, um die Strahlungswärmeverluste des Menschen infolge der kalten Wand auszugleichen.
2. Folge dieser unnötig hohen Erhitzung der Raumluft ist ein erhöhter Energiebedarf.
3. In Räumen mit niedriger Lufttemperatur, niedrigen Wandoberflächentemperaturen und hoher Luftfeuchte kommt es zur Bildung von Oberflächen- oder Kernkondensat. Die Folge hiervon ist die Schimmelbildung auf Wandoberflächen, in Raumecken, hinter Schränken oder Bildern.

Zur Verbesserung des Wärmeschutzes von schlecht gedämmten Außenwänden stehen verschiedene Verfahren zur Verfügung:

1. das Anbringen einer inneren Wärmedämmung
2. das Anbringen einer äußeren Wärmedämmung mit Verputz (Wärmedämmverbundsystem)
3. das Anbringen von Wärmedämmputz
4. das Anbringen einer äußeren Wärmedämmung mit leichter Vorsatzschale als Wetterschutz, zum Beispiel Faserzementplatten, Holzschalung
5. das Anbringen einer äußeren Wärmedämmung mit massiver Vorsatzschale (Vormauerung).

Kondensatschäden auf einer Wand mit ungenügender Wärmedämmung

Nachträglicher Wärmeschutz durch Wärmedämmverbundsystem

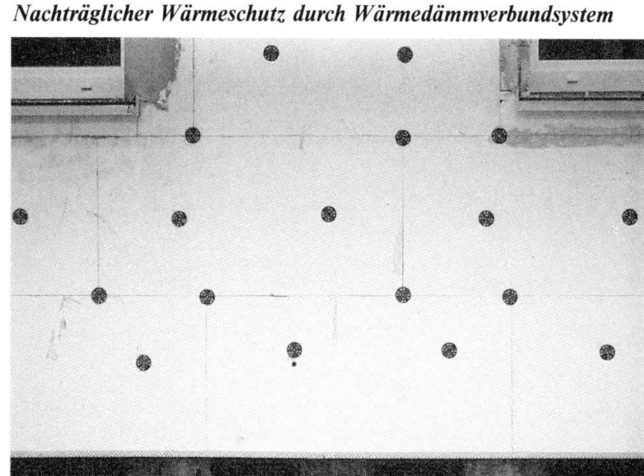

2.1.1 Übersicht über Lösungsmöglichkeiten

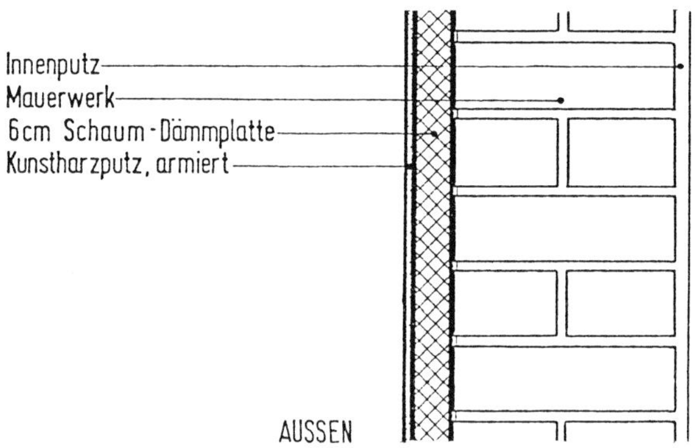

Einrüsten der Fassade
Säubern des Untergrunds
min. 6cm-Dämmplatten ansetzen
Armierten Kunstharzputz aufbringen

Wärmedämmverbundsystem	
Baukosten	Ca. 130,– DM/m²
Instandhaltungskosten	30,– DM/m² alle 10 Jahre für einen Erneuerungsanstrich
Lebensdauer	25 bis 30 Jahre über den Zeitraum von 25 Jahren liegen erste Erfahrungsberichte vor
Begleitende erforderliche Maßnahmen	Verstärkung und Verlängerung von Befestigungselementen (Schlagläden, Markisen, Lampen) Erneuerung von Fassadenapplikationen (Stuckelemente, Gesimse)
Einbauzeiten	Ca. 1,0 Std./m²
Trocknungs-/Wartezeiten	Keine
Anmerkungen	Brandschutz beachten Gefahr der mechanischen Beschädigung vor allem im EG

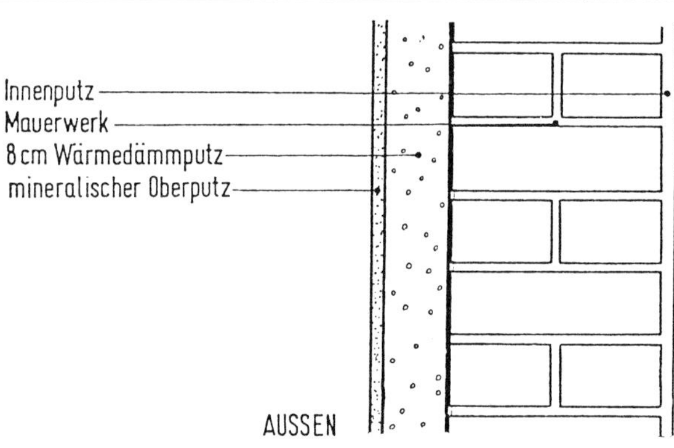

Einrüsten der Fassade
Säubern des Untergrunds
Aufbringen des Wärmedämmputzes 8cm
Aufbringen des Oberputzes 1,5cm

Wärmedämmputz	
Baukosten	Ca. 140,– DM/m² bei 5,0 cm Dicke
Instandhaltungskosten	30,– DM/m² alle 10 Jahre für einen Erneuerungsanstrich
Lebensdauer	50 Jahre abhängig von der Qualität des Oberputzes
Begleitende erforderliche Maßnahmen	Verstärkung und Verlängerung von Befestigungselementen (Schlagläden, Markisen, Lampen)
Einbauzeiten	Ca. 1,6 Std./m²
Trocknungs-/Wartezeiten	Keine
Anmerkungen	Doppelte Materialstärke gegenüber homogenen Dämmstoffen erforderlich

Außenseitige Wärmedämmung und Faserzementplatten	
Baukosten	Ca. 170,- DM/m²
Instandhaltungskosten	6,- bis 12,- DM/m² alle 10 Jahre für die Erneuerung zerstörter Platten
Lebensdauer	25 bis 30 Jahre Die Lebensdauer der Holzunterkonstruktion ist begrenzt
Begleitende erforderliche Maßnahmen	Verstärkung und Verlängerung von Befestigungselementen (Schlagläden, Markisen, Lampen)
Einbauzeiten	Ca. 1,5 Std./m²
Trocknungs-/Wartezeiten	Keine
Anmerkungen	Brandschutz-Unterkonstruktion beachten

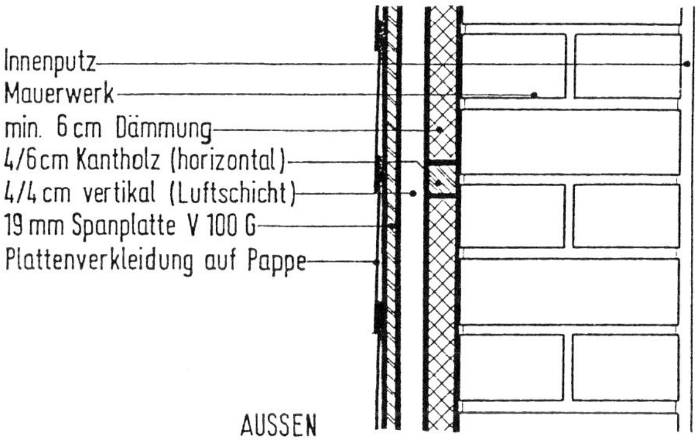

Einrüsten der Fassade
Aufbringen einer Unterkonstruktion aus imprägnierten 4/6 cm Kanthölzern
Einbringen von 6 cm Wärmedämmung
Aufbringen von 4/4 cm Kanthölzern
Aufnageln der Plattenverkleidung

Außenseitige Wärmedämmung und Holzverbretterung	
Baukosten	Ca. 175,- DM/m²
Instandhaltungskosten	25,- DM/m² alle 5 Jahre für einen Erneuerungsanstrich
Lebensdauer	15 bis 30 Jahre je nach Bewitterung
Begleitende erforderliche Maßnahmen	Verstärkung und Verlängerung von Befestigungselementen
Einbauzeiten	Ca. 2,0 Std./m²
Trocknungs-/Wartezeiten	Keine
Anmerkungen	Brandschutz beachten

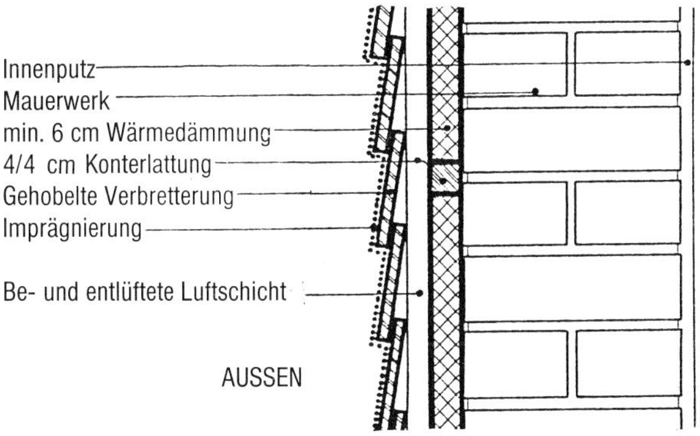

Einrüsten der Fassade
Unterkonstruktion aus imprägnierten 4/6 cm □ aufbringen (horizontal)
Aufbringen von Wärmedämmplatten, min. 6 cm (PS 20)
Aufnageln der gehobelten und imprägnierten Verbretterung auf imprägnierten 4/4 cm Kanthölzern (vertikal)

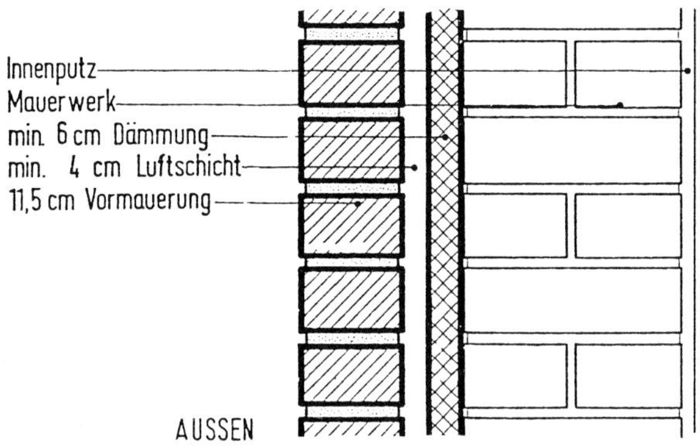

Einrüsten der Fassade
Säubern des Untergrunds
Aufbringen von 6cm Wärmedämmung
Vormauerung aus Mauerziegeln
Sichtverfugung

Vormauerung mit Wärmedämmung und Luftschicht	
Baukosten	Ca. 255,– DM/m²
Instandhaltungskosten	Keine
Lebensdauer	80 Jahre
Begleitende erforderliche Maßnahmen	Anbringung von Auflagern für die Vormauerung (im Preis enthalten)
Einbauzeiten	Ca. 2,8 Std./m²
Trocknungs-/Wartezeiten	Keine
Anmerkungen	Sehr guter Schutz gegen mechanische Beschädigung

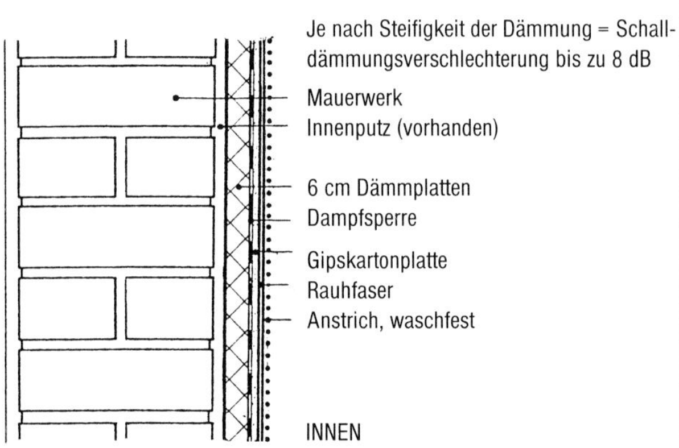

Aufbringen von Gipskarton-Verbundelementen
(Armieren und Spachteln der Stoßfugen)

Wärmedämmung und Trockenputz innen	
Baukosten	Ca. 110,– DM/m²
Instandhaltungskosten	gering, ggf. sind für die Erneuerung von Außenanstrichen ca. 40,– DM/m² alle 10 Jahre anzusetzen (einschließlich Behebung von Putzschäden)
Lebensdauer	Langzeiterfahrungen liegen noch nicht vor, geschätzt: 25 bis 30 Jahre
Begleitende erforderliche Maßnahmen	Aus- und Wiedereinbau von Heizkörpern, Elektroinstallationen, Einbaumöbeln etc. Im Gegensatz zu Außenwandbekleidungen wird durch Innendämmung keine Verbesserung der Fassade erreicht. Es sind also ggf. Maßnahmen zu Putzreparatur, Fassadenanstrich o. ä. vorzusehen
Einbauzeiten	Ca. 0,7 Std./m²
Trocknungs-/Wartezeiten	Keine, die gespachtelte Platte ist tapezierfähig
Anmerkungen	Einbindende Bauteile mitdämmen. Zusätzliche Dampfsperre erforderlich

2.1.2 Vergleichende Beurteilung

	Wärmedämm-verbundsystem	**Wärmedämmputz**	**Wärmedämmung + Faserzementpl.**	**Wärmedämmung + Holzverbretter.**	**Wärmedämmung + Vormauerung**	**Wärmedämmung + Trockenputz innen**
Baukosten	ca. 130,– DM/m²	ca. 140,– DM/m²	ca. 170,– DM/m²	ca. 175 DM/m²	ca. 255,– DM/m²	ca. 110,– DM/m²
Instand-haltungs-kosten	30,– DM/m² alle 10 Jahre für einen Erneuerungsanstrich	30,– DM/m² alle 10 Jahre für einen Erneuerungsanstrich	6,– bis 12,– DM/m² alle 10 Jahre für die Erneuerung zerstörter Platten	25,– DM/m² alle 5 Jahre für einen Erneuerungsanstrich	Keine	Gering, ggf. sind für die Erneuerung von Außenanstrichen ca. 40,– DM/m² alle 10 Jahre anzusetzen (einschließlich Behebung von Putzschäden)
Lebensdauer	25 bis 30 Jahre Über den Zeitraum von 25 Jahren liegen erste Erfahrungsberichte vor	50 Jahre abhängig von der Qualität des Oberputzes	25 bis 30 Jahre Die Lebensdauer der Holzunterkonstruktion ist begrenzt	15 bis 30 Jahre je nach Bewitterung	80 Jahre	Langzeiterfahrungen liegen noch nicht vor; geschätzt: 25 bis 30 Jahre
Begleitende erforderliche Maßnahmen	Verstärkung und Verlängerung von Befestigungselementen (Schlagläden, Markisen, Lampen) Erneuerung von Fassadenapplikationen (Stuckelemente, Gesimse)	Verstärkung und Verlängerung von Befestigungselementen (Schlagläden, Markisen, Lampen)	Verstärkung und Verlängerung von Befestigungselementen (Schlagläden, Markisen, Lampen)	Verstärkung und Verlängerung von Befestigungselementen	Anbringung von Auflagern für die Vormauerung (im Preis enthalten)	Aus- und Wiedereinbau von Heizkörpern, Elektroinstallationen, Einbaumöbeln etc. Im Gegensatz zu Außenwandbekleidungen wird durch Innendämmung keine Verbesserung der Fassade erreicht. Es sind ggf. Maßnahmen zu Putzreparatur, Fassadenanstrich o. ä. vorzusehen
Einbauzeiten	Ca. 1,0 Std./m²	Ca. 1,6 Std./m²	Ca. 1,5 Std./m²	Ca. 2,0 Std./m²	Ca. 2,8 Std./m²	Ca. 0,7 Std./m²
Trocknungs-/Wartezeiten	Keine	Keine	Keine	Keine	Keine	Keine die gespachtelte Platte ist tapezierfähig
Anmerkungen	Brandschutz beachten Gefahr der mechanischen Beschädigung vor allem im EG	Doppelte Materialstärke gegenüber homogenen Dämmstoffen erforderlich	Brandschutz-Unterkonstruktion beachten	Brandschutz beachten	Sehr guter Schutz gegen mechanische Beschädigung	Einbindende Bauteile mitdämmen Zusätzliche Dampfsperre erforderlich

Die nachträgliche Wärmedämmung ist immer bis an das Fenster heranzuführen

Einfache Putzbauten eignen sich besonders für Wärmedämmverbundsysteme

2.1.3 Aufbringen eines Wärmedämmverbundsystems

Wärmedämmverbundsysteme sind mehrschichtige Konstruktionen zur Dämmung von Außenwänden. Sie bestehen aus Dämmstoff, der an der Wand befestigt und mit speziellen Putzaufbauten überdeckt wird.

Wärmedämmverbundsysteme eignen sich für Gebäude mit vorhandenen Putz- oder Betonfassaden ohne aufwendige Zier- oder Stuckelemente, zum Beispiel:

- verputzte Fachwerkhäuser
- Häuser der 20er und 30er Jahre
- Nachkriegsbauten der 50er Jahre
- Betonbauten der 60er und 70er Jahre

Unterer Anschluß des Wärmedämmverbundsystems mit einer Sockelschiene

Die äußere Erscheinung von verputzten Gebäuden wird durch das Anbringen von Wärmedämmverbundsystemen im allgemeinen nicht verändert. Als Oberflächenbeschichtungen stehen heute nahezu alle gängigen Putzarten und Putzstrukturen zur Verfügung, so daß auf modische Reibe- oder Rillenputze nicht zurückgegriffen werden muß. Meist wird das nachträglich aufgebrachte Wärmedämmverbundsystem nur am Vorsprung im Sockelbereich erkennbar sein. Einfache Zierelemente der Putzfassade wie Fenstereinfassungen, einfache Stuckprofile etc., können unter Verwendung von Fertigteilelementen auch auf der neuen Putzfläche wieder hergestellt werden.

Folgende *Vorteile* zeichnen Wärmedämmverbundsysteme aus:

- □ Das Putzsystem kann ohne Beeinträchtigung der Innenraumnutzung angebracht werden.
- □ Die für das Innenraumklima wichtige Wärme- und Feuchtespeicherfähigkeit der vorhandenen Außenwand bleibt nutzbar.
- □ Mängel der vorhandenen Fassade wie Risse, Putzablösungen oder mangelnde Schlagregendichtigkeit werden mit behoben.
- □ Die vorhandene Fassade kann lückenlos gedämmt werden, Wärmebrücken an einbindenden Geschoßdecken oder Zwischenwänden bestehen nicht.

Daneben sind jedoch auch folgende *Problempunkte* zu beachten:

- □ Die Schalldämmung der vorhandenen Außenwand kann bei Verwendung ungeeigneter, zu steifer Dämmstoffe erheblich verschlechtert werden.
- □ Ohne besondere Maßnahmen sind Verbundsysteme nur schwach mechanisch belastbar.

Vorhandene Abflußrohre müssen bei der Planung berücksichtigt werden

□ Wärmedämmverbundsysteme sind empfindlich gegen Verletzungen der wasserabweisenden Schicht. Eindringendes Wasser verbleibt in der Konstruktion und führt zur Wirkungslosigkeit der Dämmung und zur Zerstörung der Konstruktion, zum Beispiel durch Abdrücken der Putzschicht und Tauwetterschäden an der Dämmschicht.

□ Der Anschluß an vorhandene Fenster ist schwierig, da oft nicht genügend Platz zur Verfügung steht, um in den Fensterleibungen erforderliche Dämmstoffdicken anzubringen.

□ Verankerungen von Gegenständen an der Außenwand wie Lampen, Schlagläden etc. müssen verstärkt und verlängert werden.

□ Langzeiterfahrungen mit Wärmedämmverbundsystemen liegen wenig vor, da die auf dem Markt vorhandenen Systeme ständig modifiziert werden.

□ Verwendete Schaumkunststoffe werden im Brandfall zerstört.

□ Eine Wärmeabgabe der äußeren Putzschicht an angrenzende Bauteile wird durch die großen Dämmschichtdicken behindert. Die Putzschicht heizt sich entsprechend stark auf. Zur Vermeidung von übergroßen Aufheizungen dürfen dunkle Farbtöne für den Oberputz nicht verwendet werden.

□ Verwendete Kunstharzputze neigen bei starker Erwärmung zur Aufweichung.

Details

Die folgenden Zeichnungen zeigen die Lösung wichtiger Anschlußdetails.

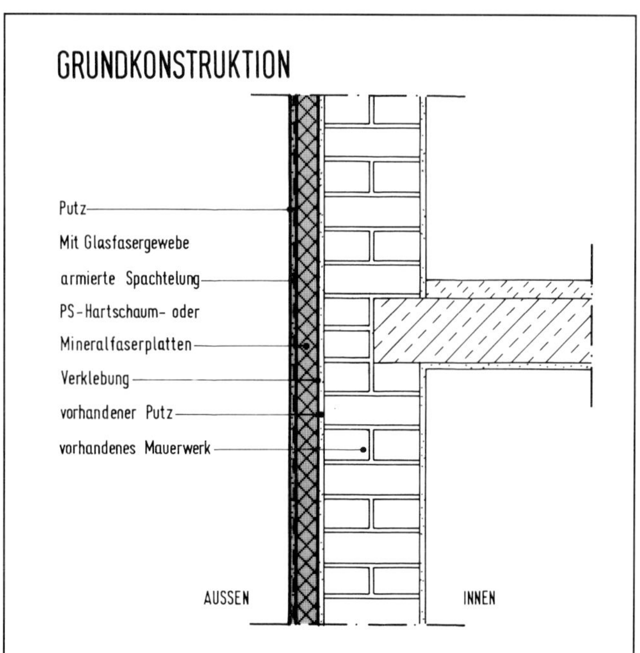

Grundkonstruktion

Aufkleben der Dämmplatten auf haftfesten Untergrund.

Zusätzliche Verdübelung bei ungenügender Haftfestigkeit des Untergrundes.

Aufbringen der Spachtelung auf die Dämmplatten.

Einbetten von Glasfasergewebe in die Spachtelung.

Einbetten von verstärktem Gewebe in Bereichen hoher mechanischer Beanspruchung.

Aufbringen von Kunstharz- (2 bis 3 mm) oder Mineralputz (12 bis 15 mm).

Ortganganschluß

Bei Neueindeckung ist die Ausbildung dieses Detailpunktes unkritisch, da die neue Dacheindeckung auskragen und das Wärmedämmverbundsystem überdekken kann.

Anders bei Erhalt der Dacheindeckung. Der Dachüberstand ist im allgemeinen zu gering, um von dem Dämmsystem unterfahren werden zu können.

Zur Abdeckung des Dämmsystems muß deshalb ein neues Ortgang-Profil aus Zink oder Aluminium montiert werden.

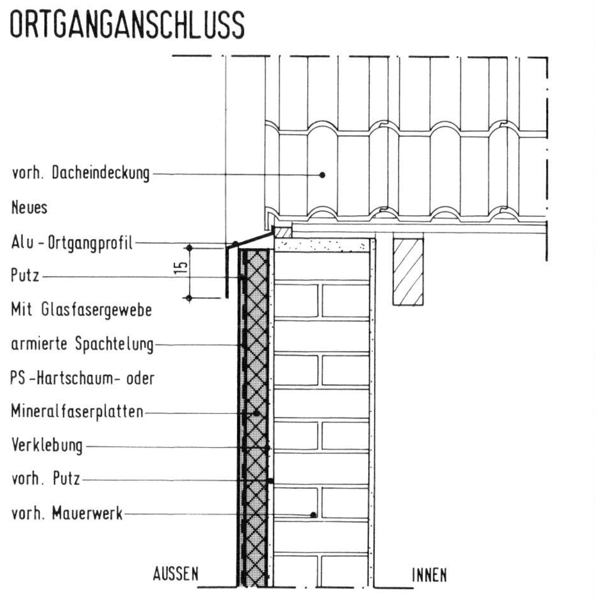

Sockelabschluß

Wird das Dämmsystem nicht bis ins Erdreich geführt, sollte es über Spritzwasserhöhe enden.

Für den unteren Abschluß ist eine Profilschiene mit Abtropfkante zu verwenden. Die Schiene ist mit zusätzlichen Gewebeeinlagen zu ummanteln.

Bei unbeheizten Kellerräumen ist die Außenwand bis 50,0 cm unter die Decke zu dämmen, um Tauwasserschäden im unteren Innenwandbereich zu vermeiden.

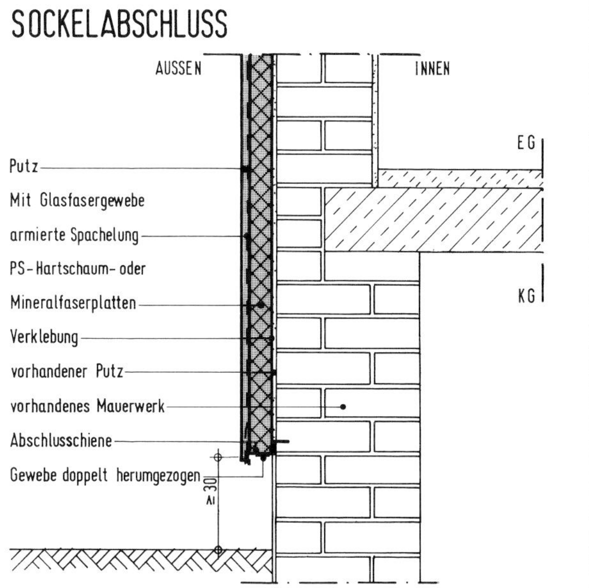

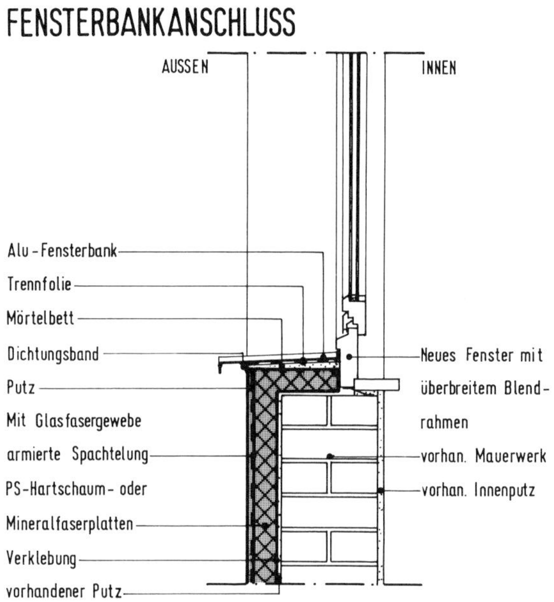

Fensterbankanschluß

Die Dämmung ist möglichst immer bis an das Fenster heranzuführen. Wenn die Fenster erneuert werden, sind deshalb überbreite Blendrahmen vorzusehen. In jedem Fall ist die Leibung mindestens mit 2,0 cm bis 3,0 cm Dämmung zu bekleiden.

Die für Wärmedämmverbundsysteme verwendeten Dämmstoffe verfügen im allgemeinen über eine ausreichende Druckfestigkeit, die ihre Verwendung als Fensterbankunterlage gestatten.

Fensterbänke müssen vollflächig untermörtelt sein.

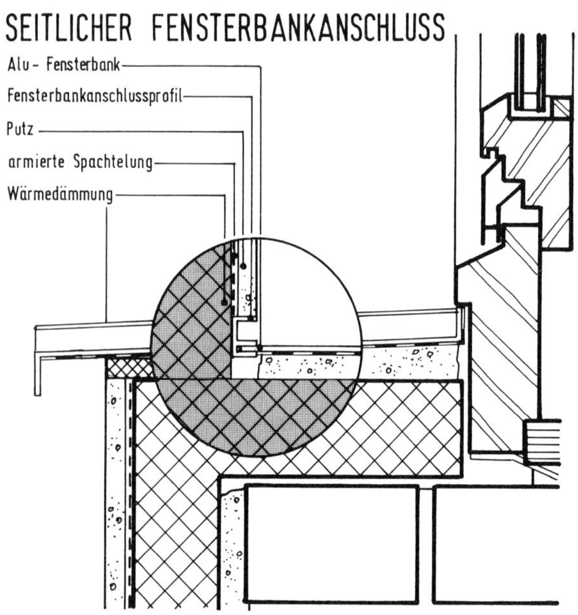

Seitlicher Fensterbankanschluß

Direkt eingeputzte Fensterbankprofile führen zu Abrissen im Putz und damit zum Eindringen von Feuchtigkeit.

Um dies zu vermeiden, sind Fensterbankanschlußprofile in den Putz einzusetzen.

Die Anschlußprofile gewährleisten eine sichere Wasserableitung und können thermische Längenänderungen der Fensterbank aufnehmen.

Anschluß mit Rolladenschiene

Bei Verwendung von Rolladenschienen sind möglichst überbreite Blendrahmen zu verwenden, um die Dämmung ohne Querschnittsminderung an das Rolladenprofil heranzuführen.

Der Anschluß ist mit Fugendichtband zu schließen.

Auf jeden Fall sind die Leibungen mindestens mit 2,0 cm Dämmstoff zu bekleiden.

Die Fensterbank muß die Rolladenführungsschiene unterfahren, um einen sicheren Wasserablauf zu gewährleisten.

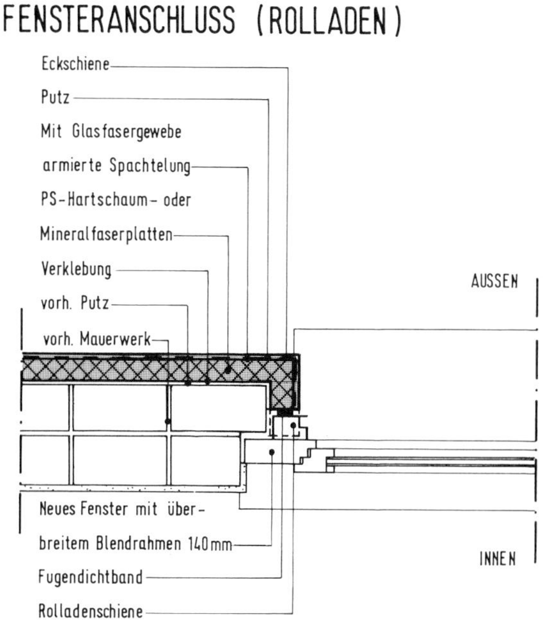

2.1.4 Einbau einer inneren Wärmedämmung

Der Einbau von Innendämmungen ist immer dann erforderlich, wenn *gestalterische Gründe* eine zusätzliche äußere Wärmedämmung nicht zulassen. Dies ist zum Beispiel der Fall bei

- Fachwerkhäusern mit erhaltens- und darstellenswerter Holzkonstruktion,
- Gründerzeithäusern mit aufwendig gestalteten Stuckfassaden,
- Gebäuden mit erhaltenswerter Natursteinverkleidung oder massiven Natursteinfassaden,
- erhaltenswerten Sichtmauerwerksbauten.

Den Vorteilen bei der Erhaltung der vorhandenen Fassade stehen eine *Reihe von Problemen* gegenüber.

Innendämmungen können ohne Beeinträchtigung der Innenraumnutzung nicht eingebaut werden:

□ Die Innenseiten der Außenwände müssen frei zugänglich sein, das heißt die Möblierung und zum Beispiel Teppichböden müssen entfernt werden.

□ Einbauschränke, Installationen (Heizkörper) und Fußleisten müssen demontiert und später wieder eingebaut werden.

□ Elektrodosen müssen verlängert werden.

□ An den Innenseiten der Fensterleibungen muß, wenn die Fenster nicht erneuert werden, der Putz abgeschlagen werden, um Platz für zusätzliche Dämmung in der Leibung zu gewinnen.

Daneben sind eine Reihe von *bauphysikalischen* Problemen zu beachten:

□ Der vorhandene Außenwandquerschnitt steht als Speicherkapazität und damit als Regulativ für die Innenraumtemperatur nicht mehr zur Verfügung.

□ Die feuchtigkeitsregulierende Wirkung des Wandquerschnitts für das Innenraumklima wird eingeschränkt.

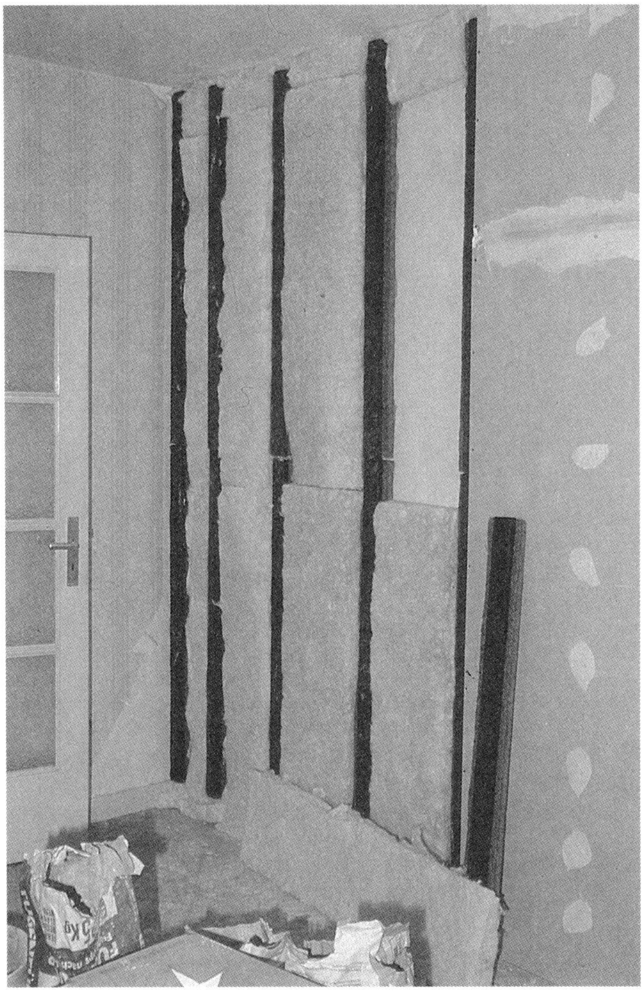

Anbringen einer inneren Wärmedämmung

Bei sichtbaren Fachwerkkonstruktionen kann eine zusätzliche Wärmedämmung nur innen angebracht werden

□ Der Außenwandquerschnitt ist vom relativ konstanten Temperaturverlauf des Innenraumes abgekoppelt und verstärkt den Temperaturschwankungen des Außenklimas unterworfen. Die Folge sind verstärkte thermische Längenänderungen der Außenwandkonstruktion.

□ Durch die geringere Erwärmung der Außenwand während des Winterhalbjahres wird die Austrocknung eingedrungener Feuchtigkeit erschwert.

□ An Unterbrechungen oder Schwächungen der Innenwanddämmung, zum Beispiel an Fensterleibungen oder einbindenden Bauteilen, kann es wegen des starken Temperaturgefälles verstärkt zu Kondensat- und damit zu Schwärzepilzbildungen kommen.

□ Die Temperatur an der Innenseite oder innerhalb des vorhandenen Außenwandquerschnittes kann so weit absinken, daß es zu kritischer Kondensatbildung kommt.

□ Die Schalldämmung von Außenwänden und die Schall-Längsleitung werden bei Verwendung schalltechnisch »harter« Dämmstoffe erheblich verschlechtert, wenn die Dämmstoffe direkt auf die Wand geklebt werden.

Diese Aspekte müssen bei der Planung und Anwendung von Innendämmsystemen unbedingt beachtet werden.

Dem stehen folgende Vorteile von Innendämmungen gegenüber:

□ Die Aufheizzeiten der Innenräume werden deutlich verringert. Dies ist besonders wichtig bei Räumen, die nicht konstant beheizt werden.

□ Durch die schnelle Aufheizung von Innenwandoberflächen wird die Gefahr von Oberflächenkondensatbildungen verringert.

□ Die äußere Erscheinung von Gebäuden bleibt unverändert erhalten.

□ Arbeiten an der Fassade sind nicht erforderlich (kein Gerüstbau).

□ Unebenheiten von Wandoberflächen oder Fehlstellen des Innenputzes werden durch Einbau der Innendämmung überdeckt beziehungsweise ausgeglichen.

Details

Die folgenden Zeichnungen zeigen die Lösung wichtiger Anschlußdetails.

Grundkonstruktion

- Aufstellen von Metallständerwerk.
- Einbringen von Mineralfaserdämmstoffen zwischen den Metallständern.
- Einbau einer Dampfsperre, zum Beispiel aus PE-Folie 0,2 mm.
- Anbringen von Gipsfaser- oder Gipskartonplatten.
- Anbringen von Lattung, Wärmedämmung, Dampfsperre und Bekleidung an ca. 50,0 cm breitem Deckenstreifen.
- Einbau zusätzlicher Wärmedämmung oberhalb massiver Geschoßdecken.

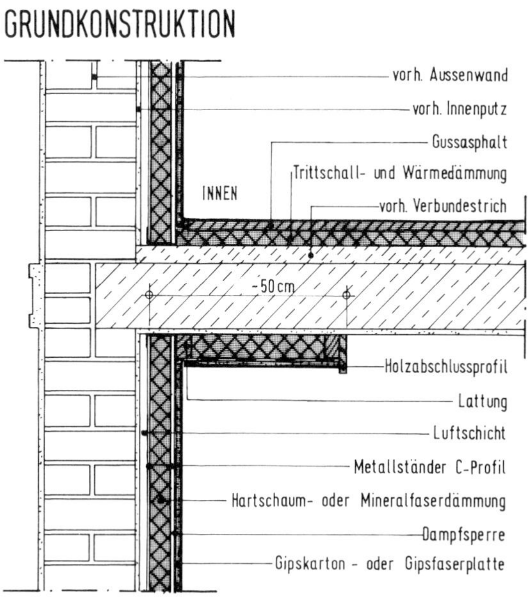

FENSTERANSCHLUSS

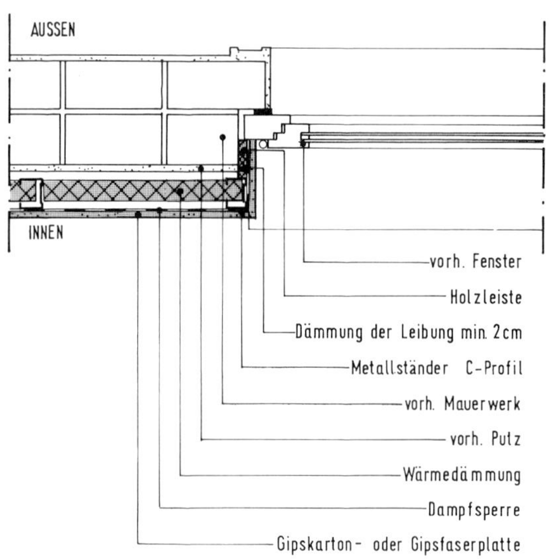

Fensteranschluß

- Abschlagen des vorhandenen Putzes im Leibungsbereich.
- Andübeln einer Holzleiste als Unterkonstruktion in der Leibung.
- Einbau von Wärmedämmung, Dampfsperre Gipskarton- beziehungsweise Gipsfaserplatte.
- In der Leibung soll die gleiche Dämmstoffdicke wie im Wandbereich montiert werden. Es sind mindestens 2,0 cm Dämmstoffdicke vorzusehen.
- Wichtig: Dampfsperre im Leibungsbereich.

EINBINDENDE BAUTEILE

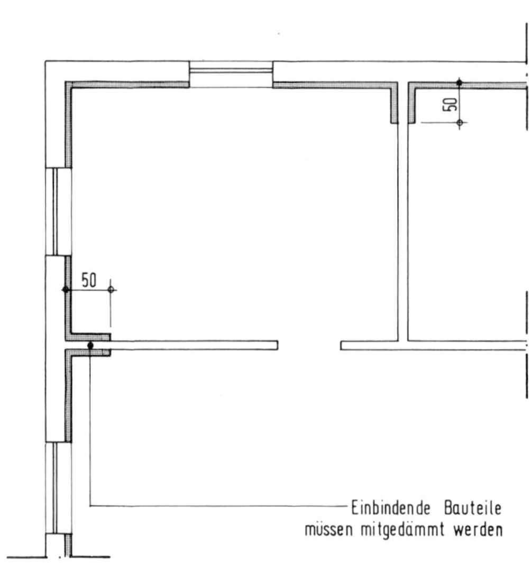

Einbindende Bauteile

Bei der Innendämmung von Gebäuden müssen einbindende Bauteile, sofern sie aus gut wärmeleitenden Materialien bestehen, mindestens 50,0 cm mitgedämmt werden.

Dies gilt sowohl für einbindende Wände als auch für einbindende Decken.

Einbindende Bauteile

Während die teilweise Dämmung an Zwischenwänden und Decken technisch lösbar ist und lediglich ein Problem der Gestaltung darstellt, ist die teilweise Dämmung der Fußböden vor allem ein konstruktives Problem.

Eine Lösung besteht nur darin, einen komplett neuen Fußboden, zum Beispiel einen schwimmenden Estrich, einzubauen, will man nicht im Außenwandbereich ein durchlaufendes Podest erhalten.

Bei vorhandenen Holzbalkendecken kann man auf zusätzliche Dämmung verzichten.

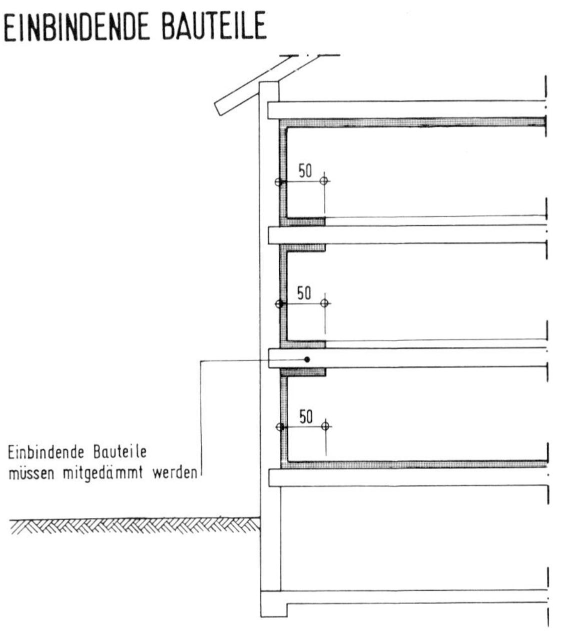

2.2 Problempunkt: Vertikal aufsteigende Feuchtigkeit in Außenwänden

Aufsteigende Feuchtigkeit ist ein häufig anzutreffender Problempunkt in erdnahen Mauerwerksteilen. Es handelt sich hierbei um kapillar aufsteigendes Wasser, das durch Kontakt mit feuchtem Erdreich in Außenwände und Fundamente eindringt. Obwohl schon lange Verfahren zur Horizontalisolierung bekannt waren (verwendet wurden zum Beispiel Bleiplatten, Rohglastafeln, Klinker in Asphaltmörtel, Schieferplatten, aber auch schon Dachpappe), wurde aus Kostengründen oft auf den Einbau solcher Sperrschichten verzichtet.

Solange Oberflächen von Außenwänden gut belüftet waren, konnte das aufsteigende Wasser durch Verdunstung an die Umgebungsluft abgegeben werden.

Im Regelfall war das Erdgeschoß so weit über Erdreich angeordnet, daß im Bereich des Sockels und im Bereich der meist gut belüfteten Kellerinnenwände soviel Wasser verdunsten konnte, daß Beeinträchtigungen im Erdgeschoß nicht mehr auftraten.

Zu Problemen kommt es immer dann, wenn Verdunstungsflächen nicht in ausreichendem Maße vorhanden sind oder die Verdunstung behindert wird. Dies kann zum Beispiel geschehen durch Unterbinden der Kellerlüftung (Einbau neuer, dichter Kellerfenster) oder durch Abdichtung vorhandener Wandoberflächen.

So bringt der Auftrag von Sperrputz auf durchfeuchtete Wandoberflächen meist nicht den gewünschten Erfolg, da die Feuchtigkeit in der Wand über den verputzten Bereich hinweg aufsteigt und neue Bereiche (zum Beispiel im Erdgeschoß) schädigt.

Bevor Maßnahmen gegen aufsteigende Feuchtigkeit unternommen werden, ist zu prüfen, ob durch geeignete Belüftung das Problem nicht beseitigt werden kann.

Außerdem ist zu prüfen, ob es sich bei der Feuchtebelastung tatsächlich um kapillar aufsteigendes Wasser handelt.

Abbildungen oben und unten: Aufsteigende Feuchtigkeit führt zu großflächigen Putzzerstörungen

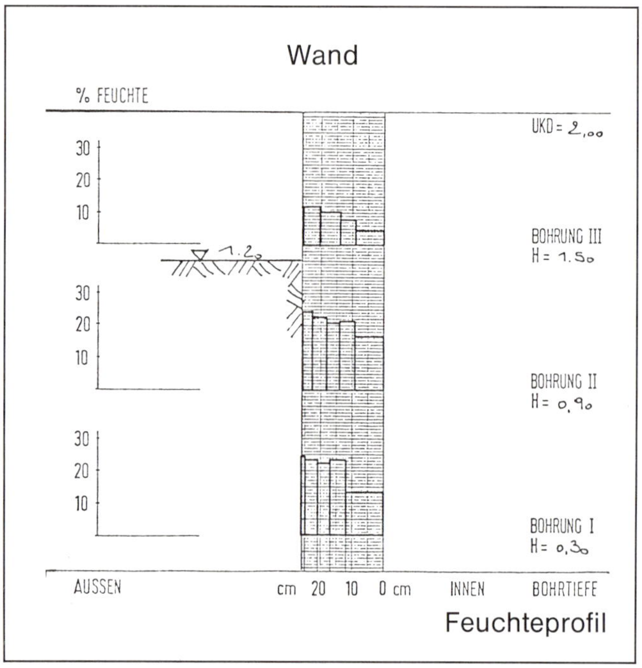

Vorhandene Durchfeuchtung einer untersuchten Wand

Die Durchfeuchtungen können zum Beispiel auch hervorgerufen werden durch Niederschlagwasser, das an der Fassade herabläuft, oder durch Spritzwasser im Sockelbereich.

Besonders wichtig ist auch die Kontrolle des Mauerwerks auf etwa vorhandene Salze, die Feuchtigkeit aus der Luft aufnehmen und anlagern.

Gegebenenfalls ist auch eine falsche oder fehlende Vertikalisolierung Ursache der Durchfeuchtung.

Eine Beurteilung der Durchfeuchtung der Außenwand kann am sichersten erfolgen durch Entnahme von Bohrkernen, Untersuchung der Materialproben auf ihren Feuchte- und Salzgehalt und Aufstellen eines Feuchteprofils für den gesamten Wandquerschnitt.

Sollte die Untersuchung die Notwendigkeit des Einbaus von Horizontalsperren ergeben, stehen folgende Verfahren zur Verfügung:

1. *Mauersägeverfahren* mit Einschub von Dichtungsbahnen und Verpressung des Sägeschlitzes
2. *Konventionelle, abschnittsweise Mauertrennung von Hand,* Einbau von Dichtungsbahnen und anschließende Ausmauerung des Mauerschlitzes
3. *Mauertrennung durch Einrammen von Edelstahlblechen* in durchgehende Lagerfugen
4. *Injektage von Dichtungsmitteln* im Bohrlochtränkverfahren
5. *Elektro-osmotische Trockenlegungsmaßnahmen*

Das Ergebnis einer Forschungsarbeit der Gruppe Haus- und Stadterneuerung Aachen mit einer vergleichenden praktischen Anwendung verschiedenster Trockenlegungsverfahren kann aus dem Forschungsbericht des Landesinstituts für Bauwesen und angewandte Bauschadenforschung (LBB) Aachen, Theaterplatz 14, entnommen werden (Titel: Verminderung von Kellerfeuchtigkeit in Altbauten, verschiedene Verfahren im Praxisvergleich, Heft 2.11 1991).

Aufsägen einer Wand, um nachträglich eine Dichtung einzubringen

Vor Anwendung der Verfahren ist zu prüfen, ob das vorhandene Mauerwerk sich für das ausgewählte Isolierverfahren eignet. Für die sinnvolle Anwendung müssen immer bestimmte Randbedingungen erfüllt sein.

Für die Injektage von Dichtungsmitteln zum Beispiel sind nicht alle Mauerwerksarten geeignet, zweischaliges Mauerwerk mit Verfüllung weist oft große Hohlräume auf, die zunächst verpreßt werden müssen, bevor Injektagemittel eingebracht werden können.

Mauertrennverfahren, bei denen Edelstahlbleche eingerammt werden, können nur bei Mauerwerk mit durchgehenden Lagerfugen oder bei weichem Mauerwerk angewendet werden. Außerdem ist bei diesem Verfahren dem Korrosionsschutz große Aufmerksamkeit zu widmen, gegebenenfalls sind, zum Beispiel bei hohem Chloridgehalt des Mauerwerks, Chromnickelmolybdänstähle einzusetzen.

Bei allen Mauertrennverfahren ist sicherzustellen, daß Horizontalkräfte während und nach der Mauertrennung aufgenommen werden können. Vor allem Gewölbeschub muß hier unbedingt beachtet werden.

Nach dem Einbau von nachträglichen Horizontalisolierungen kann es erforderlich sein, die Oberfläche von jetzt trockengelegten Wandbereichen zu behandeln.

Wegen des hier allgemein sehr hohen Salzgehaltes, hervorgerufen durch die ständige Wasserverdunstung, eignen sich zur Behandlung vor allem Sanierputze entsprechend den WTA-Richtlinien.

Oben: Einrammen von Edelstahlblechen

Mitte: Trichterreihe zur Dichtungsmittelinjektage

Unten: Salzbelasteter Wandbereich

2.2.1 Übersicht über Lösungsmöglichkeiten

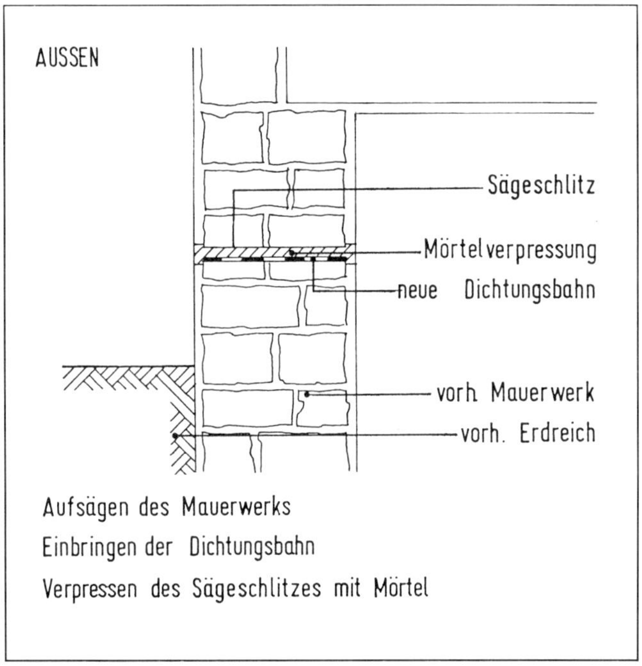

Maschinelle Mauertrennung	
Baukosten	Ca. 575,- DM/m²
Begleitende erforderliche Maßnahmen	Evtl. Schaffung eines Arbeitsraumes
Instandhaltungskosten	Keine
Lebensdauer der Dichtung	40 bis 50 Jahre
Die Einbauzeiten sind so stark abhängig vom vorhandenen Wandmaterial, vom angewendeten Trennverfahren und von der Zugänglichkeit des Mauerwerks, daß verläßliche Werte nicht genannt werden können. Aus diesem Grund sollten Einbauzeiten nicht als ausschlaggebende Einflußgrößen angesehen werden.	
Ausführung durch	Fachfirma
Anmerkungen	Gewölbeschub beachten

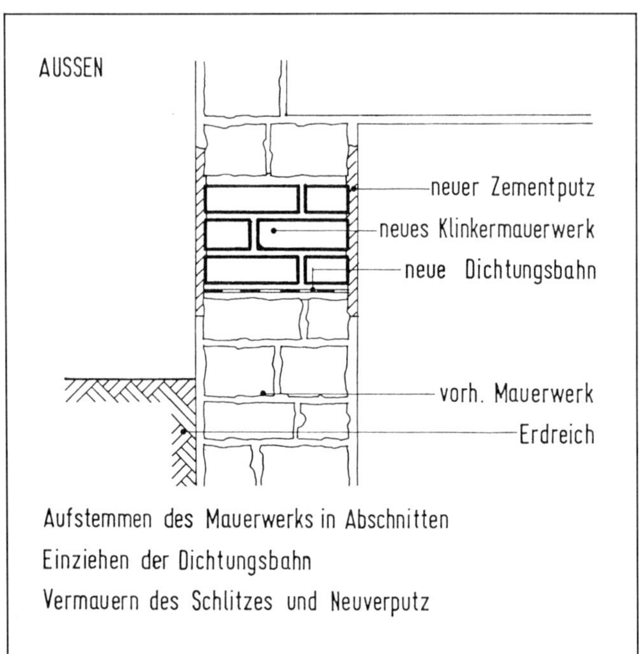

Mauertrennung von Hand	
Baukosten	Ca. 950,- DM/m²
Begleitende erforderliche Maßnahmen	Evtl. Schaffung eines Arbeitsraumes
Instandhaltungskosten	Keine
Lebensdauer der Dichtung	40 bis 50 Jahre
Die Einbauzeiten sind so stark abhängig vom vorhandenen Wandmaterial, vom angewendeten Trennverfahren und von der Zugänglichkeit des Mauerwerks, daß verläßliche Werte nicht genannt werden können. Aus diesem Grund sollten Einbauzeiten nicht als ausschlaggebende Einflußgrößen angesehen werden.	
Ausführung durch	Bauunternehmung
Anmerkungen	Gefahr der Rißbildung durch Setzungen

Einrammen von Edelstahlblechen	
Baukosten	Ca. 635,- DM/m²
Begleitende erforderliche Maßnahmen	Evtl. Schaffung eines Arbeitsraumes
Instandhaltungskosten	Keine
Lebensdauer der Dichtung	20 bis 50 Jahre Stark abhängig vom Versalzungsgrad des Mauerwerkes
Die Einbauzeiten sind so stark abhängig vom vorhandenen Wandmaterial, vom angewendeten Trennverfahren und von der Zugänglichkeit des Mauerwerks, daß verläßliche Werte nicht genannt werden können. Aus diesem Grund sollten Einbauzeiten nicht als ausschlaggebende Einflußgrößen angesehen werden.	
Ausführung durch	Fachfirma
Anmerkungen	Gefahr der Rißbildung durch starke Erschütterungen beim Einrammen der Bleche

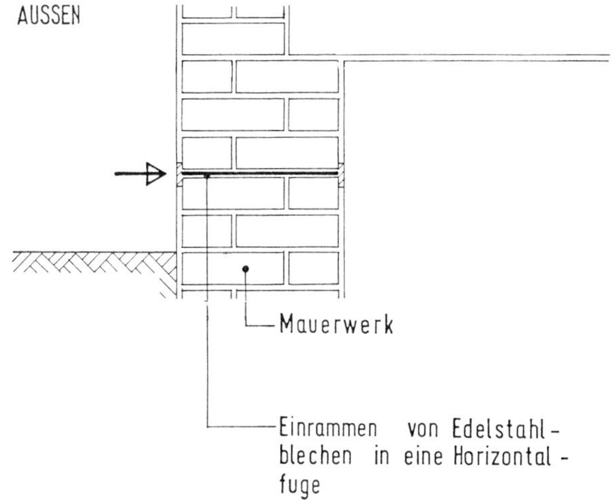

Bei durchlaufender, horizontaler Fuge werden scharfkantige Edelstahlbleche mit Preßluft eingerammt, Stöße mit Überdeckungen

Injektion von Dichtungsmitteln	
Baukosten	Ca. 400,- DM/m²
Begleitende erforderliche Maßnahmen	Keine
Instandhaltungskosten	Keine
Lebensdauer der Dichtung	10 bis 25 Jahre
Die Einbauzeiten sind so stark abhängig vom vorhandenen Wandmaterial, vom angewendeten Trennverfahren und von der Zugänglichkeit des Mauerwerks, daß verläßliche Werte nicht genannt werden können. Aus diesem Grund sollten Einbauzeiten nicht als ausschlaggebende Einflußgrößen angesehen werden.	
Ausführung durch	Fachfirma
Anmerkungen	Keine Beeinflussung der Standsicherheit Abdichtungsgrad ca. 70 bis 80%

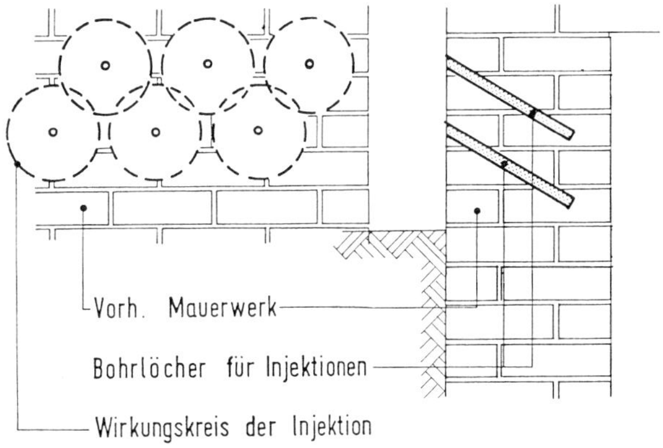

Anlegen einer versetzten Doppelreihe von Bohrlöchern Injektion des Dichtungsmittels

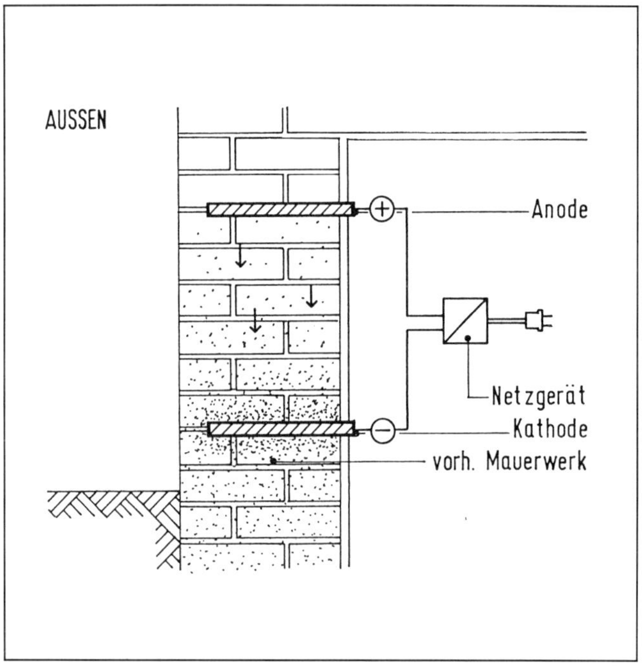

Elektro-osmotische Verfahren	
Baukosten	Ca. 1380,- DM/m^2
Begleitende erforderliche Maßnahmen	Keine
Instandhaltungskosten	Keine
Lebensdauer der Dichtung	Ca. 10 Jahre zu erwarten noch wenig exakte Auswertungsergebnisse
Die Einbauzeiten sind so stark abhängig vom vorhandenen Wandmaterial, vom angewendeten Trennverfahren und von der Zugänglichkeit des Mauerwerks, daß verläßliche Werte nicht genannt werden können. Aus diesem Grund sollten Einbauzeiten nicht als ausschlaggebende Einflußgrößen angesehen werden.	
Ausführung durch	Fachfirma
Anmerkungen	Keine Beeinflussung der Standsicherheit Korrosionsgefahr bei einigen Elektroden

2.2.2 Mauertrennung von Hand und Einbau einer Dichtungsbahn - Erläuterung

Die Mauertrennung von Hand und das Einziehen einer Dichtungsbahn ist sicher das am häufigsten praktizierte Verfahren zur horizontalen Abdichtung von Mauerwerk. Da das Verfahren relativ leicht durchzuführen ist, wird es leider oft oberflächlich gehandhabt und führt damit häufig zu einer ungenügenden Ausführungsqualität. Infolgedessen tritt oft der gewünschte Trocknungsprozeß nicht ein oder es entstehen Folgeschäden (zum Beispiel Setzungen), die den Trocknungseffekt wieder einschränken.

Um zufriedenstellende Ergebnisse zu erzielen, ist folgendes bei der Durchführung der Arbeiten zu beachten:

1. Mauerwerk abschnittweise auftrennen, statische Verhältnisse berücksichtigen

Die Auftrennung des Mauerwerks ist abschnittweise in Längen von 50,0 bis 100,0 cm vorzunehmen. Für die Wahl der Abschnittlänge sind die statischen Verhältnisse maßgebend: in Bereichen hoher Belastung, zum Beispiel unter Fensterpfeilern, sind kurze Abschnitte zu wählen, in Bereichen geringer Belastung, zum Beispiel unter Fensterbrüstungen, können längere Arbeitsabschnitte gewählt werden. DIN 1053 ist zu beachten.

Grundsätzlich ist darauf zu achten, daß während und nach der Mauertrennung Horizontalkräfte, zum Beispiel aus Gewölbeschub, aufgenommen werden können.

Die Lage der Auftrennung ist so zu wählen, daß die Abdichtung unbedingt unterhalb der Kellerdecke und möglichst oberhalb der Spritzwasserzone (50 cm über Erdreich) liegt.

2. Herstellen eines ebenen Mörtelbettes unter der Dichtungsschicht

Vor dem Einbringen der Dichtungsbahn ist das aufgestemmte Mauerwerk mit einer Mörtelschicht (Zementmörtel, Mörtelgruppe II oder III) absolut glatt und so dick zu ebnen, daß die Dichtschicht nicht durch Unebenheiten des Mauerwerks verletzt wird.

Nach Verlegen der Dichtungsbahn sollte diese mit einer zweiten Mörtelschicht abgedeckt werden. Die Aufmauerung sollte erst erfolgen, wenn die Mörtelschichten ausgehärtet sind.

Als zusätzliche Feuchtesperre kann dem Mörtel ein Dichtungsmittel zugesetzt werden.

3. Einbau der Dichtungsbahn mit 20,0 cm Überlappung

Zur Abdichtung können Dichtungsbahnen, Dachdichtungsbahnen, Bitumendachbahnen oder Kunststoffdichtungsbahnen verwendet werden. Bei Verwendung von Kunststoffdichtungsbahnen ist zu beachten, daß diese bitumenverträglich sein müssen, wenn weitere, zum Beispiel senkrechte, Abdichtungen aus Bitumen aufgebracht werden.

Bei der Auswahl der Dichtungsbahn ist zu bedenken, daß der Preis der Dichtungsbahn im Verhältnis zum Gesamtaufwand der Abdichtungsmaßnahme gering ist.

Es ist mindestens eine Lage Dichtungsbahn zu verlegen, wobei die Überdeckung mindestens 20,0 cm betragen muß. Die Stöße sollten verklebt oder verschweißt werden. Während der Mauerarbeiten ist die vorgesehene Überlänge der Dichtungsbahn im Arbeitsraum aufzurollen oder hochzuklappen.

4. Abbruch möglichst erschütterungsfrei

Der Abbruch der Mauerwerksschichten soll möglichst erschütterungsfrei, das heißt also am besten von Hand erfolgen. Durch mögliche Setzungen ist das Mauerwerk ohnehin schon rißgefährdet. Diese Gefahr soll durch unnötige Erschütterungen beim Stemmen des Wandschlitzes nicht noch verstärkt werden.

Abbildungen oben und unten: Abschnittweises Auftrennen und Schließen des Mauerwerkes von Hand

5. Sorgfältiges Verschließen des Wandschlitzes

Nach Verlegen der Dichtungsbahnen ist der Mauerschlitz sorgfältig zu verschließen. Vorzugsweise verwendet man hierfür Klinker, wobei die obersten beiden Schichten aus Keilklinkern bestehen sollten, die erst eingebracht werden, wenn die unteren Mörtelschichten erhärtet sind. Alle Fugen sind aus Zementmörtel und so dünn wie möglich herzustellen, um das Schwindmaß und damit die Gefahr von Setzrissen gering zu halten.

Alternativ kann der Kraftschluß zwischen altem und neuem Mauerwerk hergestellt werden durch Eintreiben von großflächigen Stahlkeilen, Einpressen von erdfeuchtem Stopfmörtel (Zementmörtel), oder Verguß des Zwischenraumes mit Beton.

2.2.3 Mauertrennung von Hand und Einbau einer Dichtungsbahn – Details

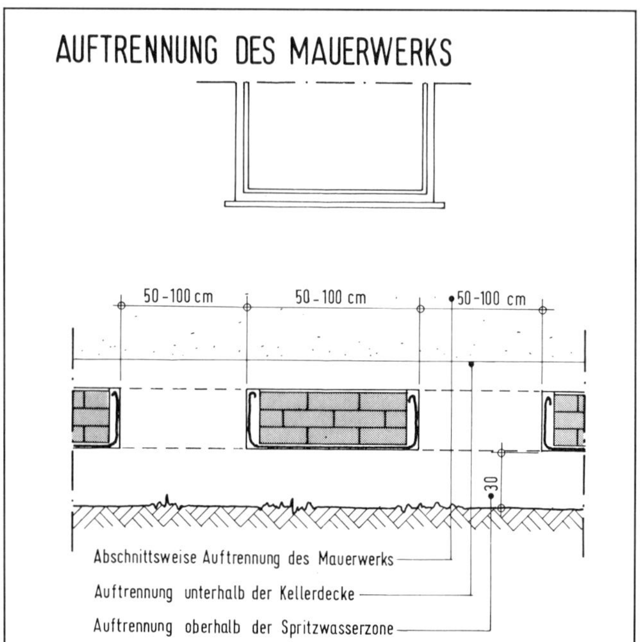

Auftrennung des Mauerwerks

- Abschnittweise Auftrennung des Mauerwerks in Längen von 50,0 bis 100,0 cm.
- Einbau der Abdichtung.
- Vermauern des Wandschlitzes.
- Durchführung flankierender Maßnahmen, zum Beispiel Erneuern des vorhandenen Putzes (durch Sanierputz).

Einbau Dichtungsbahn

- Abgleichen des Untergrundes mit Zementmörtel MG II oder III (evtl. mit wasserdichtendem Zusatz), um ebenen Untergrund für die Dichtungsbahnen zu schaffen.

- Verlegen der Dichtungsbahn. Die vorzusehende Überlänge der Dichtungsbahn ist im Arbeitsraum hochzuklappen.

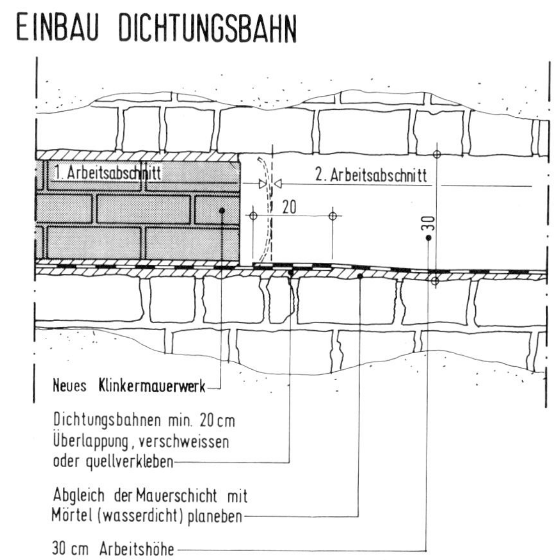

Schließen des Wandschlitzes

- Abgleichen der Dichtungsbahn mit einer Mörtelschicht.

- Aufmauern von 1 bis 2 Schichten Klinker-Mauerwerk.

- Nach Aushärten der unteren Schichten Herstellen des kraftschlüssigen Verbundes vorzugsweise durch Eintreiben von Keilklinkern mit dünnen Lagerfugen aus Zementmörtel.

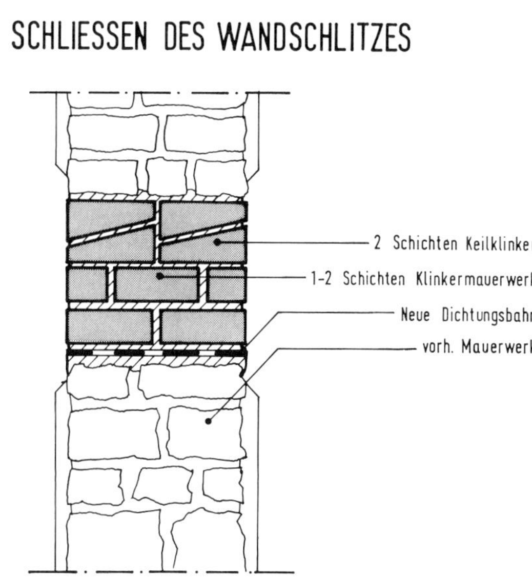

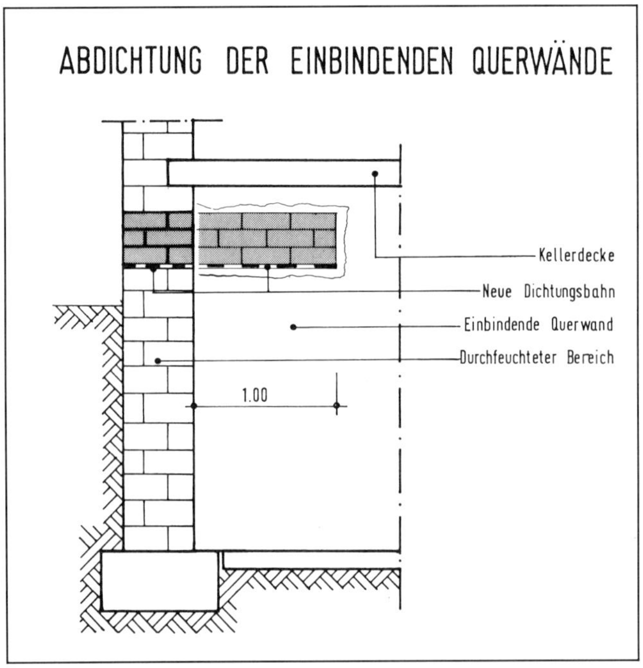

Abdichtung der einbindenden Querwände

Zur Vermeidung des Feuchtetransportes über einbindende Querwände in die EG-Decke sind geeignete Abdichtungsmaßnahmen erforderlich.

Bei einer aussteifenden Querwand ist die Dichtungsbahn der Außenwand ca. 1,0 m weit in die Querwand einzuziehen.

Dieses Abdichtungsverfahren zerstört den statischen Verbund zwischen Außenwand und aussteifender Querwand nicht.

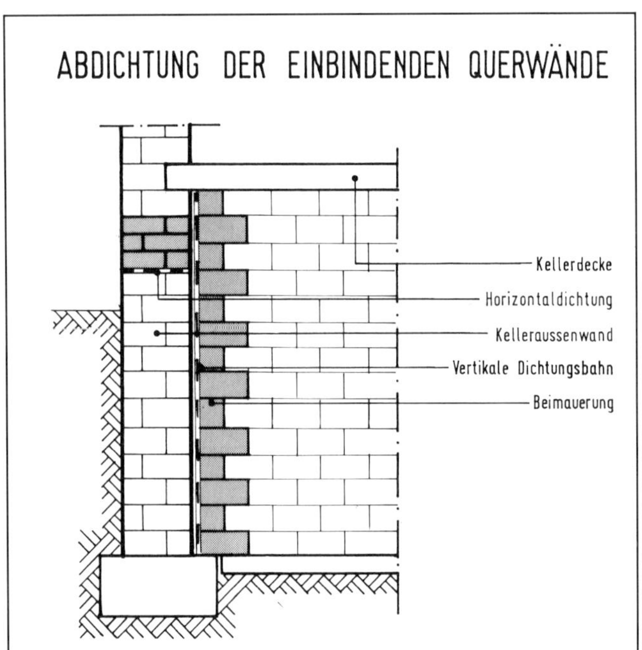

Abdichtung der einbindenden Querwände

Bei nicht aussteifenden Querwänden kann durch Einbau einer senkrechten Dichtungsbahn der Feuchtetransport über die Innenwand wirksam verhindert werden.

Es ist zu beachten, daß der Verbund zwischen Innen- und Außenwand verlorengeht. Gegebenenfalls kann auch eine senkrechte Bohrlochkette mit Injektage von einem Dichtungsmittel vorgenommen werden.

2.2.4 Vergleichende Beurteilung

	Maschinelle Mauertrennung	Mauertrennung von Hand	Einrammen von Edelstahlblechen	Injektion von Dichtungsmitteln ohne Druck	Injektion von Dichtungsmitteln mit Druck	Elektro-osmotische Verfahren
Baukosten	Ca. 575,– DM/m²	Ca. 950,– DM/m²	Ca. 635,– DM/m²	Ca. 405,– DM/m²	Ca. 460,– DM/m²	Ca. 1380,– DM/m²
	Die Kostenwerte beziehen sich auf den Wandquerschnitt bei einer mittleren Wandstärke von 60,0 bis 80,0 cm					
Begleitende erforderliche Maßnahmen	Evtl. Schaffung eines Arbeitsraumes	Evtl. Schaffung eines Arbeitsraumes	Evtl. Schaffung eines Arbeitsraumes	Keine		Keine
Instandhaltungskosten	Keine	Keine	Keine	Keine		Keine
Lebensdauer der Dichtung	40 bis 50 Jahre	40 bis 50 Jahre	20 bis 50 Jahre Stark abhängig vom Versalzungsgrad des Mauerwerkes	10 bis 25 Jahre Noch wenig Erfahrungswerte		Ca. 10 Jahre zu erwarten Noch wenig exakte Auswertungsergebnisse
Einbauzeiten	Die Einbauzeiten sind so stark abhängig vom vorhandenen Wandmaterial, vom anwendeten Trennverfahren und von der Zugänglichkeit des Mauerwerks, daß verläßliche Werte nicht genannt werden können. Aus diesem Grund sollten Einbauzeiten nicht als ausschlaggebende Einflußgrößen angesehen werden.					
Ausführung durch	Fachfirma	Bauunternehmung	Fachfirma	Fachfirma		Fachfirma
Anmerkungen	Gewölbeschub beachten	Gefahr der Rißbildung durch Setzungen	Gefahr der Rißbildung durch starke Erschütterungen beim Einrammen der Bleche	Keine Beeinflussung der Standsicherheit Abdichtungsgrad ca. 70 bis 80%		Keine Beeinflussung der Standsicherheit Korrosionsgefahr bei einigen Elektrodenarten

2.3 Problempunkt: Horizontal eindringende Feuchtigkeit aus anstehendem Erdreich

Salzablagerungen durch horizontal eindringende Feuchtigkeit

Eindringende Feuchtigkeit aus anstehendem Erdreich ist meist die Hauptursache für durchfeuchtete Wände und aufsteigende Feuchtigkeit.

Zur Behebung des Schadensbildes ist der Einbau von horizontalen und vertikalen Dichtungsschichten erforderlich. Hierbei kommt allerdings der senkrechten Dichtungsschicht wesentlich größere Bedeutung zu als der horizontalen, da die senkrechte Berührungsfläche zwischen Mauerwerk und Erdreich im allgemeinen sehr viel größer ist als die horizontale Kontaktfläche. Oftmals gelingt eine weitgehende Trockenlegung des Mauerwerks bereits durch eine sorgfältige Vertikalabdichtung eventuell in Verbindung mit einer neuen Drainage. Unter bestimmten Umständen, wenn zum Beispiel eine gute Abtrocknung in stark durchlüfteten Kellern gewährleistet ist oder geringe Durchfeuchtungen im unteren Wandbereich in Kauf genommen werden können, kann auf eine horizontale Abdichtung ganz verzichtet werden.

Der Einbau horizontaler Dichtungsschichten ist im vorhergehenden Kapital beschrieben worden.

Beim Einbau senkrechter Abdichtungen sind einige grundsätzliche Dinge zu beachten:

Der Einbau senkrechter Dichtungsschichten ist innen oder außen möglich. Die Innenabdichtung hat den Vorteil, daß sie leichter anzubringen ist, weil kein Arbeitsraum erstellt werden muß, und die Kosten der Ausschachtung gespart werden. Ohne zusätzliche horizontale Abdichtungen ist die Innenabdichtung jedoch völlig wertlos, da angrenzende Wände und Decken feucht bleiben und weiterhin Feuchtigkeit nach innen leiten, und dies evtl. sogar verstärkt, weil Verdunstungsflächen reduziert werden.

Da bei alten Gebäuden im allgemeinen sowohl die senkrechte als auch die waagerechte Dichtungsschicht fehlen, ist der Einbau der senkrechten Dichtungsschicht auf der Außenseite der Wand zu bevorzugen.

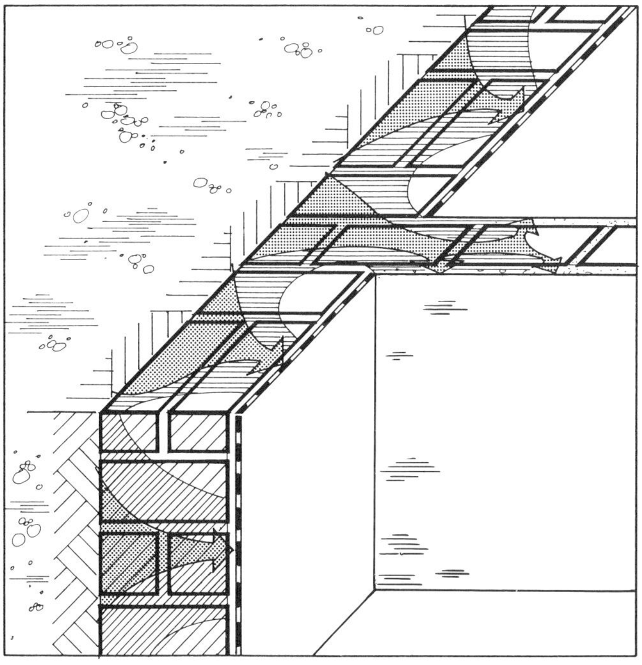

Einbindende Querwände bleiben feucht, trotz Abdichtung der Außenwände

Äußere Abdichtungsmaßnahmen verlangen umfangreiche Nebenarbeiten

Aufbringen von Sanierputz auf einer Kellerinnenwand

Vor der Wahl der geeigneten Abdichtungsart ist die Beanspruchungsart der Außenwand zu klären: Handelt es sich um Erdfeuchte, nicht drückendes oder drückendes Wasser?

Grundsätzlich muß für alle äußeren Abdichtungsmaßnahmen ein Arbeitsraum erstellt werden. Dieser stellt einen erheblichen Kostenfaktor dar, der bei der Entscheidung über die eigentlichen Abdichtungsmaßnahmen berücksichtigt werden sollte.

Außerdem sollte geprüft werden, ob eine Drainage als flankierende Maßnahme eingebaut werden muß. Die zusätzlichen Kosten sind meist gering.

Vor dem Herstellen des Arbeitsraumes ist zu prüfen, ob Sicherungsmaßnahmen am Gebäude, zum Beispiel wegen Gewölbeschub, vorzusehen sind.

Für alle äußeren Abdichtungen gilt: der Untergrund muß glatt und tragfähig sein. Unebene Untergründe sind entsprechend vorzubereiten, zum Beispiel durch Aufbringen von Zementputzen, gegebenfalls sogar durch Betonieren einer Vorsatzschale.

Grundsätzlich müssen alle Dichtungen von Fußbodenoberkante Kellerboden bis Geländeoberkante einschließlich Spritzwasserzone im Sockelbereich ausgeführt werden.

Vor der Anbringung senkrechter Dichtungsschichten ist eindeutig die Ursache der Durchfeuchtung zu klären. Oft können Wasser aus undichten Regenrohren oder Regenwassergrundleitungen, an der Fassade herabrinnendes Regenwasser oder an das Haus herangeführtes Oberflächenwasser zu erheblichen Durchfeuchtungen der Außenwand führen. Auch die Belastung durch Kondenswasser und die Belastung durch hygroskopische Salze ist zu prüfen.

Als flankierende Maßnahme können auf der Innenseite der Wand Sanierputze (entsprechend WTA-Richtlinien) aufgebracht werden, die aus dem Mauerwerk austretende Salze besonders gut aufnehmen können.

Im folgenden sind die wichtigsten Verfahren zur Abdichtung von Außenwänden gegen Erdfeuchte dargestellt.

2.3.1 Übersicht über Lösungsmöglichkeiten

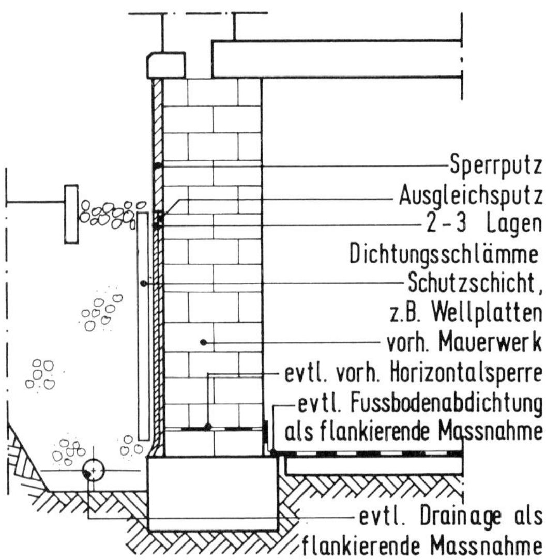

Aufbringen einer Dichtungsschlämme	
Baukosten: Erdarbeiten (Tiefe = 2,0 m) Abdichtung Gesamt Evtl. zusätzlich: Drainage	 260,- DM/m² 65,- DM/m² 325,- DM/m² 100,- DM/m²
Begleitende erforderliche Maßnahmen	Ausgleichsputz
Instandhaltungskosten	Keine
Lebensdauer	40 Jahre
Einbauzeiten: Erdarbeiten Abdichtung	 3,0 bis 4,0 Std./m² 1,3 bis 1,5 Std./m²
Trocknungs-/Wartezeiten	Keine
Anmerkungen	Abdichtung gegen Bodenfeuchtigkeit Rißgefährdet Ggf. Horizontalabdichtung ergänzen

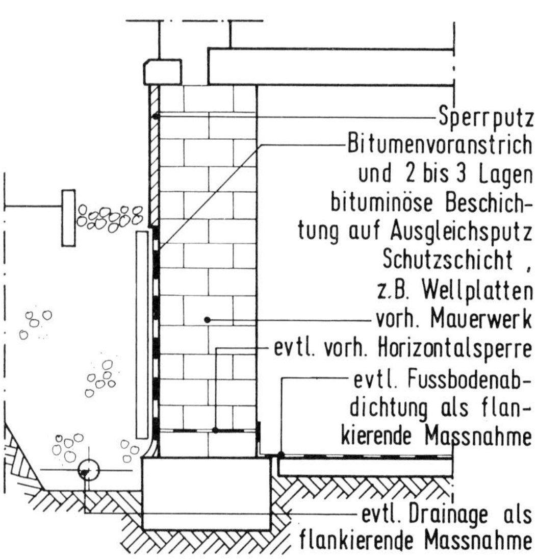

Aufbringen einer Bitumenbeschichtung	
Baukosten: Erdarbeiten (Tiefe = 2,0 m) Abdichtung Gesamt Evtl. zusätzlich: Drainage	 260,- DM/m² 50,- DM/m² 310,- DM/m² 100,- DM/m²
Begleitende erforderliche Maßnahmen	Ausgleichsputz
Instandhaltungskosten	Keine
Lebensdauer	40 Jahre
Einbauzeiten: Erdarbeiten Abdichtung	 3,0 bis 4,0 Std./m² 1,2 bis 1,3 Std./m²
Trocknungs-/Wartezeiten	1 bis 2 Wochen nach dem Auftragen des Ausgleichsputzes
Anmerkungen	Abdichtung gegen Bodenfeuchtigkeit Bedingt rißgefährdet Ggf. Horizontalabdichtung ergänzen

Aufbringen eines Sperrputzes	
Baukosten: Erdarbeiten (Tiefe = 2,0 m) Abdichtung Gesamt Evtl. zusätzlich: Drainage	 260,- DM/m² 60,- DM/m² 320,- DM/m² 100,- DM/m²
Begleitende erforderliche Maßnahmen	
Instandhaltungskosten	Keine
Lebensdauer	40 Jahre
Einbauzeiten: Erdarbeiten Abdichtung	 3,0 bis 4,0 Std./m² 1,6 Std./m²
Trocknungs-/Wartezeiten	Keine
Anmerkungen	Abdichtung gegen Bodenfeuchtigkeit Rißgefährdet Ggf. Horizontalabdichtung ergänzen

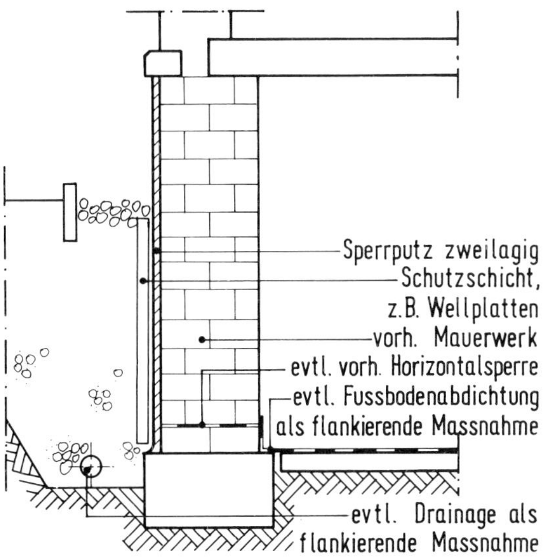

Aufbringen von Dichtungsbahnen	
Baukosten: Erdarbeiten (Tiefe = 2,0 m) Abdichtung Gesamt Evtl. zusätzlich: Drainage	 260,- DM/m² 120,- DM/m² 380,- DM/m² 100,- DM/m²
Begleitende erforderliche Maßnahmen	evtl. Ausgleichsputz
Instandhaltungskosten	Keine
Lebensdauer	40 Jahre
Einbauzeiten: Erdarbeiten Abdichtung	 3,0 bis 4,0 Std./m² 2,0 Std./m²
Trocknungs-/Wartezeiten	Ggf. 1 bis 2 Wochen, falls Ausgleichsputz erforderlich
Anmerkungen	Abdichtung gegen nicht drückendes und drückendes Wasser Ggf. Horizontalabdichtung ergänzen

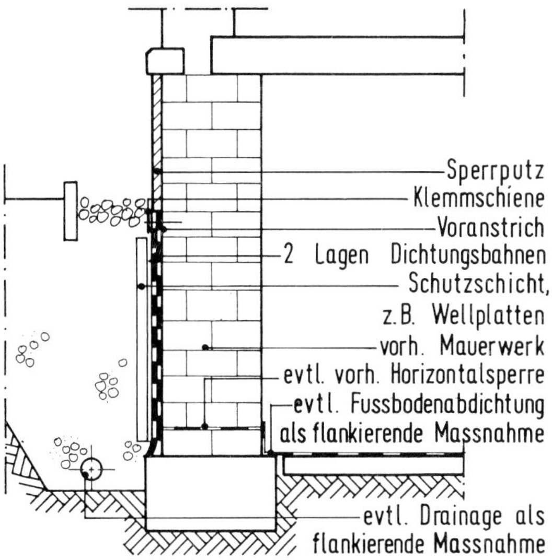

2.3.2 Vergleichende Beurteilung

	Dichtungs-schlämme	**Bitumen-beschichtung**	**Sperrputz**	**Dichtungs-bahn**
Baukosten:				
Erdarbeiten (Tiefe = 2,0 m)	260,- DM/m²	260,- DM/m²	260,- DM/m²	260,- DM/m²
Abdichtung	65,- DM/m²	50,- DM/m²	60,- DM/m²	120,- DM/m²
Gesamt	325,- DM/m²	310,- DM/m²	320,- DM/m²	380,- DM/m²
Evtl. zusätzlich: Drainage	100,- DM/m²	100,- DM/m²	100,- DM/m²	100,- DM/m²
Begleitende erforderliche Maßnahmen	Ausgleichsputz	Ausgleichsputz		evtl. Ausgleichsputz
Instandhaltungs-kosten	Keine	Keine	Keine	Keine
Lebensdauer	40 Jahre	40 Jahre	40 Jahre	40 Jahre
Einbauzeiten:				
Erdarbeiten	3,0 bis 4,0 Std./m²	3,0 bis 4,0 Std./m²	3,0 bis 4,0 Std./m²	3,0 bis 4,0 Std./m²
Abdichtung	1,3 bis 1,5 Std./m²	1,2 bis 1,3 Std./m²	1,6 Std./m²	2,0 Std./m²
Trocknungs-/ Wartezeiten	Keine	1 bis 2 Wochen nach dem Auftragen des Ausgleichsputzes	Keine	Ggf. 1 bis 2 Wochen, falls Ausgleichsputz erforderlich
Anmerkungen	Abdichtung gegen Bodenfeuchtigkeit Rißgefährdet Ggf. Horizontal-abdichtung ergänzen	Abdichtung gegen Bodenfeuchtigkeit Bedingt rißgefährdet Ggf. Horizontal-abdichtung ergänzen	Abdichtung gegen Bodenfeuchtigkeit Rißgefährdet Ggf. Horizontal-abdichtung ergänzen	Abdichtung gegen Bodenfeuchtigkeit Ggf. Horizontal-abdichtung ergänzen

3 Innenwände

3.1 Problempunkt: Einbau neuer Trennwände

Sehr beengte Wohnverhältnisse in einer Altbauwohnung

Aufteilung und Zuschnitt alter Wohnungen entsprechen oft nicht mehr den heute geltenden Ansprüchen. Veränderte Lebensgewohnheiten, andere Familiengrößen und neue Bewohnerschichten verlangen veränderte Wohnungszuschnitte.

Viele Mängel kennzeichnen die Grundrisse älterer Wohnungen:

- □ Bestimmte Räume der Wohnung sind nur über Durchgangszimmer erreichbar.
- □ Ein WC ist nur auf dem Treppenpodest vorhanden.
- □ Badezimmer sind nicht in der Wohnung vorhanden, oder zu klein.
- □ Wohnungen sind nur zu einer Gebäudeseite ausgerichtet und dort nicht besonnt.
- □ Vorhandene Räume sind im Verhältnis zur gesamten Wohnung zu groß.
- □ Kleine Zimmer (Kammern) sind unzumutbar eng und auch nicht möblierbar.

Um zu neuen Wohnungszuschnitten zu gelangen, müssen neue Trennwände errichtet werden. Diese Trennwände sollen folgende Kriterien erfüllen:

- □ Bauteile und Baustoffe müssen unter Altbaubedingungen gut zu transportieren sein, das heißt sie müssen – möglichst von einer Person – durch enge Treppenhäuser transportiert werden können. Andererseits sollen sie so groß wie möglich sein, um Transport und Montage rationell zu gestalten.
- □ Montage- und Bauzeiten müssen kurz sein.
- □ Die Wandsysteme sollen weit vorgefertigt sein und Oberflächen aufweisen, die keiner aufwendigen weiteren Bearbeitung bedürfen (keine Trocknungs- und Wartezeiten).
- □ Durch den Verarbeitungs- oder Herstellungsvorgang sollen nur geringe Feuchtemengen in den Bau eingebracht werden.
- □ Die fertigen Wandsysteme müssen möglichst geringes Gewicht besitzen, da die Tragfähigkeit vorhandener Decken im allgemeinen nicht sehr hoch ist.
- □ Die Wandsysteme sollen ohne große Stemm- oder Schlitzarbeiten aufnahmefähig sein für Installationsführungen.

3.1.1 Übersicht über Lösungsmöglichkeiten

Holzständerwände mit Gipsplattenbekleidung	
Baukosten	Ca. 120,– DM/m²
Einbauzeiten	1,3 Std./m²
Trocknungs-/ Wartezeiten	1,5 Tage
Schalldämmung je nach Ausbildung der flankierenden Bauteile bewertetes Schalldämmaß	 37 dB
Gewicht	27 kg/m²
Anmerkungen	Sonderelemente für hohe Wandlasten erforderlich

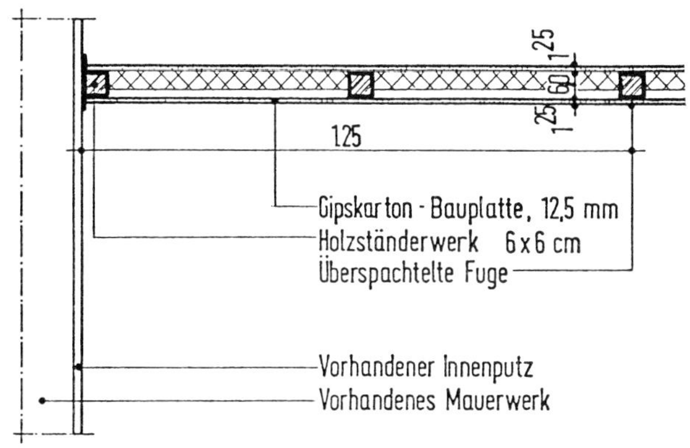

Aufstellen des Holzständerwerks □ 6 x 6 cm
Beidseitig einfache Gipskarton - Bauplatte (GKB)
Armieren und Spachteln der Fugen

Metalleinfachständerwände mit Gipsplattenbekleidung	
Baukosten	Ca. 120,– DM/m²
Einbauzeiten	1,3 Std./m²
Trocknungs-/ Wartezeiten	1,5 Tage
Schalldämmung je nach Ausbildung der flankierenden Bauteile bewertetes Schalldämmaß	 45 dB
Gewicht	26 kg/m²
Anmerkungen	Sonderelemente für hohe Wandlasten erforderlich Bessere Schalldämmung als Holzständerwände

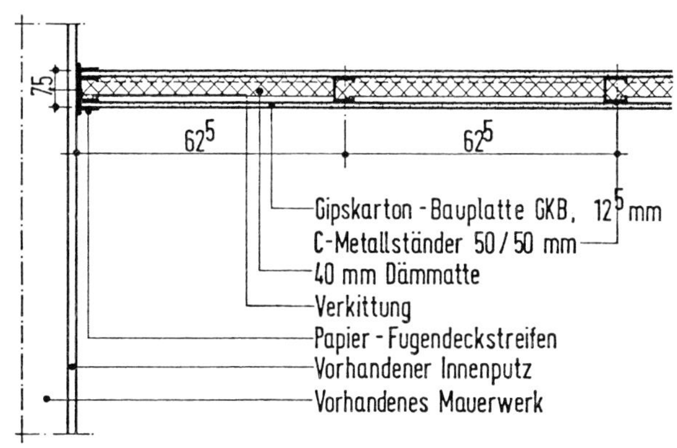

Fachgerechtes Aufstellen des Metallständerwerks
Beidseitig einfache Gipskarton - Bauplatte aufbringen (ggf. mit Dämmatte)
Überspachteln der Fugen und der Wandanschlüsse

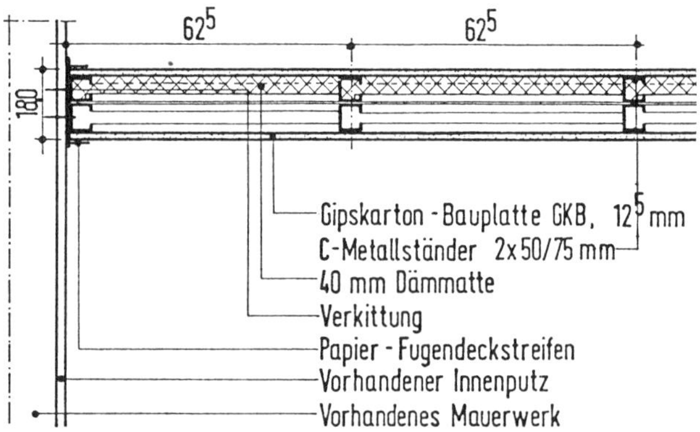

Fachgerechtes Aufstellen des Metallständerwerks
Aufbringen beidseitiger Gipskarton-Bauplatten (ggf. mit Dämmatte)
Überspachteln der Fugen und der Wandanschlüsse

Metalldoppelständerwände mit Gipsplattenbekleidung	
Baukosten	Ca. 150,- DM/m²
Einbauzeiten	1,5 Std./m²
Trocknungs-/ Wartezeiten	1,5 Tage
Schalldämmung je nach Ausbildung der flankierenden Bauteile bewertetes Schalldämmaß	55 dB
Gewicht	52 kg/m²
Anmerkungen	Sonderelemente für hohe Wandlasten erforderlich Gute Schalldämmung

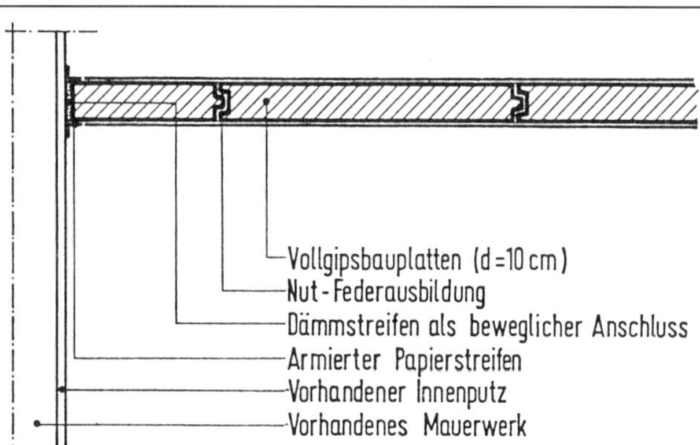

Beweglichen Boden-Wand-und Deckenanschluss herstellen:
Dämmstreifen auf Boden und Wand aufbringen
Aufsetzen der Bauplatten, 6/8/10 cm
Spachteln der Fugen

Gips-/Kalksandstein-/Dielenwände 10,0 cm	
Baukosten	Ca. 110,- DM/m²
Einbauzeiten	1,5 Std./m² einschließlich Spachtelung
Trocknungs-/ Wartezeiten	3 Tage
Schalldämmung je nach Ausbildung der flankierenden Bauteile bewertetes Schalldämmaß	38 dB
Gewicht	105 kg/m²
Anmerkungen	Einschlitzen von Installationsleitungen, Spachtelung erforderlich Hohes Gewicht

Gasbetonwände 10,0 cm

Baukosten	Ca. 110,– DM/m²
Einbauzeiten	1,5 Std./m² einschließlich Spachtelung
Trocknungs-/ Wartezeiten	3 Tage
Schalldämmung je nach Ausbildung der flankierenden Bauteile bewertetes Schalldämmaß	 36 dB
Gewicht	85 kg/m²
Anmerkungen	Einschlitzen von Installationsleitungen, Spachtelung erforderlich Hohes Gewicht

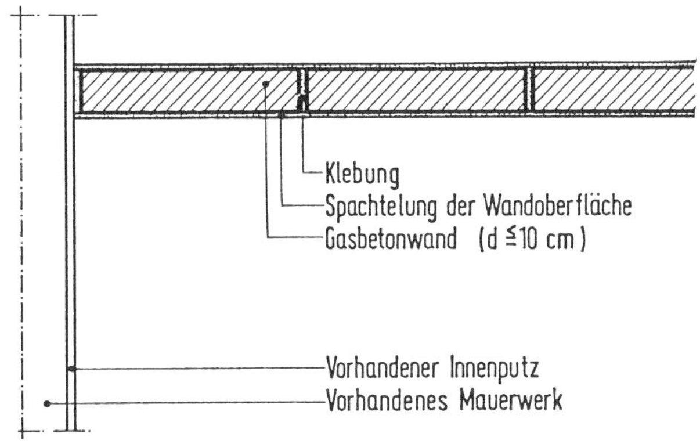

Beweglichen Boden - Wand - und Deckenanschluss herstellen
Mauern der Gasbetonwand
Beidseitige Spachtelung der Wandoberflächen

Massive Ziegel- oder KS-Wände 11,5 cm

Baukosten	Ca. 150,– DM/m²
Einbauzeiten	2,05 Std./m² einschließlich Putz
Trocknungs-/ Wartezeiten	9 Tage
Schalldämmung je nach Ausbildung der flankierenden Bauteile bewertetes Schalldämmaß	 44 dB
Gewicht	200 kg/m²
Anmerkungen	Einschlitzen von Installationsleitungen, Spachtelung erforderlich Sehr hohes Gewicht

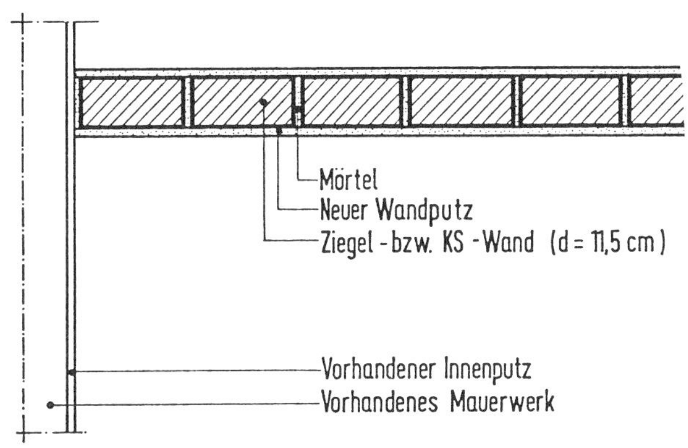

Beweglichen Boden - Wand - und Deckenanschluss herstellen
Mauern der Ziegel - bzw. KS - Wand
Beidseitiges Verputzen der Wand

Die Installation in Ständerwänden wird oft zu leichtfertig und falsch gehandhabt

3.1.2 Ständerwände mit Gipsplattenbeplankung - Erläuterung

Ständerwände mit Gipsplattenbeplankung sind Wandbausysteme zur Errichtung von Innenwänden in Trockenbauweise. Das Wandsystem besteht aus zwei beziehungsweise drei Komponenten: dem Traggerüst, der Beplankung und, in den meisten Fällen, einer Dämmstoffeinlage.

Zur Konstruktion im einzelnen:

Traggerüst

Als Traggerüst werden Holz- oder Metallständer verwendet.

Metallständer werden im allgemeinen bevorzugt. Sie sind leichter, maßhaltiger und schneller zu verarbeiten als Holzständer. Außerdem ist das bewertete Schalldämmaß bei Wän-

den mit Metallständern immer um 8 dB besser als bei Holzständern.

Vorgesehene Aussparungen in den Metallständern gestatten die Verlegung von Elektroleitungen. Bei umsichtiger Aufstellung der Metallständer (gleiche Höhe der Aussparungen) ist auch problemlos das Verlegen von dünnen Rohrleitungen möglich (Heizung, Wasser, Gas, Abwasser).

Das Traggerüst wird als Einfach- oder Doppelständerreihe aufgestellt.

Beplankung

Für die Beplankung der Wände werden Gipskarton- oder Gipsfaserplatten verwendet.

Gipsfaserplatten haben ein höheres Gewicht als Gipskartonplatten. Sie sind grundsätzlich hydrophobiert und können universell in feuchtebelasteten oder brandgefährdeten Bereichen eingesetzt werden.

Gipskartonplatten werden in drei verschiedenen Ausführungen geliefert:

GKB - Gipskartonbauplatten für universellen Einsatz ohne besondere Anforderungen

GKF - Gipskartonfeuerschutzplatten für Konstruktionen mit Anforderungen an den Brandschutz

GKBI - Imprägnierte Gipskartonbauplatten für Konstruktionen mit zeitweiliger Feuchtebelastung

Dämmung

Zur Verbesserung der Schalldämmung beziehungsweise der Wärmedämmung werden Dämmstoffe in den Wandhohlraum eingebracht.

Hierzu werden ausschließlich Faserdämmstoffe verwendet. Maßhaltige feste Dämmstoffe wie zum Beispiel Hartschäume lassen sich nicht problemlos zwischen den Metallständern einfügen, außerdem ist eine lückenlose, dichte Verlegung nicht zu gewährleisten. Die Schalldämmung ist ebenfalls schlechter.

3.1.3 Ständerwände mit Gipsplattenbeplankung - Details

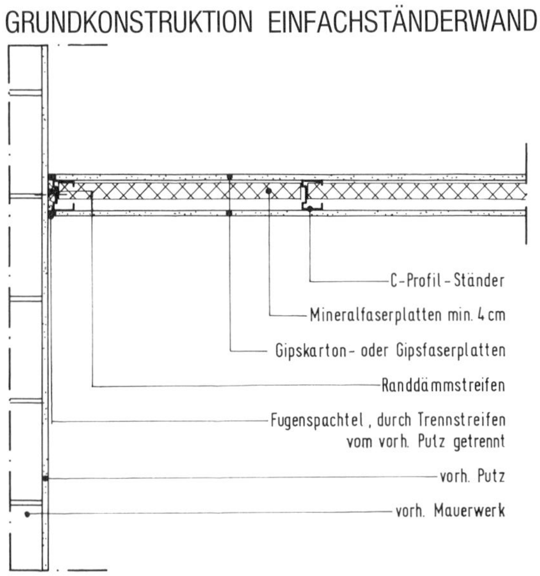

Grundkonstruktion Einfachständerwand

Einfachständerwände dienen als Trennung zwischen Räumen der gleichen Wohnung.

Die Schalldämmwerte der Wand sind gering, sie werden verbessert durch das Einlegen von Mineralfaserplatten als Hohlraumdämpfung.

Die Wände, vor allem die Fugenverspachtelung, sind vom vorhandenen Putz und Mauerwerk durch Papierstreifen zu trennen.

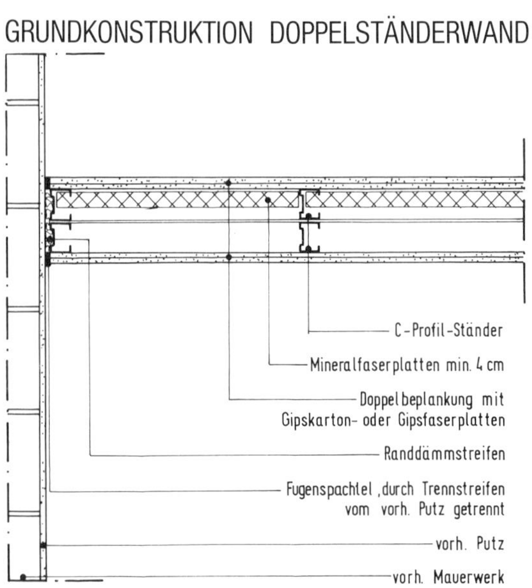

Grundkonstruktion Doppelständerwand

Doppelständerwände finden Verwendung bei Anforderungen an den Schallschutz, zum Beispiel als Trennwand zwischen verschiedenen Wohnungen oder zwischen Schlafräumen der gleichen Wohnung.

Zur Verbesserung des Schallschutzes werden die Wände doppelt beplankt. Alternativ stehen 25,0 mm dicke Gipskartonplatten zur Verfügung.

Zur Vermeidung von Schallbrücken müssen die Doppelständer durch Schalldämmstreifen voneinander getrennt werden.

Anschluß Stahlzarge

Mauerwerkstahlzargen können für Ständerwände im allgemeinen nicht benutzt werden, da sie angeputzt werden müssen.

Für Ständerwände finden Sonderkonstruktionen Verwendung, die entweder direkt mit aufgestellt oder nachträglich in der Öffnung aufgeklappt werden.

Die Befestigung erfolgt an Dübelhölzern, die in die Metallständer eingeschoben sind.

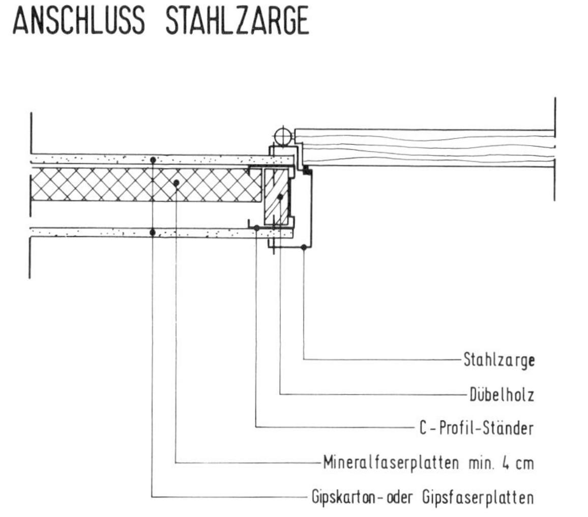

Anschluß Holzzarge

Die Befestigung von Holzzargen an Ständerwänden ist unproblematisch.

Zur Verschraubung der Zarge wird bei der Montage der Wand in den Metallständer ein Dübelholz eingeschoben.

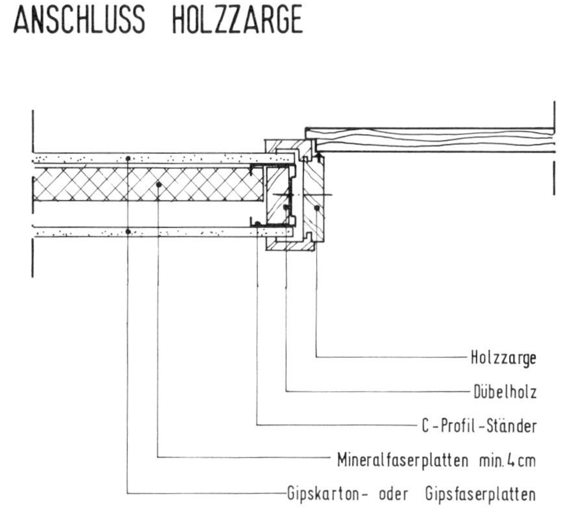

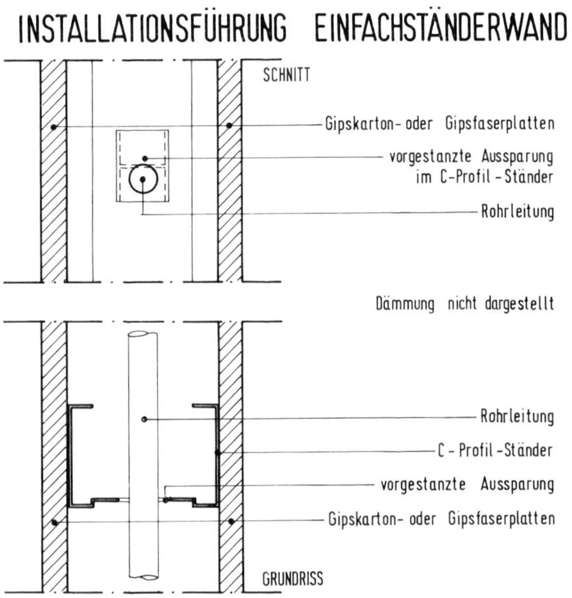

Installationsführung Einfachständerwand

Die Konstruktion der Ständerwände ist grundsätzlich für die Verlegung von Installationsleitungen vorgesehen.

Zur Vereinfachung sind in den Metallständern Aussparungen vorgestanzt, die aufgebogen werden können.

Die Größe der Aussparungen beträgt 25,0 x 35,0 mm. Wenn bei der Montage auf gleiche Höhe der Aussparungen geachtet wird, können neben Elektroleitungen auch dünne Rohrleitungen mühelos verlegt werden.

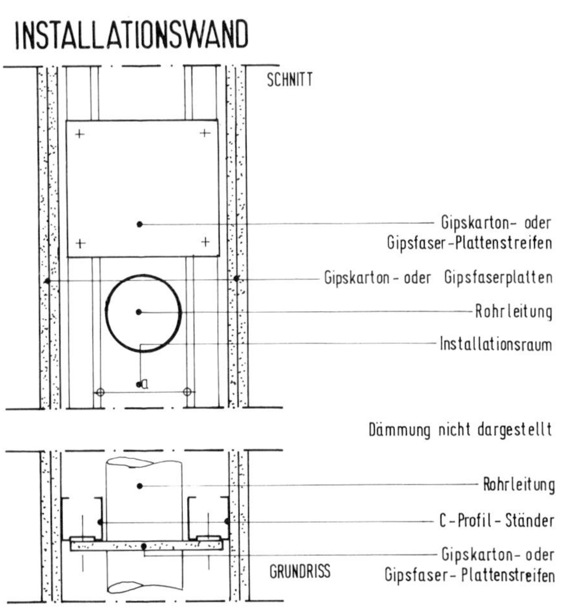

Installationswand

Installationswände gestatten die Verlegung beliebig großer Rohrquerschnitte.

Sie bestehen aus parallel aufgestellten Doppelständern, die durch Gipsplattenstreifen miteinander verbunden sind. Der Abstand der Ständer richtet sich nach den zu verlegenden Rohrleitungsquerschnitten und kann frei gewählt werden.

Befestigung Wandlasten

Die Befestigung von Wandlasten bis 20,0 kp ist mit Spezialdübeln an den Gipsplatten möglich.

Für höhere Wandlasten, zum Beispiel Küchenschränke, ist der Einbau von Sonderelementen (Montageplatten) erforderlich. Die Montageplatten werden mit dem Ständerwerk verschraubt. Holzbohlen sollten nur in Ausnahmefällen als Montageplatte Verwendung finden, da die Verschraubung mit dem Ständerwerk schwierig ist.

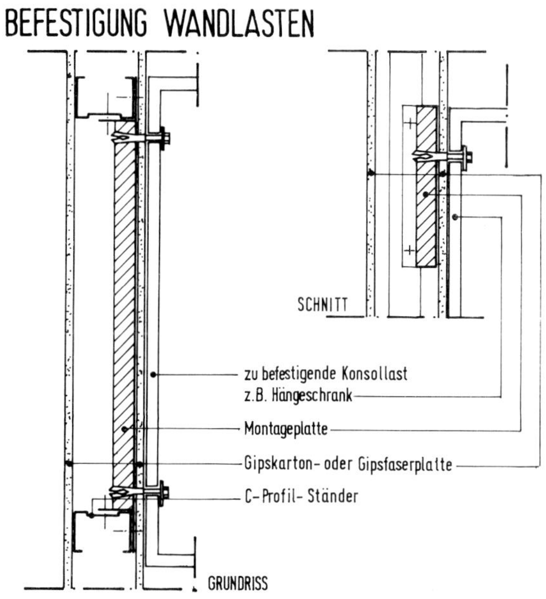

Befestigung Sanitärgegenstände

Für die Befestigung von Sanitärgegenständen, zum Beispiel Waschbecken, sind besondere Tragständer einzubauen.

Die Tragständer müssen mit dem Boden und dem Ständerwerk verschraubt werden.

Besondere Befestigungslaschen dienen der Montage von Eckventilen und Abflußrohren.

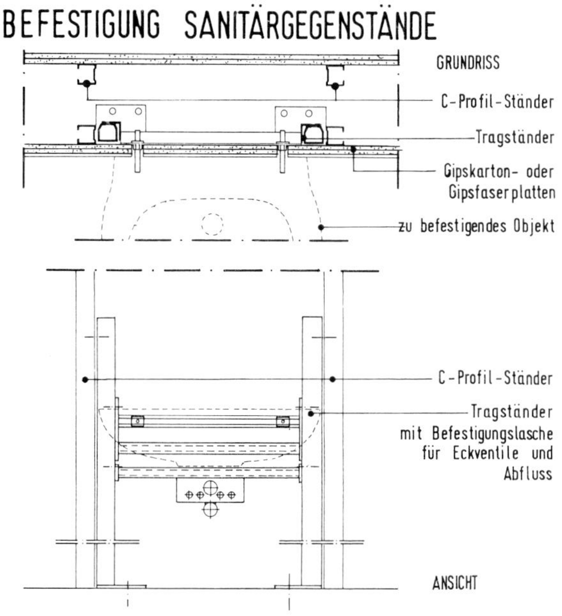

3.1.4 Vergleichende Beurteilung

	Holzständerwände mit Gipsplattenbekleidung	**Metalleinfachständerwände mit Gipsplattenbekleidung**	**Metalldoppelständerwände mit Gipsplattenbekleidung**	**Gips-/Kalksandstein-/Dielenwände 10,0 cm**	**Gasbetonwände 10,0 cm**	**Massive Ziegel-/Bims- oder KS-Wände 11,5 cm**
Baukosten	Ca. 120,– DM/m^2	Ca. 120,– DM/m^2	Ca. 150,– DM/m^2	Ca. 110,– DM/m^2	Ca. 110,– DM/m^2	Ca. 150,– DM/m^2
Einbauzeiten	1,3 Std./m^2	1,3 Std./m^2	1,5 Std./m^2	1,5 Std./m^2 einschließlich Spachtelung	1,5 Std./m^2 einschließlich Spachtelung	2,05 Std./m^2 einschließlich Putz
Trocknungs-/ Wartezeiten	1,5 Tage	1,5 Tage	1,5 Tage	3 Tage	3 Tage	9 Tage
Schalldämmung je nach Ausbildung der flankierenden Bauteile bewertetes Schalldämmmaß	37 dB	45 dB	55 dB	38 dB	36 dB	44 dB
Gewicht	27 kg/m^2	26 kg/m^2	52 kg/m^2	105 kg/m^2	85 kg/m^2	200 kg/m^2
Anmerkungen	Sonderelemente für hohe Wandlasten erforderlich	Sonderelemente für hohe Wandlasten erforderlich Bessere Schalldämmung als Holzständerwände	Sonderelemente für hohe Wandlasten erforderlich Gute Schalldämmung	Einschlitzen von Installationsleitungen, Spachtelung erforderlich Hohes Gewicht	Einschlitzen von Installationsleitungen, Spachtelung erforderlich Hohes Gewicht	Einschlitzen von Installationsleitungen, Spachtelung erforderlich Sehr hohes Gewicht

3.2 Problempunkt: Mangelnder Schallschutz bei vorhandenen Wohnungstrennwänden

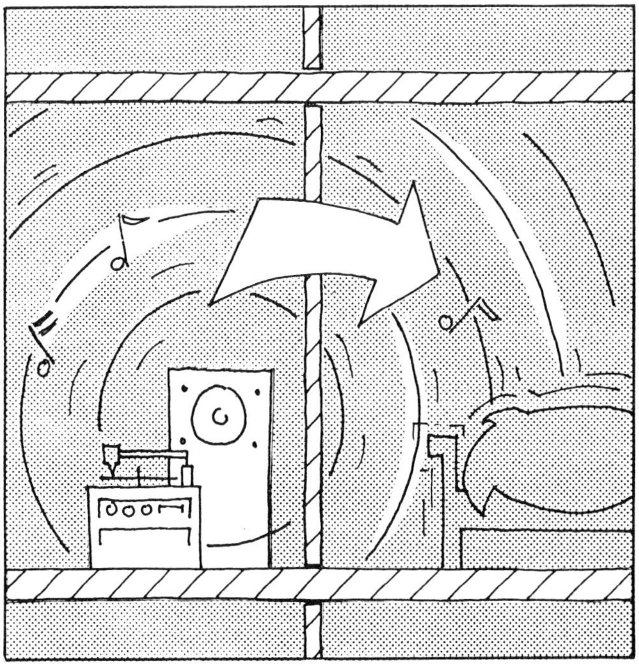

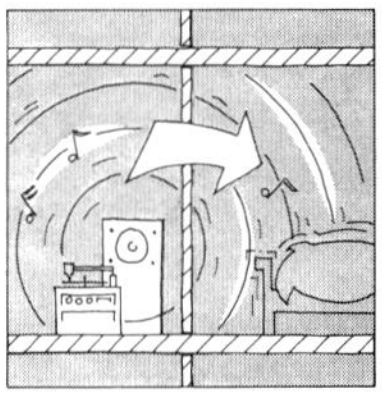

Neben dem manchmal ungenügenden Trittschallschutz vorhandener Holzbalkendecken stellt vor allem der unzureichende Luftschallschutz vorhandener dünner Trennwände in Altbauten ein erhebliches Problem dar.

Während Gebäudetrennwände und tragende Zwischenwände bei Gründerzeithäusern durch große Wandquerschnitte und ein hohes Raumgewicht der Baustoffe recht gute Schallschutzwerte aufweisen, sind die Schallschutzeigenschaften bei Häusern aus den 20er oder 50er Jahren oft katastrophal schlecht.

24,0 oder 30,0 cm dicke Gebäudetrennwände aus schallschutztechnisch unzureichendem Material, zum Beispiel Bimshohlblocksteinen, erreichen bei weitem nicht den heute erforderlichen und wünschenswerten Luftschallschutz.

Schallschutzwerte vorhandener Wohnungstrennwände. Aus: Gösele, Schüle; Schall, Wärme, Feuchte.

Wandausführung beidseitig jeweils verputzt	flächenbezogene Masse kg/m²	R'w dB
240 mm Kalksandsteine	510	55
240 mm Vollziegel	460	55
240 mm Hochlochziegel	350	51
240 mm Hohlblocksteine aus Ziegelsplitt	330	51
240 mm Hohlblocksteine aus Ziegelsplittbeton, Hohlräume mit Sand gefüllt	400	56
240 mm Hohlblocksteine aus Bimsbeton Hohlräume mit Sand gefüllt Hohlräume mit Beton gefüllt	280 350 370	49 52 53
240 mm Bimsbeton-Vollsteine	340	52
250 mm Schüttbeton aus Ziegelsplitt	400	53
120 mm Normalbeton	330	52
120 mm Normalbcton, beidseitig 25 mm Gipsplatten anbetoniert	360	54
180 mm Normalbeton, unverputzt	430	55
250 mm Normalbeton, unverputzt	600	60
240 mm »Durisol« (Hohlkörper aus zementgebundenen Holzfasern, mit Beton gefüllt)	440	53

Noch schlechter sind die Schallschutzeigenschaften vorhandener dünner, einschaliger Zwischenwände, wie sie in den 30er und 50er Jahren als Wohnungstrennwände üblich waren.

Bewertetes Schalldämmaß und Luftschallschutzmaß verschiedener einschaliger Zwischenwände. Aus: Gösele, Schüle; Schall, Wärme, Feuchte.

Wandausführung	flächenbezogene Masse kg/m²	bewertetes Schalldämm-Maß dB
60 mm Bimsbetonplatten	110	36
115 mm Bimsbetonsteine	140	40
80 mm Gipsplatten mit Einlage von Holzwolle-Leichtbauplatten	70	35
100 mm Vollgipsplatten (ohne Putz)	105	38
60 mm Porengipsplatten	36	28
100 mm Porengipsplatten	62	35
75 mm Gasbetonplatten	85	37
100 mm Gasbeton	150	41
150 mm Gasbeton	180	43
100 mm Normalbeton (unverputzt)	230	46
200 mm Kalkleichtbetonsteine	220	47
71 mm Hochlochziegel	145	41
115 mm Hochlochziegel	200	44
115 mm Vollziegel	270	49
50 mm Holzwolle-Leichtbauplatten (verputzt)	50	37
80 mm Glasbau-Hohlsteine, je nach Format (ohne Putz)	70–80	40–46

DIN 4109, »Anforderungen an den Schallschutz«.

Bauteile	Anforderung in dB DIN 4109 1989
bewertetes Schalldämm-Maß R'w Wohnungstrennwände Wohnungstrenndecken Treppenraumwände Haustrennwände Wohnungs-Eingangstüren in Flur führend	 53 54 52 57 27
Trittschallschutzmaß TSM Wohnungstrenndecken Terrassen, Loggien über Wohnräumen, Laubengänge	 10

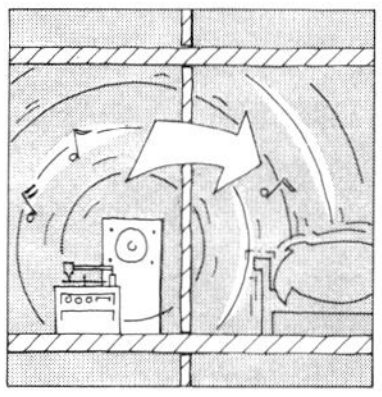

Vorhandene Wohnungstrennwände sind manchmal nur 14 cm dick

Zur Verbesserung des vorhandenen Schallschutzes durch Errichten von Vorsatzschalen kommen zwei grundsätzlich verschiedene Lösungen in Betracht:

1. *Errichtung leichter biegeweicher Vorsatzschalen,* frei vor die Wand gestellt, oder mit Schwingelementen an der Wand befestigt.

2. *Errichtung schwerer Vorsatzschalen,* frei vor die Wand gestellt.

Bei der Errichtung von Vorsatzschalen sind neben schalltechnischen Gesichtspunkten vor allem auch folgende bautechnische Einflußgrößen von Bedeutung:

1. *Raumbedarf der Vorsatzschale*

   Die Bautiefen verschiedener Vorsatzschalenkonstruktionen sind unterschiedlich. Bei sehr beengten Platzverhältnissen oder bei Zwangsmaßen (Möblierungsbreiten neben Fenstern, Aufschlagplatz von Türen etc.) können die geringen Unterschiede der Konstruktionsmaße von Bedeutung werden. Zudem geht durch breite Konstruktionen mehr Wohnfläche verloren.

2. *Gewicht der zusätzlichen Konstruktionen*

   Das Flächengewicht einer Vorsatzschale aus Gipskarton oder Gipsfaserplatten beträgt ca. 13 kg/m². Demgegenüber beträgt das Flächengewicht einer massiven 11,5 cm starken Ziegelwand mit 165 kg/m² mehr als das Zehnfache.

   Nur in seltenen Fällen wird eine vorhandene Deckenkonstruktion das zusätzliche Gewicht der Vorsatzschale ohne weiteres aufnehmen können.

3. *Feuchtebelastung durch Errichten neuer Vorsatzschalen*

   Es sollte darauf geachtet werden, daß durch die neue Wandkonstruktion nicht unnötige Mengen Feuchtigkeit in das Bauwerk transportiert werden, wie dies bei massiven Vorsatzschalen geschieht, wenn sie verputzt werden müssen.

4. *Einbauzeit der Konstruktion*

   Die Einbauzeiten verschiedener Vorsatzschalenkonstruktionen sind sehr unterschiedlich.

   Vor allem verputzte Konstruktionen haben eine sehr viel längere Bauzeit als oberflächenfertige Konstruktionen, die gegebenenfalls nur noch gespachtelt werden müssen.

Bei allen Vorsatzschalen ist schallschutztechnisch folgendes zu beachten:

1. Die erzielte Zweischaligkeit des Wandaufbaues ist grundsätzlich sehr günstig. Ausnahme: die Bekleidung einer vor-

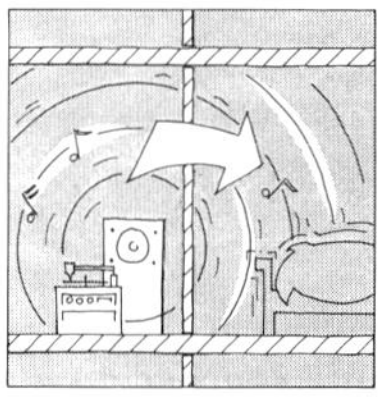

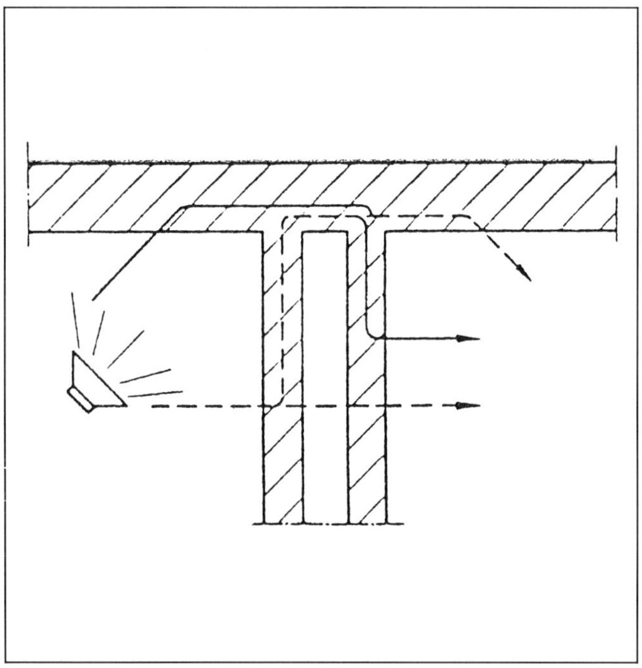

Schallübertragung bei zweischaligen Wänden aus biegesteifen Schalen mit starrem Randanschluß (DIN 4109 Beiblatt 2)

Vorsatzschale

handenen Wand mit einer Verbundvorsatzschale mit »harter« Dämmschicht, das heißt mit Dämmaterial hoher dynamischer Steifigkeit (zum Beispiel Gipskarton-Verbundelement mit Polystyrolhartschaumkern oder verputzte Holzwolleleichtbauplatten, direkt auf der vorhandenen Wand befestigt). Hier kommt es zu einer Verschlechterung des Schallschutzes.

2. Bei vorhandenen leichten Trennwänden ist die Verbesserung des Schallschutzes durch Vorsatzschalen sehr viel größer als bei vorhandenen schweren Trennwänden.

3. Eine Hohlraumdämpfung verbessert die Schalldämmung zweischaliger Konstruktionen, wenn als Dämmstoff Materialien mit hohem längenbezogenem Strömungswiderstand (5×10^3 bis 5×10^4 Ns/m^4) verwendet werden.

   Poröse, aber sehr dichte Materialien (zum Beispiel Hartschaumplatten) sind für die Hohlraumdämpfung ungeeignet, sie können sogar die Schalldämmung verschlechtern.

4. Bei der Ausführung von Vorsatzschalen ist darauf zu achten, daß Schallbrücken durch unsachgemäße Ausführung vermieden werden. Dies gilt vor allem für Schallbrücken durch Mörtelbatzen, falsche Montage von Schwingelementen oder unsachgemäßen Verschluß von Randfugen.

Die Ausbildung schwerer Vorsatzschalen ist schallschutztechnisch wenig sinnvoll. In der DIN 4109 Beiblatt 2 heißt es dazu:

»Bei zweischaligen Wänden aus zwei biegesteifen Schalen mit durchlaufenden, flankierenden Bauteilen insbesondere bei starrem Randanschluß gemäß Bild A. 1, wird der Schall hauptsächlich über diesen Anschluß übertragen. Solche Wände aus Schalen mit gleicher flächenbezogener Masse und gleicher Dicke, zum Beispiel aus 11,5 cm dickem Mauerwerk, haben in der Regel keine höhere, eher eine geringere Schalldämmung als sich nach DIN 4109 Beiblatt 1, Tabelle 5, für die einschalige Wand mit gleicher flächenbezogener Masse ergeben würde.«

Aus diesem Grund sollten Vorsatzschalen, wenn schon massiv, dann auch mit Fugenverguß gefertigt werden, um eine schalltechnisch gemeinsam wirkende Wand herzustellen, deren Schallschutzwirkung aus dem hohen Flächengewicht resultiert. In der folgenden Übersicht sind die wichtigsten Verfahren zur nachträglichen Verbesserung des Schallschutzes vorhandener Trennwände dargestellt.

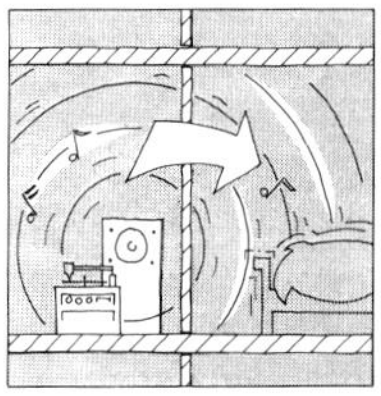

3.2.1 Übersicht über Lösungsmöglichkeiten

Gipsplattenverbundelement	
Baukosten	60,- DM/m²
Schalldämmung je nach Ausbildung der flankierenden Bauteile (vorh. = 24 cm Bimsmauerwerk 300 kg) a) bewertetes Schalldämmaß R'_w mit Vorsatzschale Schallschutz-anforderung DIN 4109 (53 dB) erhöhter Schallschutz nach DIN 4109 (55 dB)	 54 dB wird erreicht wird nicht erreicht
Konstruktionsstärke	ca. 6,5 cm
Einbauzeiten	0,35 Std./m²
Trocknungs-/Wartezeiten	1,5 Tage
Gewicht Vorsatzschale Gesamtgewicht einschl. vorh. Wand	14 kg/m²
Anmerkungen	

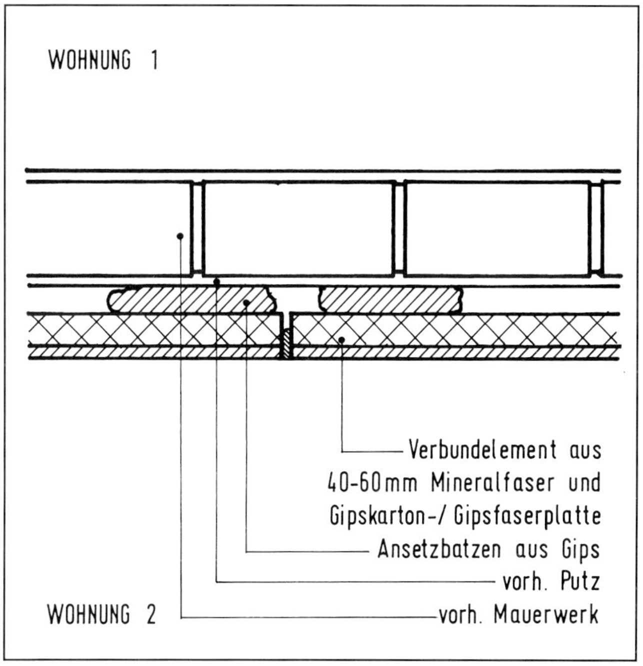

Gipsplattenbekleidung auf Schwingelementen	
Baukosten	110,- DM/m²
Schalldämmung je nach Ausbildung der flankierenden Bauteile (vorh. = 24 cm Bimsmauerwerk 300 kg) a) bewertetes Schalldämmaß R'_w mit Vorsatzschale Schallschutz-anforderung DIN 4109 (53 dB) erhöhter Schallschutz nach DIN 4109 (55 dB)	 54 dB wird erreicht wird nicht erreicht
Konstruktionsstärke	6,5 bis 9,5 cm
Einbauzeiten	0,80 bis 1,00 Std./m²
Trocknungs-/Wartezeiten	1,5 Tage
Gewicht Vorsatzschale Gesamtgewicht einschl. vorh. Wand	16 kg/m²
Anmerkungen	

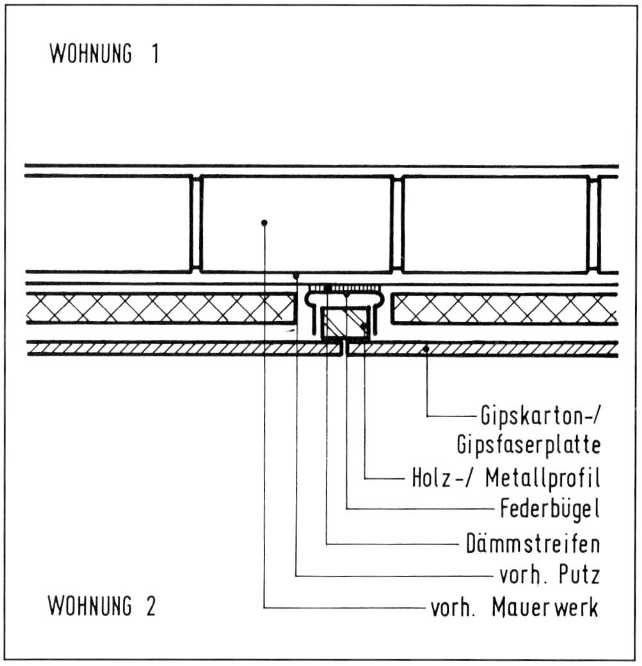

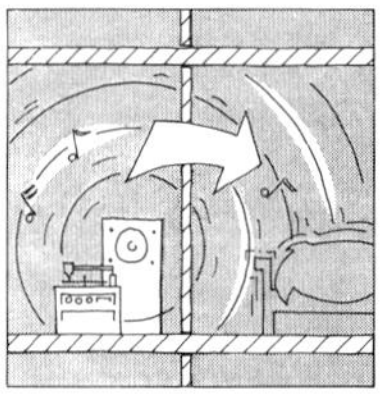

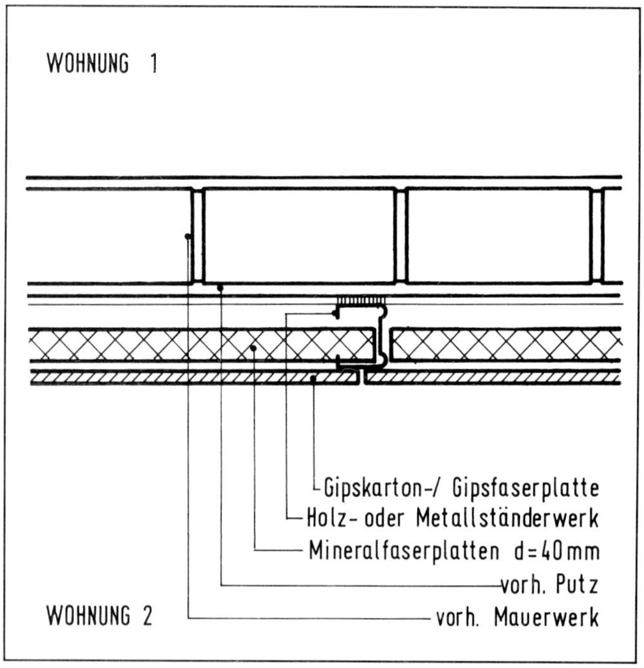

Freistehende Ständerwand mit Gipsplattenbekleidung	
Baukosten	100,- DM/m²
Schalldämmung je nach Ausbildung der flankierenden Bauteile (vorh. = 24 cm Bimsmauerwerk 300 kg) a) bewertetes Schalldämmaß R'_w mit Vorsatzschale Schallschutz-anforderung DIN 4109 (53 dB) erhöhter Schallschutz nach DIN 4109 (55 dB)	 54 dB wird erreicht wird nicht erreicht
Konstruktionsstärke	8,5 cm
Einbauzeiten	0,90 Std./m²
Trocknungs-/Wartezeiten	1,5 Tage
Gewicht Vorsatzschale Gesamtgewicht einschl. vorh. Wand	16 kg/m²
Anmerkungen	

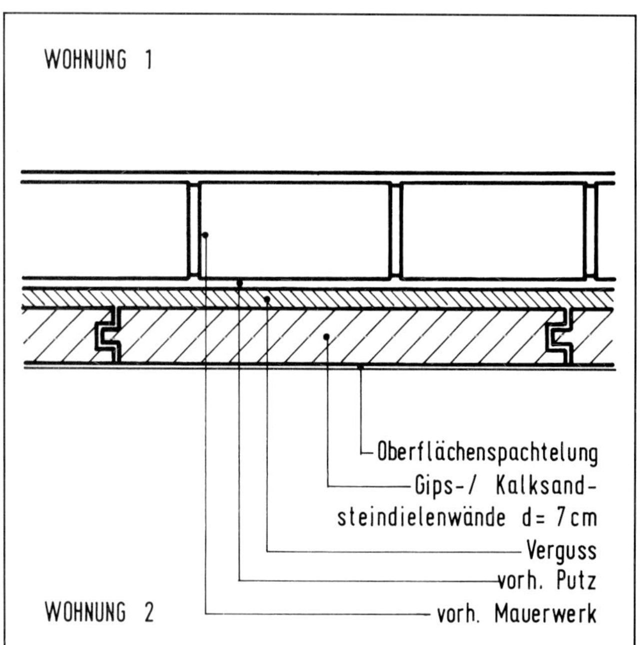

KS-/Gipsdielenwand D = 7,0 cm	
Baukosten	110,- DM/m²
Schalldämmung je nach Ausbildung der flankierenden Bauteile (vorh. = 24 cm Bimsmauerwerk 300 kg) a) bewertetes Schalldämmaß R'_w mit Vorsatzschale Schallschutzanforderung DIN 4109 (53 dB) erhöhter Schallschutz nach DIN 4109 (55 dB)	 53 dB wird knapp erreicht wird nicht erreicht
Konstruktionsstärke	11,5 cm
Einbauzeiten	1,0 Std./m² einschl. Spachtelung
Trocknungs-/Wartezeiten	3 Tage
Gewicht Vorsatzschale Gesamtgewicht einschl. vorh. Wand	74 kg/m² 374 kg/m²
Anmerkungen	Zweischaligkeit schalltechnisch schlecht. Gute Schalldämmung nur über hohes Flächengewicht erreichbar - deshalb Fugenverguß erforderlich

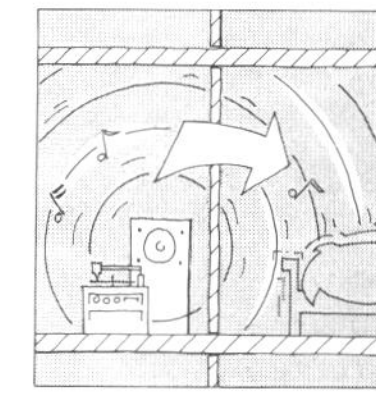

Gasbetonwand D = 10,0 cm	
Baukosten	110,- DM/m²
Schalldämmung je nach Ausbildung der flankierenden Bauteile (vorh. = 24 cm Bimsmauerwerk 300 kg) a) bewertetes Schalldämmaß R'_w mit Vorsatzschale Schallschutzanforderung DIN 4109 (53 dB) erhöhter Schallschutz nach DIN 4109 (55 dB)	 52 dB wird nicht erreicht wird nicht erreicht
Konstruktionsstärke	14,5 cm
Einbauzeiten	1,0 Std./m² einschl. Spachtelung
Trocknungs-/Wartezeiten	3 Tage
Gewicht Vorsatzschale Gesamtgewicht einschl. vorh. Wand	84 kg/m² 384 kg/m²
Anmerkungen	Zweischaligkeit schalltechnisch schlecht. Gute Schalldämmung nur über hohes Flächengewicht erreichbar - deshalb Fugenverguß erforderlich

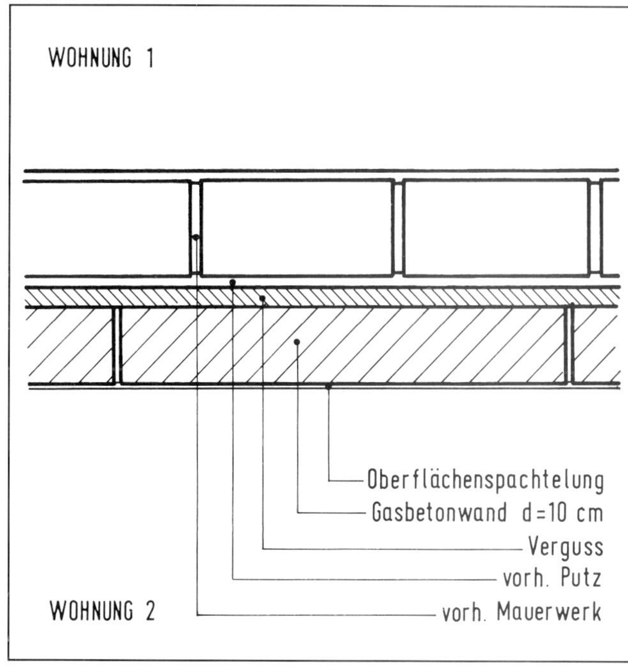

KS-/Ziegelwand D = 11,5 cm	
Baukosten	145,- DM/m²
Schalldämmung je nach Ausbildung der flankierenden Bauteile (vorh. = 24 cm Bimsmauerwerk 300 kg) a) bewertetes Schalldämmaß R'_w mit Vorsatzschale Schallschutzanforderung DIN 4109 (53 dB) erhöhter Schallschutz nach DIN 4109 (55 dB)	 54 dB wird erreicht wird nicht erreicht
Konstruktionsstärke	16,0 cm
Einbauzeiten	1,5 Std./m² einschl. Putz
Trocknungs-/Wartezeiten	8 Tage
Gewicht Vorsatzschale Gesamtgewicht einschl. vorh. Wand	180 kg/m² 480 kg/m²
Anmerkungen	Zweischaligkeit schalltechnisch schlecht. Gute Schalldämmung nur über hohes Flächengewicht erreichbar - deshalb Fugenverguß erforderlich

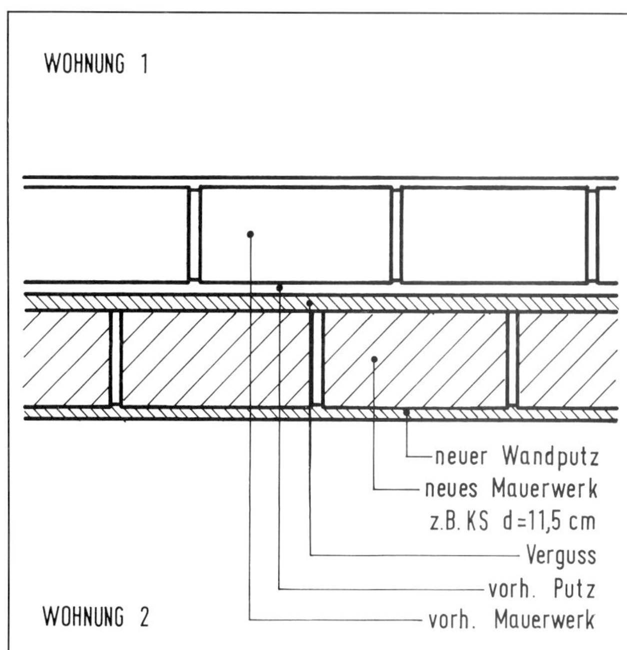

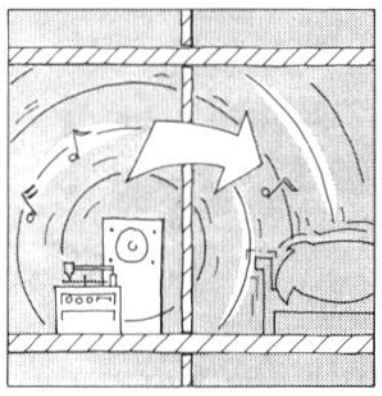

3.2.2 Verbesserung des Schallschutzes durch Vorsatzschalen auf Schwingelementen - Erläuterung

Vorsatzschalen auf Schwingelementen zeichnen sich durch folgende Vorteile aus:

- Hohe Schalldämmwerte
- Geringes Gewicht
- Kleine Konstruktionsmaße
- Fertige Oberflächen
- Geringe Feuchtebelastung
- Geringe Folgearbeiten

Die Gesamtkonstruktion besteht aus an der Wand montierten federnden Schwingelementen und darauf befestigten Gipskarton- oder Gipsfaserplatten.

Als Schwingelement werden Schwinghölzer oder Federbügel verwendet.

Schwinghölzer bestehen aus einem 100,0 mm breiten und 25,0 mm dicken Kokosfaserstreifen, der mit einer Holzleiste (24,0 x 48,0 mm) verklebt und verklammert ist.

Der Kokosfaserstreifen wird mit Mörtel oder Ansetzgips bestrichen, an die Wand angesetzt und ausgerichtet. Auf der Holzleiste wird die Wandbekleidung befestigt.

Zuvor ist unbedingt die Festigkeit des Untergrundes zu prüfen, damit sich die neue Vorsatzschale nicht mit dem alten Putz von der Wand löst. Federbügel dienen zur Fixierung von Holz- oder Metallständern, die vor der Wand aufgestellt werden. Der Federbügel selbst besteht aus einem vorgestanzten und vorgebogenen Metallbügel, der zur Vermeidung von Schallübertragung mit Dämmstreifen auf der vorhandenen Trennwand verschraubt wird. Die Wandbekleidung wird an den Holz- oder Metallständern befestigt. Als Wandbekleidung eignen sich vor allem Gipskarton- und Gipsfaserplatten. Daneben sind andere Bekleidungen möglich, zum Beispiel Holzwolleleichtbauplatten mit Putzüberzug, die jedoch, bauartbedingt, Feuchtigkeit in das Bauwerk einbringen.

Bei der Montage von Gipskarton- oder Gipsfaserplatten ist darauf zu achten, daß Schrauben oder andere Befestigungsmittel nur mit den Schwinghölzern oder Federelementen Kontakt haben und nicht bis zur vorhandenen Trennwand reichen, weil so geschaffene Schallbrücken die Schallschutzeigenschaften der Wand erheblich beeinträchtigen.

Die Fugen zwischen neuer Wandbekleidung und flankierenden Bauteilen sind sorgfältig zu verschließen. Hierfür können elastische Dichtungsmassen (zum Beispiel auf Acrylbasis) verwendet werden. Möglich ist aber auch ein Fugenverschluß mit Gipsspachtelmassen, wenn diese durch Papierstreifen von den flankierenden Bauteilen getrennt werden. Für den Schallschutz ist es von großer Bedeutung, daß alle Randfugen sorgfältig verschlossen werden. Ein weiterer wichtiger Aspekt der Schalldämmung ist die Hohlraumdämpfung. Durch das Einbringen von Dämmatten in den Hohlraum der Vorsatzschale wird die Schalldämmung erheblich verbessert. Hierfür dürfen jedoch nur Faserdämmstoffe mit einem längenbezogenen Strömungswiderstand von 5×10^3 bis 5×10^4 Ns/m^4 verwendet werden. Harte Dämmstoffe könnten die Schalldämmung verschlechtern.

Grundsätzlich ist bei der Errichtung von Vorsatzschalen zu bedenken, daß die Schalldämmung der vorhandenen Trennwand verbessert wird, daß aber die Schallängsleitung durch flankierende Bauteile (Wände, Decken, Querwände) bestehen bleibt. Dies kann das Dämmergebnis beeinträchtigen.

Zur Vermeidung unnötiger Schallängsleitung in Vorsatzschalen selbst sind die Vorsatzschalen bei neuen Querwänden zu trennen.

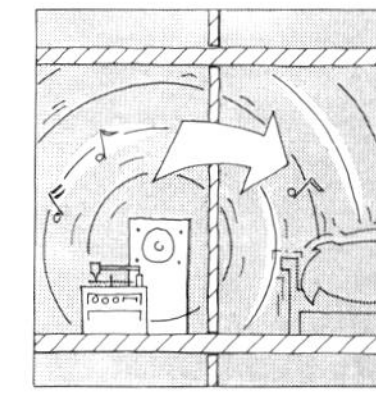

3.2.3 Verbesserung des Schallschutzes durch Vorsatzschalen auf Schwingelementen – Details

Schwingholz

Bestehend aus:

- Holzleiste 24,0 x 48,0 mm als Tragkonstruktion.
- Kokosplattenstreifen 20,0 x 100,0 mm als Verbindungselement.

Montage:

- Ansetzen und Ausrichten des Kokosplattenstreifens mit Ansetzmörtel an der Wand.
- Befestigen von Gipsfaserplatten an den Holzleisten.

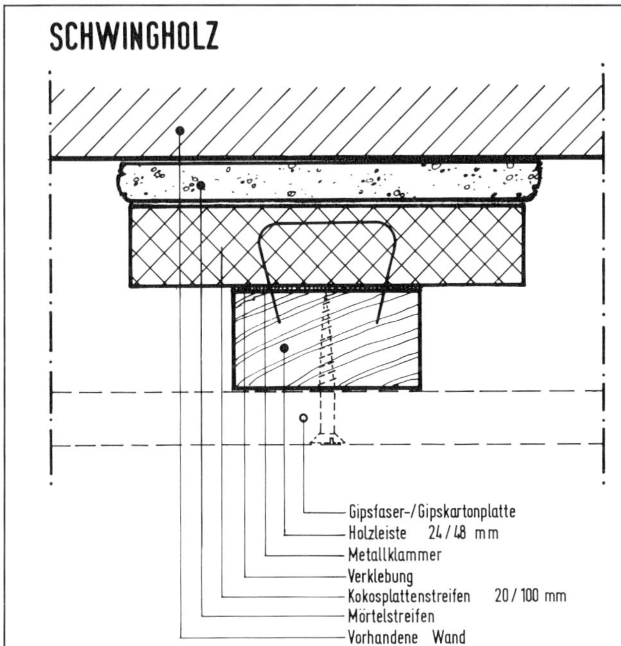

Justier-Schwingbügel

Bestehend aus:

- Vorgestanzten und vorgebogenen Blechstreifen.

Montage:

- Befestigung der Schwingbügel mit Dämmfilzunterlage auf der vorhandenen Wand.
- Aufstellen von Holz- oder Metallständern, die mit den Schwingbügeln gehalten werden (Schrauben oder Blindnieten).
- Befestigung von Gipsfaser- oder Gipskartonplatten mit Schrauben an den Holz- oder Metallständern.

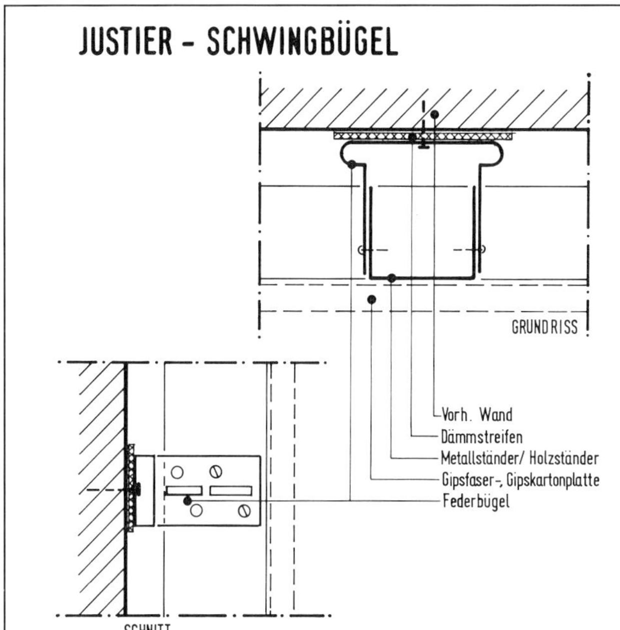

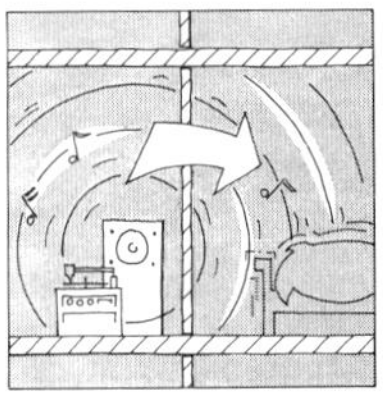

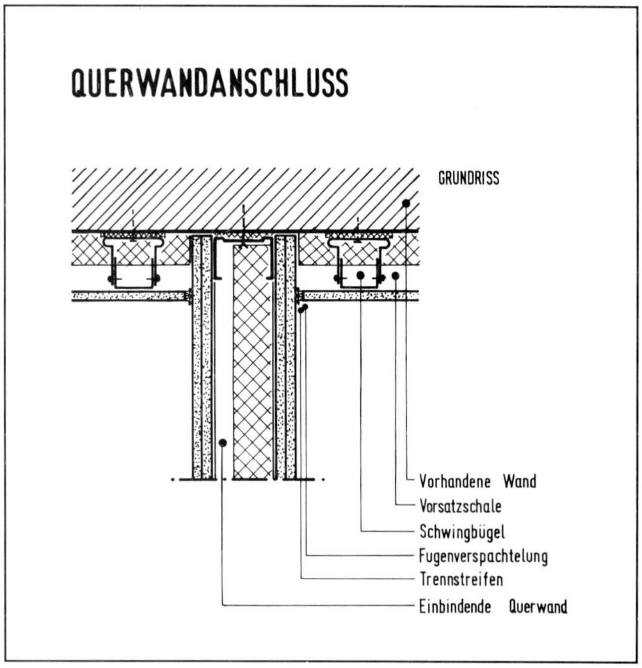

Querwandanschluß

Werden zusammen mit der Vorsatzschale auch neue Querwände erstellt, so sind die Querwände vor Errichtung der Vorsatzschale aufzustellen.

Durch diese Bauart wird eine Schallängsleitung innerhalb der Vorsatzschale von einem Raum in den anderen verhindert (besonders wichtig bei hohen Schallschutzanforderungen an die neue Trennwand).

Die neue Querwand ist durch einen Dämmstreifen von der vorhandenen Massivwand zu trennen.

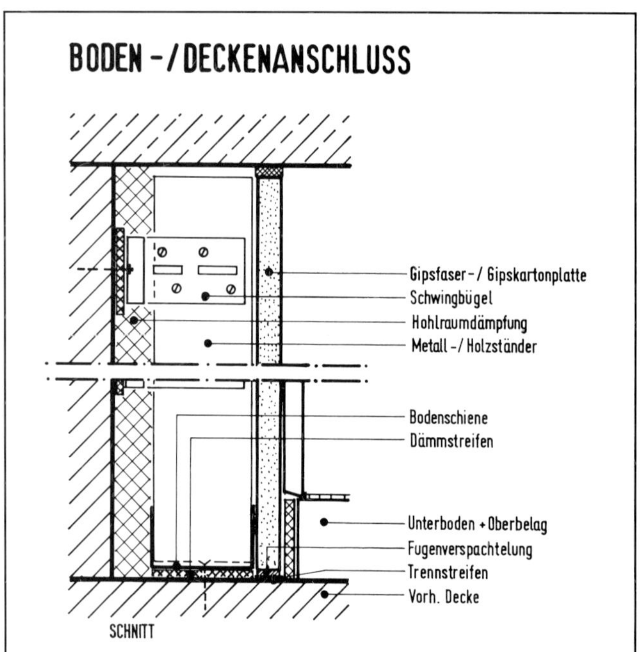

Boden-/Deckenanschluß

Der Anschluß an Boden und Decke ist unbedingt luftdicht zu verschließen. Hierzu sind Gipsspachtelmassen zu verwenden, die durch Papierstreifen von Boden oder Decke zu trennen sind, um unkontrollierte Abrisse zu verhindern. Gegebenenfalls können für den Verschluß auch elastische Materialien (zum Beispiel auf Acrylbasis) verwendet werden.

Die Bodenschiene ist durch einen Filzstreifen vom Untergrund zu trennen.

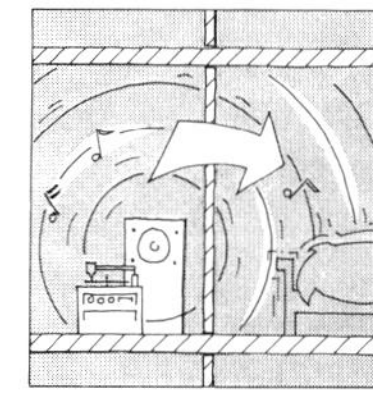

3.2.4 Vergleichende Beurteilung

	Gipswerkstoff-plattenverbund-element mit Mineralfaser	**Gipswerkstoff-plattenbekleidung auf Schwing-elementen**	**Freistehende Ständerwand mit Gipswerkstoff-plattenbekleidung**	**KS-/Gipsdielen-wand D = 7,0 cm**	**Gasbetonwand D = 10,0 cm**	**KS-/Ziegelwand D = 11,5 cm**
Baukosten	60,- DM/m^2	110,- DM/m^2	100,- DM/m^2	110 DM/m^2	110,- DM/m^2	145,- DM/m^2
Schalldämmung je nach Ausbildung der flankierenden Bauteile (vorh. = 24 cm Bimsmauerwerk mit $R'_w = 49$ dB) (300 kg)						
a) bewertetes Schalldämmmaß R'_w mit Vorsatzschale	54 dB	54 dB	54 dB	53 dB	52 dB	54 dB
Schallschutzanforderung DIN 4109 (53 dB)	wird erreicht	wird erreicht	wird erreicht	wird knapp erreicht	wird nicht erreicht	wird erreicht
erhöhter Schallschutz nach DIN 4109 (55 dB)	wird nicht erreicht	wird nicht erreicht	wird nicht erreicht	wird nicht erreicht	wird nicht erreicht	wird nicht erreicht
Konstruktionsstärke	4,5 cm	6,5 bis 9,5 cm	8,5 cm	11,5 cm	14,5 cm	16,0 cm
Einbauzeiten	0,35 Std./m^2	0,80 bis 1,0 Std./m^2	0,90 Std./m^2	1,0 Std./m^2 einschl. Spachtelung	1,0 Std./m^2 einschl. Spachtelung	1,5 Std./m^2 einschl. Putz
Trocknungs-/Wartezeiten	1,5 Tage	1,5 Tage	1,5 Tage	3 Tage	3 Tage	8 Tage
Gewicht Vorsatzschale	14 kg/m^2	16 kg/m^2	16 kg/m^2	74 kg/m^2	84 kg/m^2	180 kg/m^2
Gesamtgewicht einschl. vorh. Wand				374 kg/m^2	384 kg/m^2	480 kg/m^2
Anmerkungen				Zweischaligkeit schalltechnisch schlecht. Gute Schalldämmung nur über hohes Flächengewicht erreichbar – deshalb Fugenverguß erforderlich		

3.3 Problempunkt: Mangelnde Dichtigkeit von Feuchtraumwänden

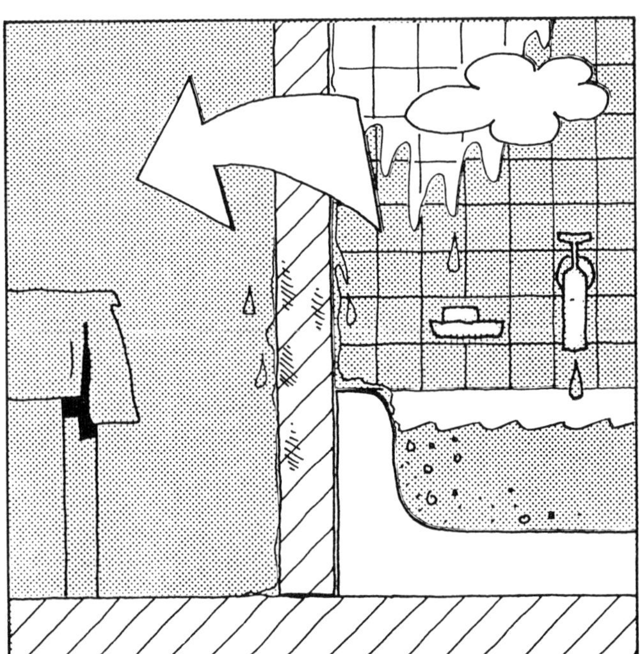

Verfaultes Holzfachwerk als Folge undichter Fliesenbeläge im Nachbarraum

Undichtigkeiten von Feuchtraumwänden können, neben Oberflächenschäden wie Salzausblühungen oder Putzabplatzungen, erhebliche Schäden an der Tragkonstruktion hervorrufen, wenn diese zum Beispiel aus Holz besteht. Viele Gebäude der Gründerzeit, aber auch Häuser der 20er und 30er Jahre, haben tragende Innenwände aus Holzfachwerk.

Ständige Durchfeuchtung von Pfosten, Riegeln oder Schwellen führt zu Pilz- oder Schwammbefall, im Extremfall zu Zerstörung des Holzquerschnittes.

Ursache für die Undichtigkeiten sind meist defekte Anschlüsse zwischen Fliesenbelag und Badewanne beziehungsweise Brausetasse.

Seltener sind klaffende Risse im Fliesenbereich selbst die Ursache.

Nach der gültigen Norm DIN 18 195 ist der Einbau von Dichtungsbahnen als Abdichtung gegen Feuchtigkeit vorgeschrieben.

Es ist allerdings fraglich, ob die DIN 18 195, Teil 5 »Bauwerksabdichtungen, Abdichtungen gegen nicht drückendes Wasser« überhaupt für die Abdichtung häuslicher Badezimmer Gültigkeit besitzt, in Fachkreisen wird dies zunehmend bestritten.

Unabhängig davon ist die Abdichtung durch Dichtungsbahnen nur sinnvoll in Zusammenhang mit der Errichtung von Vorsatzschalen. Dies ist aber bei der Altbaumodernisierung oft nicht möglich.

In der Praxis haben sich aus diesem Grund eine Reihe anderer Abdichtungsverfahren durchgesetzt, die hier näher vorgestellt werden.

Abhängig ist die Auswahl der einzelnen Verfahren von der Feuchtebeanspruchung der einzelnen Wand und vom vorhandenen Untergrund:

Voranstrich/Spachtelung als Abdichtung unter Fliesenbelägen

Die undichte Fuge zwischen Badewanne und Fliesen ist häufig Schadensursache

Wandbekleidung mit Kunststofftapete

In Räumen mit geringer Feuchtebelastung (zum Beispiel Gäste-WC) ist diese Wandbekleidung völlig ausreichend. Gegenüber Fliesenbelägen besteht ein erheblicher Preisvorteil.

Anbringungen von Fliesenbelägen mit Unterkonstruktionen aus Sperrputz

Diese Konstruktion kann sinnvollerweise nur auf Mauerwerk ohne Putz angebracht werden. Normalerweise ist dies bei der Altbaumodernisierung die Ausnahme, da vorhandene Wände im allgemeinen verputzt sind. Sollte ein vorhandener Altputz als Untergrund für Fliesenbeläge nicht mehr geeignet sein, ist es im allgemeinen sinnvoller, den Altputz nur stellenweise abzuschlagen und neue Gipskarton- oder Gipsfaserplatten mit Mörtelbatzen anzusetzen.

Nur in ganz seltenen Fällen wird es unumgänglich sein, den vorhandenen Altputz vollständig abzuschlagen. In diesem Fall ist dann die Anbringung von Sperrputz eine gute Möglichkeit, um eine vorhandene Wand ausreichend gegen Feuchtigkeit abzudichten.

Problematisch ist bei dieser Ausführung die Rißgefährdung des sehr starren Putzes durch Bewegung des Untergrundes und der Anschluß des Putzes an die Abdichtung des Fußbodens. Bei Fußböden aus Beton sollte der Anschluß an die (mineralische) Fußbodenabdichtung mit einer Flaschenkehle erfolgen. Durch diese Ausführung wird eine sehr große Kontaktfläche zwischen den beiden Abdichtungsflächen geschaffen.

Bei Holzbalkendecken sind Dichtungsbahnen des Fußbodens mit Schienen auf dem Putz zu sichern.

Grundsätzlich sind alle Rohrdurchführungen durch Wandabdichtungen aus Sperrputz zusätzlich zu dichten.

Gipsplattenmontage auf Mörtelbatzen als Untergrund für neue Fliesenbeläge

Aufbringen eines Dichtungsanstriches

Häufigster Untergrund für Fliesenbeläge bei der Althausmodernisierung sind Gipskarton- oder Gipsfaserplatten. Durch zusätzliche Maßnahmen muß der Feuchteschutz dieser Platten gewährleistet werden. Die Verwendung imprägnierter Platten allein reicht als Feuchteschutz nicht aus.

Besonders bewährt hat sich bei Gipskarton- oder Gipsfaserplatten das Aufbringen von Anstrichen mit Kautschuk-/Bitumenemulsionen. Die Anstriche sind ausreichend wasserdicht und gewährleisten durch ihre Elastizität, daß Bewegung und Verformung der relativ weichen Unterkonstruktion aufgenommen werden können.

Die Anstriche besitzen allerdings keine oder nur geringe rißüberbrückende Eigenschaften. Bei kritischen Untergründen sollten deshalb zur Verbesserung der Rißsicherheit Glasgewebe in den Anstrich eingebettet werden.

Es sind grundsätzlich drei Anstriche aufzubringen, wobei die Trocknungszeiten der einzelnen Anstriche unbedingt eingehalten werden müssen. Die Ecken zwischen Wänden beziehungsweise zwischen Wand und Boden sind zusätzlich mit Dichtungsbändern zu dichten.

Bei der Verwendung von Dispersionsklebern auf Dichtungsanstrichen ist Vorsicht geboten, da das Abtrocknen der Kleber – Dispersionskleber erhärten durch Trocknung – durch den wasserdichten Untergrund behindert ist. Auch bei diesem Abdichtungsverfahren müssen Rohrdurchführungen unbedingt zusätzlich gedichtet werden.

Aufbringen einer Spachtelung mit Dünnbettmörtel

Bei der Verlegung der Fliesen in Dünnbettmörtel kann eine ausreichende Dichtigkeit dadurch erreicht werden, daß der Untergrund vor der eigentlichen Fliesenverlegung zunächst mit einer Spachtelung des Fliesenmörtels versehen wird. Dieses Abdichtungsverfahren ist für Putzuntergründe ebenso geeignet wie für Untergründe aus Gipskarton- oder Gipsfaserplatten.

Nach Trocknung der Spachtelschicht können die Fliesen wie üblich im Dünnbettverfahren verlegt werden.

Auch bei diesem Abdichtungsverfahren sind die Ecken und die Rohrdurchführungen zusätzlich zu dichten.

Aufbringung von Dichtungsbahnen

Das Aufbringen von Dichtungsbahnen ist unumgänglich bei Bädern mit hoher Feuchtebelastung (zum Beispiel Studentenwohnheimen, Hotels etc.).

Als Schutz der Dichtungsschicht und zur Aufnahme der Fliesenbeläge sind dünne Plattenwände vorzusehen, die der vorhandenen Konstruktion vorgestellt werden.

Für die Abdichtung werden Kunststoff- oder Bitumenbahnen verwendet. Anschlüsse an die Fußbodenabdichtung, die ebenfalls aus Dichtungsbahnen bestehen sollten, sind mit einer Hohlkehle auszuführen, um die Rißgefahr in diesem Bereich zu vermindern.

Gefährdetster Punkt bei der Abdichtung mit Dichtungsbahnen ist die Rohrdurchführung, die deshalb auf jeden Fall mit einem Klemmflansch ausgeführt werden sollte.

Einbau von Fertigelementen

Die größte Sicherheit bei der Abdichtung von Feuchtraumwänden (und -böden) wird durch die Verwendung von Fertigelementen erzielt, sofern die eingebauten Türen oder Vorhänge sorgfältig genutzt werden.

Diese vorgefertigten Bauteile bestehen aus fertigen Einheiten oder aus Boden- und Wandelementen, die auf der Baustelle zu fertigen Badeinheiten zusammengesetzt werden.

Hierbei garantieren Flanschverbindungen absolute Wasserdichtigkeit. Die Elemente können entweder nur aus einer Duschzelle oder aus einem kompletten Badezimmer bestehen. Die Einzelelemente bestehen im allgemeinen aus einem Holzkern mit einer Beschichtung aus glasfaserverstärktem Kunststoff. Alle Teile werden werkseitig mit gebrauchsfertigen Oberflächen aus Kunstharz hergestellt.

Wegen des hohen Preises ist ihre Verwendung sicher auf Ausnahmen beschränkt.

3.3.1 Übersicht über Lösungsmöglichkeiten

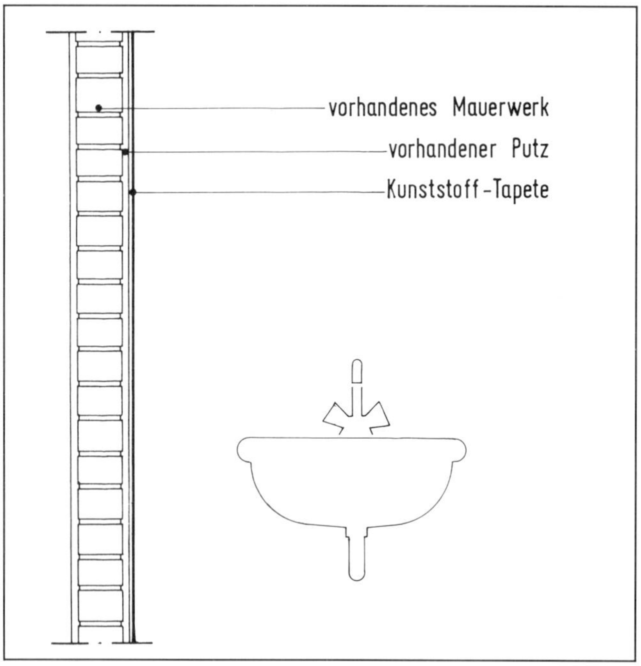

Aufbringen einer Kunststofftapete	
Baukosten	20,– DM/m²
Folgekosten	Keine
Lebensdauer	5 Jahre
Einbauzeiten	0,20 Std./m²
Trocknungs-/Wartezeiten	Keine
Dichtigkeit	Gering
Begleitende erforderliche Maßnahmen	Keine
Anmerkungen	Geeignet zum Beispiel für Gäste-WC

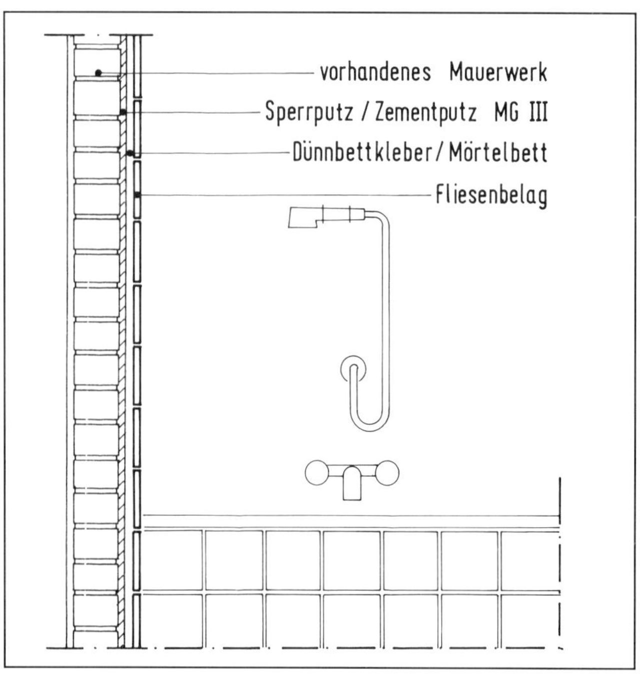

Aufbringen eines Sperrputzes	
Baukosten	50,– DM/m²
Folgekosten	Ca. 130,– DM/m² für Fliesenbelag
Lebensdauer	40 Jahre
Einbauzeiten	0,60 Std./m²
Trocknungs-/Wartezeiten	2 Tage
Dichtigkeit	Gut, aber rißgefährdet
Begleitende erforderliche Maßnahmen	Fliesenbelag
Anmerkungen	Rohrdurchführungen müssen zusätzlich gedichtet werden

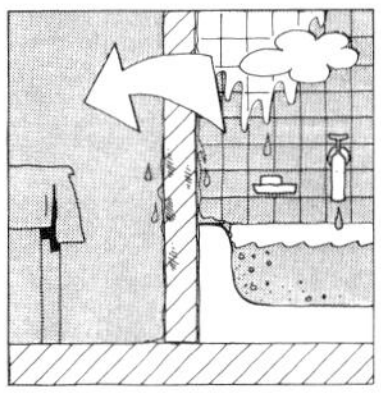

Aufbringen eines Dichtungsanstriches	
Baukosten	30,- DM/m²
Folgekosten	Ca. 150,- DM/m² für Fliesenbelag
Lebensdauer	25 bis 30 Jahre noch keine Erfahrungswerte
Einbauzeiten	3 x 0,10 Std./m²
Trocknungs-/Wartezeiten	3 x 12 Std.
Dichtigkeit	Gut, aber rißgefährdet
Begleitende erforderliche Maßnahmen	Fliesenbelag
Anmerkungen	Rohrdurchführungen müssen zusätzlich gedichtet werden

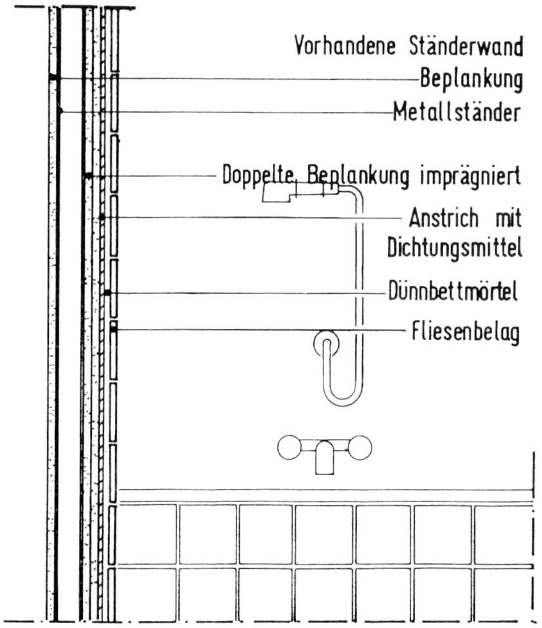

Aufbringen einer Spachtelung	
Baukosten	55,- DM/m²
Folgekosten	Ca. 150,- DM/m² für Fliesenbelag
Lebensdauer	25 bis 30 Jahre noch keine Erfahrungswerte
Einbauzeiten	0,20 Std./m²
Trocknungs-/Wartezeiten	12 Std.
Dichtigkeit	Gut, aber rißgefährdet
Begleitende erforderliche Maßnahmen	Fliesenbelag
Anmerkungen	Rohrdurchführungen müssen zusätzlich gedichtet werden

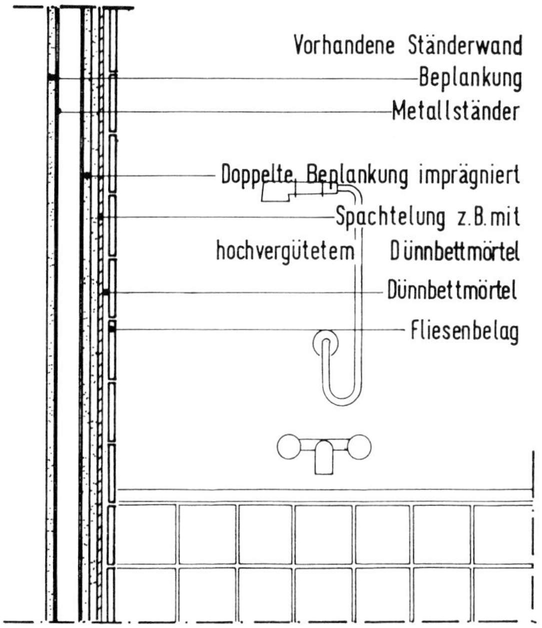

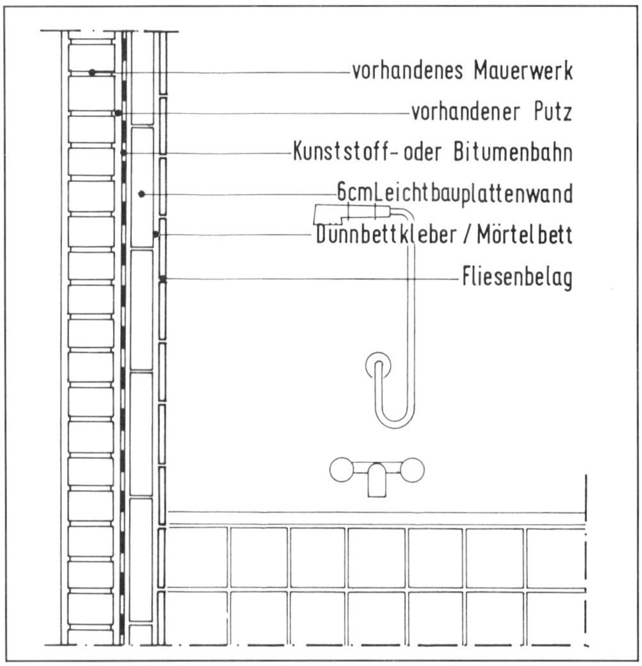

Aufbringen einer Dichtungsbahn	
Baukosten	140,- DM/m² (incl. Vorsatzschale)
Folgekosten	Ca. 150,- DM/m² für Fliesenbelag
Lebensdauer	40 Jahre
Einbauzeiten	1,0 + 1,0 Std./m²
Trocknungs-/Wartezeiten	2 bis 3 Tage
Dichtigkeit	Sehr gut
Begleitende erforderliche Maßnahmen	Einbau Vormauerschale, Fliesenbelag
Anmerkungen	Rohrdurchführungen müssen zusätzlich gedichtet werden

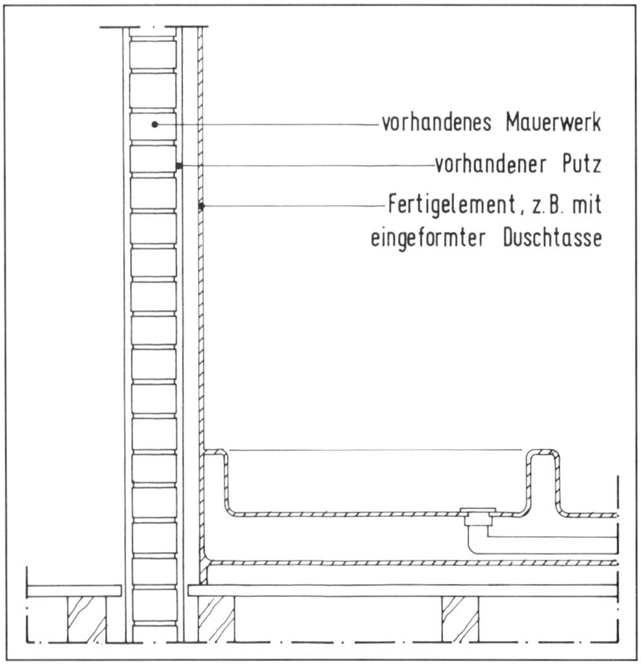

Einbau von Fertigbadelementen	
Baukosten	2900,- DM/Dusche
Folgekosten	Keine
Lebensdauer	25 bis 30 Jahre
Einbauzeiten	6 bis 8 Std./Dusche
Trocknungs-/Wartezeiten	1 Tag
Dichtigkeit	Sehr gut
Begleitende erforderliche Maßnahmen	Keine
Anmerkungen	

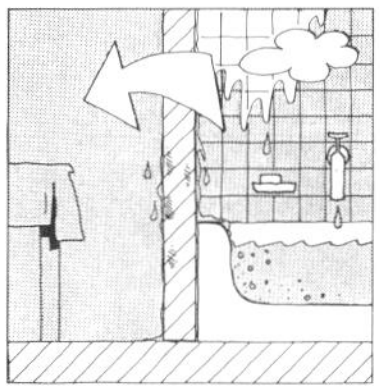

3.3.2 Abdichtung von Feuchtraumwänden durch Spachtelung mit Dünnbettmörtel - Erläuterung

Von den verschiedenen Verfahren zur Abdichtung von Feuchtraumwänden eignet sich die Spachtelung mit Dünnbettmörtel aus bestimmten Gründen besonders gut:

1. Das Abdichtungsmaterial ist für die Fliesenverlegung ohnehin vorhanden.
2. Die Abdichtung kann in einem Arbeitsgang aufgebracht werden.
3. Das Abdichtungsmaterial besitzt (in Grenzen) rißüberbrückende Eigenschaften.

Für die Dünnbettverlegung von Fliesen stehen verschiedene Mörtel beziehungsweise Kleber zur Verfügung, die sich bei wasserbeanspruchten Bereichen als Dichtungsspachtel unterschiedlich gut eignen:

Mineralische Mörtel auf Zementbasis, also Mörtel, die durch Hydratation erhärten (Pulverkleber), eignen sich besonders gut. Kunstharze, die dem Mörtel beim Anrühren auf der Baustelle zugesetzt werden müssen, erhöhen die Klebkraft, die Elastizität und die Wasserdichtigkeit.

Kunstharzdispersionskleber sind hochelastische Kleber für Untergründe, die (noch) geringe Bewegungen aufweisen. Die Kleber haben sehr gute rißüberbrückende Eigenschaften. Sie sind jedoch nicht dauerhaft wasserbeständig. Dispersionskleber erhärten durch Trocknung, ihre Verwendung bei Steinzeugfliesen oder bei wasserdichten Untergründen ist deshalb nicht empfehlenswert.

Für besondere Anwendungsfälle stehen *Zweikomponenten-Kunstharzkleber* zur Verfügung. Diese Kleber sind dauerhaft wasserbeständig und beständig gegen viele aggressive Medien. Wegen ihres hohen Preises bleiben sie Sonderanwendungen vorbehalten. Auf wasserempfindlichen Untergründen (zum Beispiel Spanplatten) sind sie jedoch unabdingbar.

Spachtelungen aus Dünnbettmörtel oder -kleber sind zur Erzielung einer ausreichenden Wasserdichtigkeit mindestens 3,0 mm dick aufzutragen. Voraussetzung sind ebene und glatte Untergründe (zum Beispiel Gipskarton- oder Gipsfaserplatten). Sind keine ausreichend glatten Untergründe vorhanden, ist zuvor eine Ausgleichsspachtelung erforderlich.

Zur Verbesserung der Rißsicherheit können Glasseidengewebe in die Spachtelung eingebettet werden. Empfehlenswert ist dies bei Spachtelung über Untergründen aus verschiedenen Materialien (Mauerwerk neben Gipskarton).

Raumecken sind zusätzlich mit Dichtungsbändern abzudichten. Vor dem Spachtelauftrag werden die Dichtungsbänder in den Raumecken aufgeklebt und anschließend überspachtelt. Die Dichtungsbänder sind so beschaffen, daß der entsprechende Kleber beziehungsweise Dünnbettmörtel besonders gut auf ihnen haftet. Es dürfen deshalb nur die vom jeweiligen Mörtelbeziehungsweise Klebstoffhersteller empfohlenen Dichtungsbänder benutzt werden (siehe hierzu Kapitel 7.2).

Die Dichtungsfähigkeit der Bänder sollte im Übergang zwischen Wand und Boden nicht überschätzt werden. Für die Abdichtung zu massiven (Beton-)Decken ist das Dichtband sicher gut geeignet, dauerhafte Bewegungen oder Senkungen eines (Holz-)Fußbodens werden die Dichtungsbänder ohne besondere Maßnahmen nicht schadlos überstehen. Hier sind andere Abdichtungen (zum Beispiel Bitumen- oder Kunststoffdichtungsbahnen) vorzusehen.

Für die Abdichtung von Badewanne und Dusche zur Fliese bzw. Wand haben sich in den letzten Jahren neu entwickelte Spezialprofile mit Doppelt- und Dreifachdichtung sehr bewährt.

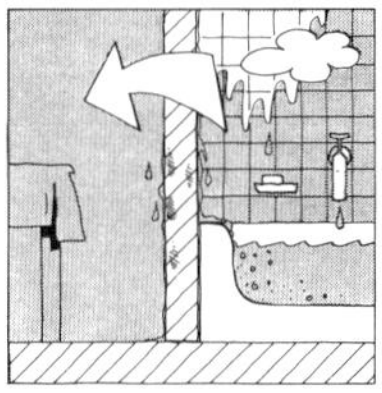

3.3.3 Abdichtung von Feuchtraumwänden durch Spachtelung mit Dünnbettmörtel - Details

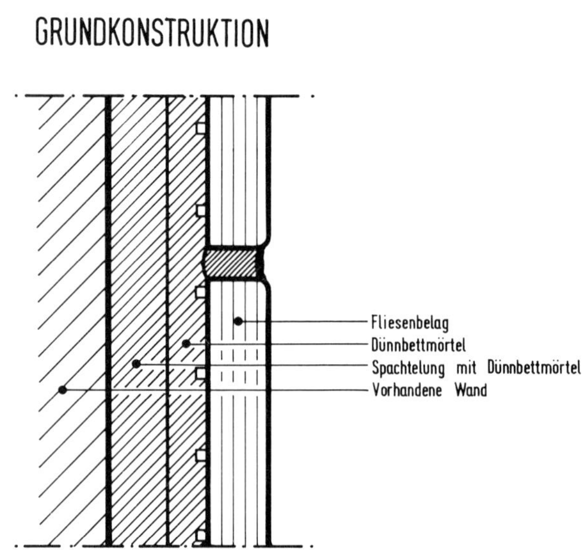

Grundkonstruktion

- Aufbringen des vergüteten Dünnbettmörtels als Spachtelung auf den glatten tragfähigen Untergrund.
- Dicke der Spachtelung mindestens 3,0 mm.
- Nach Trocknung der Spachtelung Verlegung der Fliesen im Dünnbettmörtel.

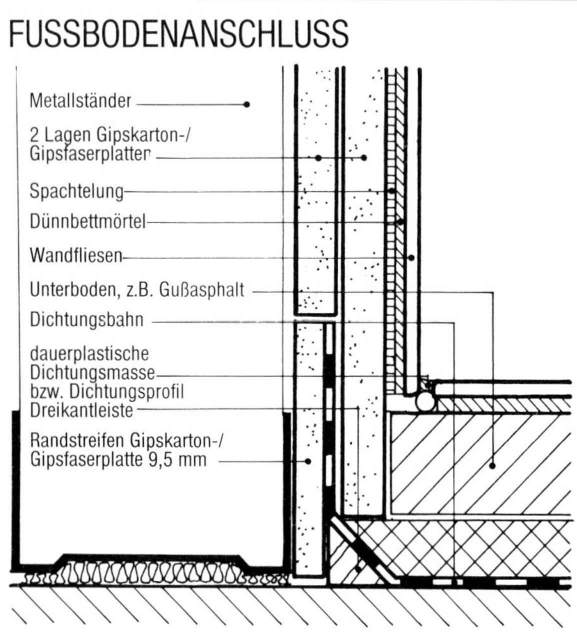

Fußbodenanschluß

- Montage eines Gipsplattenstreifens am Ständerwerk.
- Aufkantung der Fußbodenabdichtung bis über OKF.
- Montage der übrigen Gipskarton-/Gipsfaserplatten.
- Aufbringen der Spachtelung.
- Aufbringen des Fliesenbelages.
- Dauerplastische Abdichtung der Bodenfuge.

Abdichtung Wannenanschluß

Die Bade- oder Duschwanne ist zweifach im Wandanschluß zu dichten:

- Bei Montage der Wanne ist der Wandanschluß gegen die Sperrschicht der Wand abzudichten (Dichtungsmittel vor der Montage anbringen).
- Im Zusammenhang mit der Fliesenverlegung empfiehlt sich die Abdichtung mit einem Dichtungsprofil. Das Profil wird in den Klebemörtel eingelegt. Es ersetzt die auffällige Abdichtung durch örtlich eingebrachte Dichtungsmassen.

ABDICHTUNG WANNENANSCHLUSS

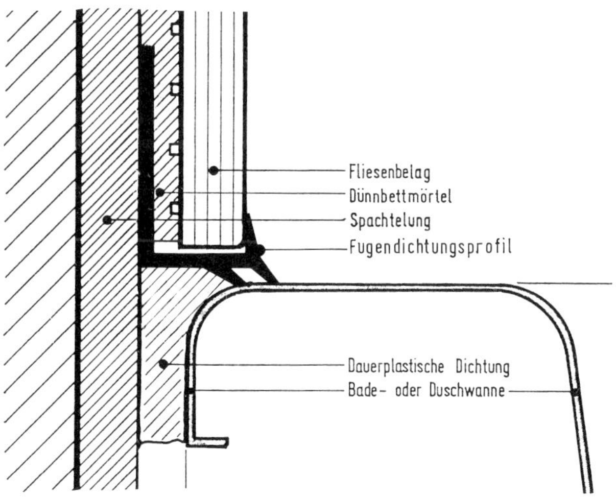

Rohrdurchgang

- Fixierung des Rohraustrittes über Halterung (zum Beispiel aus Flachstahl) am Ständerwerk.
- Aussparrung in Gipskarton-/Gipsfaserplatte 10,0 mm größer herstellen als Rohraußendurchmesser.
- Herstellen der Spachtelung als Wassersperrschicht.
- Abdichten des Rohres gegen die Gipskarton-/Gipsfaserplatte mit dauerplastischer Dichtungsmasse.

ROHRDURCHGANG

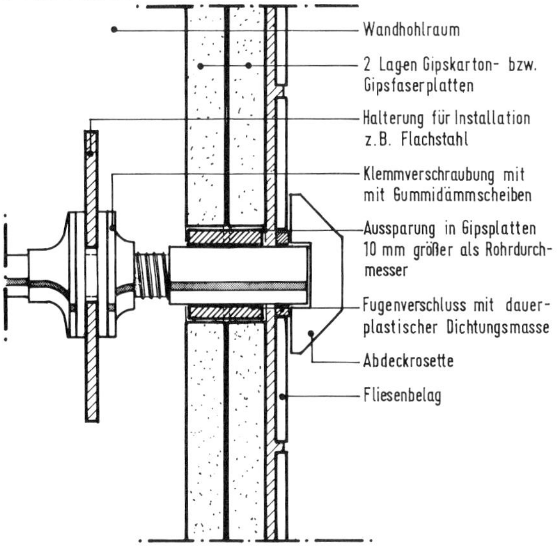

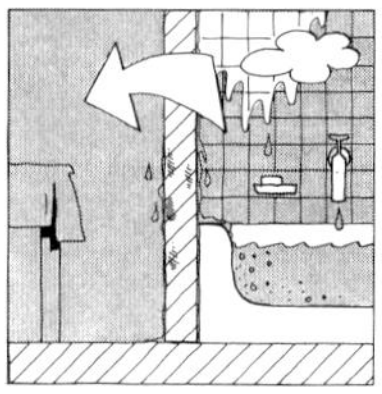

3.3.4 Vergleichende Beurteilung

	Kunststoff-tapete	**Sperrputz**	**Dichtungs-anstrich**	**Spachtelung**	**Dichtungs-bahn**	**Fertigbad**
Baukosten	20,- DM/m²	50,- DM/m²	30,- DM/m²	55,- DM/m²	140,- DM/m² (incl. Vorsatz-schale)	2900,- DM/ Dusche
Folgekosten	Keine	150,- DM/m² für Fliesenbelag	150,- DM/m² für Fliesenbelag	150,- DM/m² für Fliesenbelag	150,- DM/m² für Fliesenbelag	Keine
Lebensdauer	5 Jahre	40 Jahre	25 bis 30 Jahre Noch keine Erfahrungswerte	25 bis 30 Jahre Noch keine Erfahrungswerte	40 Jahre	25 bis 30 Jahre
Einbauzeiten	0,20 Std./m²	0,60 Std./m²	3 x 0,10 Std./m²	0,20 Std./m²	1,0 + 1,0 Std./m²	6 bis 8 Std./ Dusche
Trocknungs-/ Wartezeiten	Keine	2 Tage	3 x 12 Std.	12 Std.	2 bis 3 Tage	1 Tag
Dichtigkeit	Gering	Gut, aber riß-gefährdet	Gut, aber riß-gefährdet	Gut, aber riß-gefährdet	Sehr gut	Sehr gut
Begleitende erforderliche Maßnahmen	Keine	Fliesenbelag	Fliesenbelag	Fliesenbelag	Vormauerschale, Fliesenbelag	Keine
Anmerkungen	Geeignet z. B. für Gäste-WC	Rohrdurch-führungen müssen zusätzlich gedichtet werden	Rohrdurch-führungen müssen zusätzlich gedichtet werden	Rohrdurch-führungen müssen zusätzlich gedichtet werden	Rohrdurch-führungen müssen zusätzlich gedichtet werden	

4 Decken

4.1 Problempunkt: Fäulnisbefall in Balkenköpfen

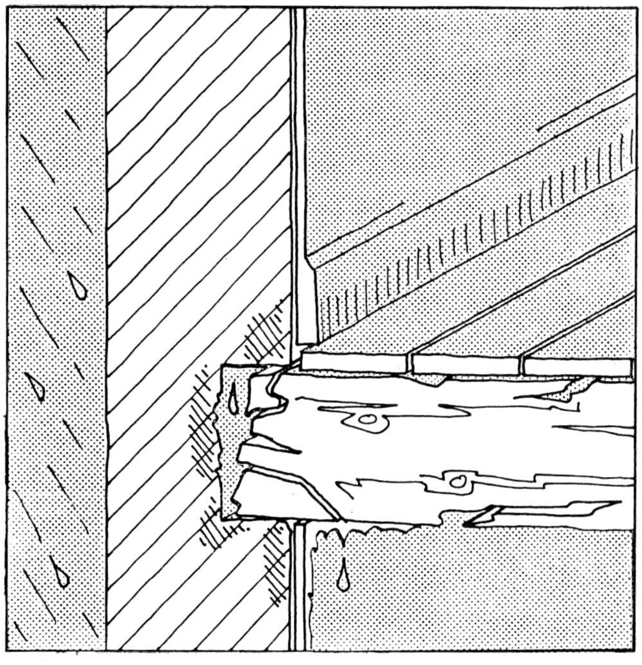

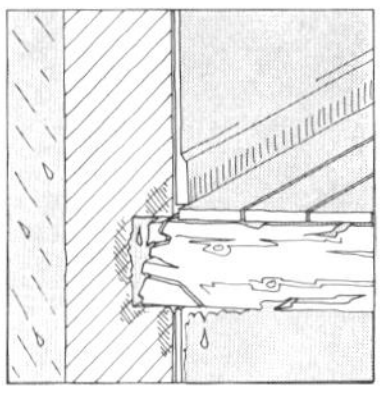

Anobienbefall an einer Treppenwange

Kaum ein Altbau mit Holzbalkendecken wird völlig ohne Schäden an tragenden Deckenbalken sein. Im allgemeinen wurden die tragenden Holzteile zum Zeitpunkt des Einbaus nicht oder nur gering gegen den Befall durch Holzschädlinge geschützt. Bisweilen wurden die Balkenköpfe im offenen Feuer geschwärzt, so daß sich eine Schutzschicht aus verkohltem Holz bildete. Manche Baumeister fertigten die Auflager der Balkenköpfe in der Weise, daß die Holzbalken keinen direkten Kontakt zum möglicherweise durchfeuchteten Mauerwerk hatten. Schon frühzeitig hatte man den Auflagerbereich als einen der Schadensschwerpunkte erkannt.

Eingebaute Hölzer können von Pilzen oder Insekten befallen werden. Häufige Schädlinge sind der sogenannte »Holzwurm«, genauer: Gemeiner Nagekäfer (Anobium punctatum) und der Hausbock. Der Hausbock zählt zu den gefährlichsten Schadinsekten, sein Vorkommen ist meldepflichtig.

Viel häufiger ist bei Deckenbalken aber der Befall durch Pilze. Häufigste Schädlingsarten sind Braun- oder Weißfäulepilze und der Echte Hausschwamm.

Der Befall durch Schadinsekten ist sehr viel geringer, oft ist zuvor auch ein Aufschluß des Holzes durch Fäulnispilze erforderlich. Sowohl Fäulnispilze als auch Schwämme benötigen zu ihrer Entstehung einen überdurchschnittlichen Feuchtegehalt des Holzes von mehr als 18%. Dies ist bei normalen Innenraumverhältnissen nicht der Fall. Zu Schäden kommt es deshalb fast ausschließlich in Bereichen erhöhter Feuchtezufuhr, zum Beispiel bei Holzdecken über Kellergeschossen (deshalb hier vorzugsweise Gewölbe oder Kappendecken), im Auflagerbereich von durchfeuchteten Außenwänden (Wetterseiten) oder in Bereichen mit Sanitärgegenständen (undichte WC- oder Waschbeckenabläufe, undichte Duscheinrichtungen). In allen Bereichen, in denen das Holz ständiger Durchfeuchtung ausgesetzt wird, ist der Befall durch Fäulnispilze oder Schwämme unvermeidlich.

Befall durch Hausbock an einem Dachstuhl

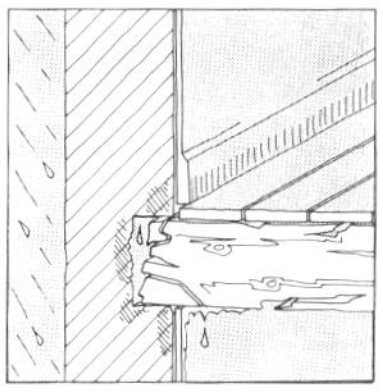

Durch Fäulnisbefall völlig zerstörte Holzbalken

Der Befall durch den Echten Hausschwamm ist meldepflichtig. Seine Bekämpfung muß besonders sorgfältig erfolgen, befallene Holzteile müssen einen Meter weit über die eigentliche Befallsstelle hinaus entfernt und verbrannt werden. Eine chemische Behandlung umgebender Bereiche ist unerläßlich.

In WTA Merkblatt 11-2-91 „Der Echte Hausschwamm - Erkennung, Lebensbedingungen, vorbeugende und bekämpfende Maßnahmen, Leistungsverzeichnis" wird eingehend auf die Problematik und auf Lösungsmöglichkeiten eingegangen.

Zur Untersuchung auf Befall durch Holzschädlinge sind die Deckenkonstruktionen an allen gefährdeten Stellen zu öffnen.

Das heißt: grundsätzlich Aufnehmen des Dielenbelages an den Außenwänden, in WC-Bereichen und um Abflußrohre herum.

Muß man bereits vor Beginn der Bauarbeiten den Zustand der Balken untersuchen, oder läßt der Oberboden (wertvolles Parkett) ein Öffnen des Belages nicht zu, so sind die Untersuchungen mit Hilfe der Endoskopie durchzuführen. Bei dieser Untersuchungsmethode bleibt der Oberboden weitgehend unversehrt - unvermeidliche Bohrlöcher werden nach Abschluß der Arbeiten wieder mit Dübeln verschlossen.

Nach Analyse von Schädigungen wird man die Reparatur schadhafter Holzbalken so ausführen, daß die Beschädigung angrenzender Bauteile möglichst gering gehalten wird. Besonders wichtig sind schonende Renovierungsweisen, wenn alte Stuckdecken erhalten werden müssen.

Folgende Verfahren zur Restaurierung schadhafter Holzbalken oder Balkenköpfe stehen zur Verfügung:

- □ Anlaschen von Holzbohlen
- □ Einbau von Stahlschuhen
- □ Einbau von Wechseln
- □ Reparatur durch Kunstharzprothese

Hierbei ist der Echte Hausschwamm der gefährlichste Holzschädling, der nur zu seiner Entstehung eine überdurchschnittliche Holzfeuchte benötigt. Fruchtkörper und Myzelstränge transportieren die zum Wachstum erforderliche

Hausschwammbefall an einem Holzbalken

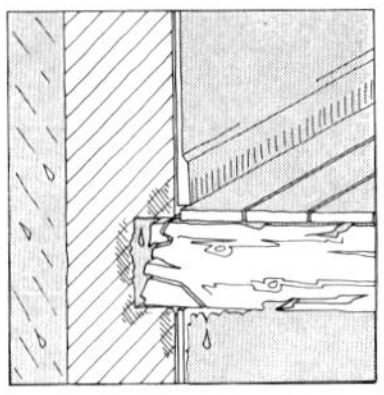

Oben: Reparatur der Balkenköpfe durch angelaschte Bohlen

Rechts: Endoskop zur Untersuchung von Deckenhohlräumen

Unten: Kleines, batteriebetriebenes Endoskop

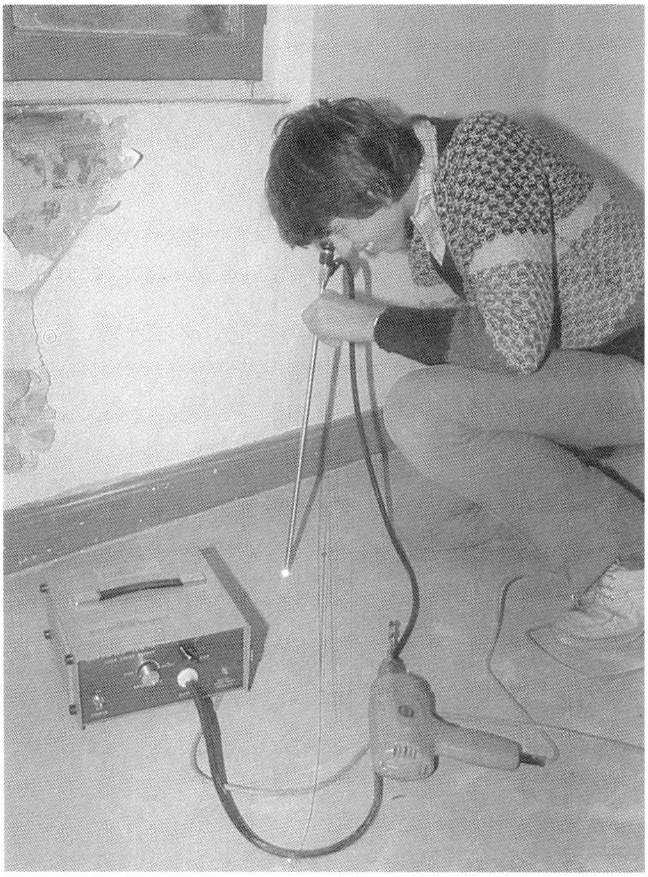

Feuchte über meterlange Myzelstränge aus durchfeuchteten Bereichen heran.

Die Auswahl des geeigneten Verfahrens hängt ab vom Umfang der vorgefundenen Schädigung, von der Notwendigkeit, angrenzende Bereiche zu schützen, und von den Auflagerbedingungen in der vorhandenen Wand. (Bei ständig durchfeuchteten Mauern wird man zum Beispiel sinnvollerweise korrosionsgeschützte Stahlschuhe einbauen.)

Neben der Holzsanierung sind flankierende Maßnahmen zur Reduzierung der Feuchtebelastung äußerst wichtig, um erneute Schädigungen des Holzes zu vermeiden.

Flankierende Maßnahmen sind insbesondere die Trockenlegung durchfeuchteter Wandbereiche und die Abdichtung defekter Abflußrohre.

Im folgenden sind alle wichtigen Verfahren in einer Übersicht dargestellt.

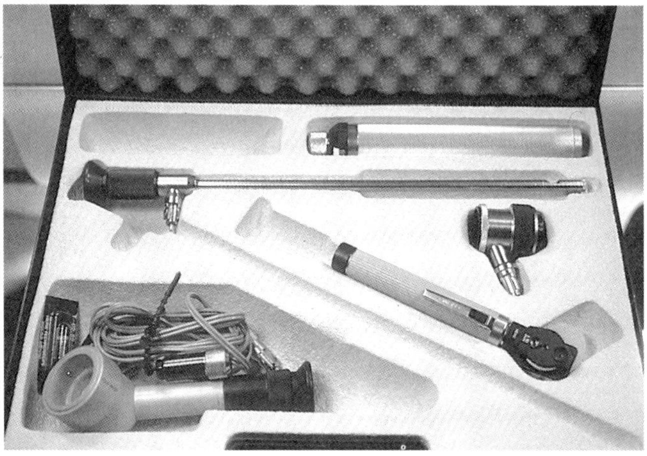

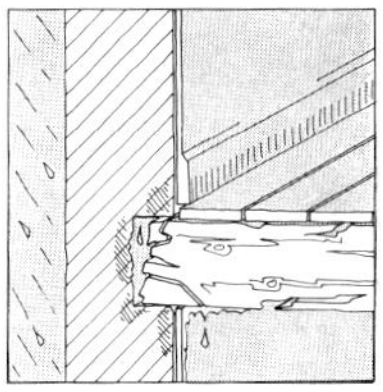

4.1.1 Übersicht über Lösungsmöglichkeiten

Anlaschen von Bohlen	
Baukosten	580,- DM einschl. Beiarbeiten
Verhalten bei Feuchtebelastung	Gefährdet
Begleitende erforderliche Maßnahmen	Fußboden beiarbeiten
Gestaltung	Nicht geeignet für sichtbare Konstruktionen
Einbauzeiten	½ Tag
Trocknungs-/Wartezeiten	Keine
Anmerkung	Neue Konstruktion erschütterungsfrei einbauen. Nicht nageln!

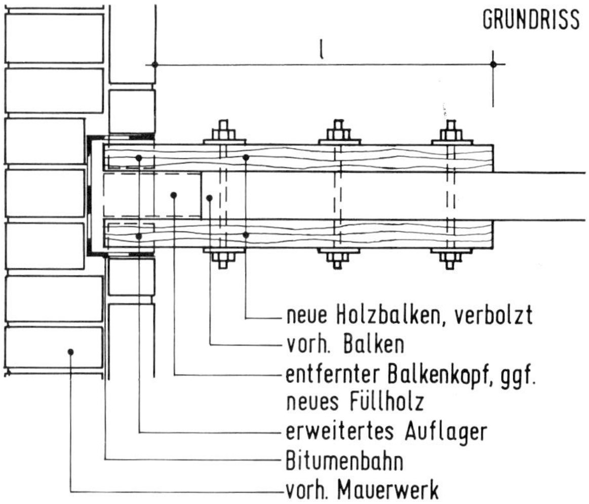

Bestimmung von "l" und Dimensionierung durch Statiker

Einbau von Stahlschuhen	
Baukosten	650,- DM einschl. Beiarbeiten
Verhalten bei Feuchtebelastung	Nicht gefährdet
Begleitende erforderliche Maßnahmen	Ggf. Erneuerung des Deckenputzes Fußboden beiarbeiten
Gestaltung	Bedingt geeignet für sichtbare Konstruktionen
Einbauzeiten	½ Tag (ohne Putzerneuerung)
Trocknungs-/Wartezeiten	Keine
Anmerkung	Neue Konstruktion erschütterungsfrei einbauen. Nicht nageln!

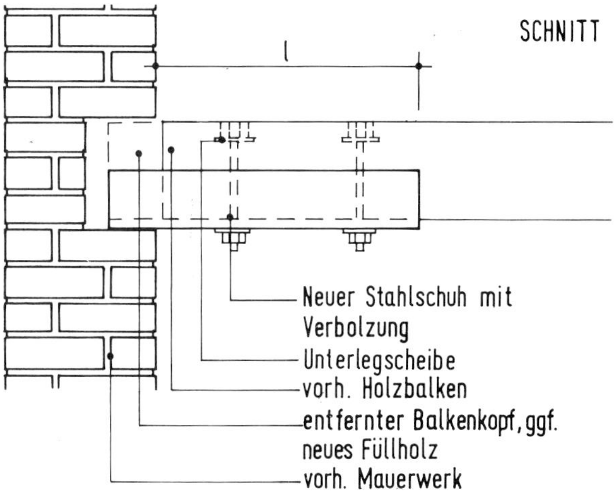

Bestimmung von "l" und Dimensionierung durch Statiker

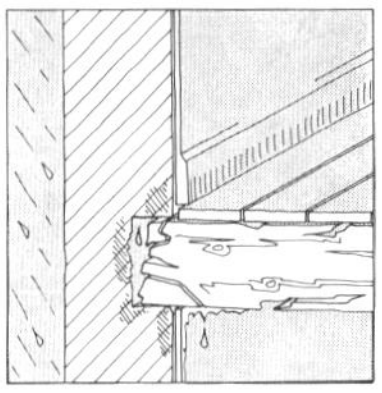

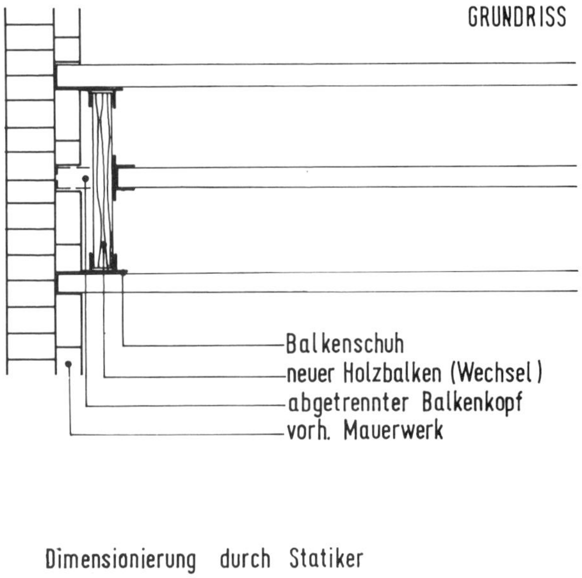

Einbau von Wechseln	
Baukosten	870,– DM einschl. Beiarbeiten
Verhalten bei Feuchte-belastung	Nicht gefährdet
Begleitende erforderliche Maßnahmen	Ggf. Erneuerung des Deckenputzes Fußboden beiarbeiten
Gestaltung	Bedingt geeignet für sichtbare Konstruktionen
Einbauzeiten	½ Tag (ohne Putzerneuerung)
Trocknungs-/Wartezeiten	Keine
Anmerkung	Neue Konstruktion erschütterungsfrei einbauen. Nicht nageln!

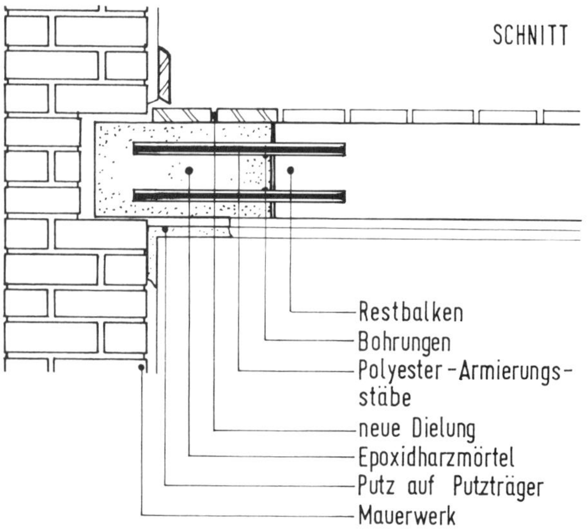

Reparatur durch Kunstharzprothese	
Baukosten	750,– DM einschl. Beiarbeiten
Verhalten bei Feuchte-belastung	Nicht gefährdet
Begleitende erforderliche Maßnahmen	Fußboden beiarbeiten
Gestaltung	Sehr gut geeignet für sichtbare Konstruktionen
Einbauzeiten	2 Tage
Trocknungs-/Wartezeiten	1 Tag
Anmerkung	

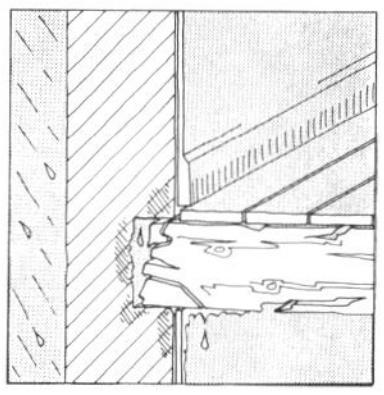

4.1.2 Vergleichende Beurteilung

	Anlaschen von Bohlen	**Einbau von Stahlschuhen**	**Einbau von Wechseln**	**Reparatur durch Kunstharzprothese**
Baukosten	580,– DM einschl. Beiarbeiten	650,– DM einschl. Beiarbeiten	870,– DM einschl. Beiarbeiten	750,– DM einschl. Beiarbeiten
Verhalten bei Feuchtebelastung	Gefährdet	Nicht gefährdet	Nicht gefährdet	Nicht gefährdet
Begleitende erforderliche Maßnahmen	Fußboden beiarbeiten	Ggf. Erneuerung des Deckenputzes Fußboden beiarbeiten	Ggf. Erneuerung des Deckenputzes Fußboden beiarbeiten	Fußboden beiarbeiten
Gestaltung	Nicht geeignet für sichtbare Konstruktionen	Bedingt geeignet für sichtbare Konstruktionen	Bedingt geeignet für sichtbare Konstruktionen	Sehr gut geeignet für sichtbare Konstruktionen
Einbauzeiten	½ Tag	½ Tag (ohne Putzerneuerung)	½ Tag (ohne Putzerneuerung)	2 Tage
Trocknungs-/ Wartezeiten	Keine	Keine	Keine	1 Tag
Anmerkung	Neue Konstruktion erschütterungsfrei einbauen. Nicht nageln!	Neue Konstruktion erschütterungsfrei einbauen. Nicht nageln!	Neue Konstruktion erschütterungsfrei einbauen. Nicht nageln!	

4.2 Problempunkt: Ungenügender Schallschutz von Decken

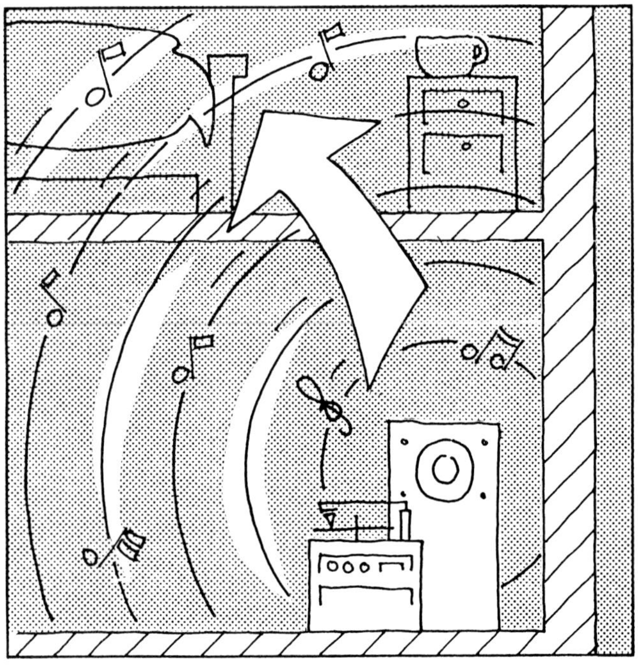

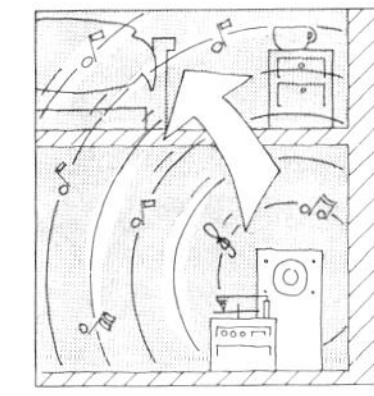

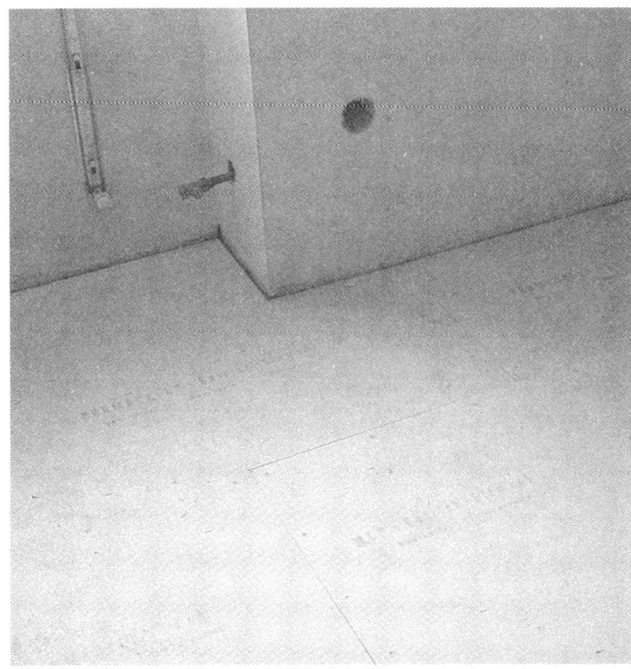

Spanplatten als neuer Unterboden

Bei der Modernisierung alter Häuser trifft man auf sehr unterschiedliche Deckenkonstruktionen. In Gründerzeithäusern und in den Häusern der 20er und 30er Jahre findet man vorwiegend Holzbalkendecken, während die Häuser der 50er Jahre schon zum großen Teil Betondecken, meist mit Verbundestrichen, aufweisen.

Trotz unterschiedlicher Konstruktionen ist ihnen eines gemeinsam: Ihre schallschutztechnischen Eigenschaften sowohl für den Luftschallschutz als auch für den Trittschallschutz sind im allgemeinen nicht ausreichend.

Die derzeit gültigen Normen für den Schallschutz sind zwar ohne weiteres auf vorhandene Konstruktionen in Altbauten nicht anwendbar, sie können jedoch als Richtschnur und Vergleich dienen.

DIN 4109 Teil 2, »Anforderungen an den Schallschutz«

Bauteile	Mindestanforderung in dB DIN 4109 1989
bewertetes Schalldämm-Maß R'_w	
Wohnungstrenndecken	54
Haustrennwände	57
Wohnungs-Eingangstüren in Flur führend	27
Trittschallschutzmaß TSM	
Wohnungstrenndecken	
Terrassen, Loggien über	
Wohnräumen, Laubengänge	10

Beim nachträglichen Ausbau von Dachgeschossen ist der Schallschutz der Decke zu beachten

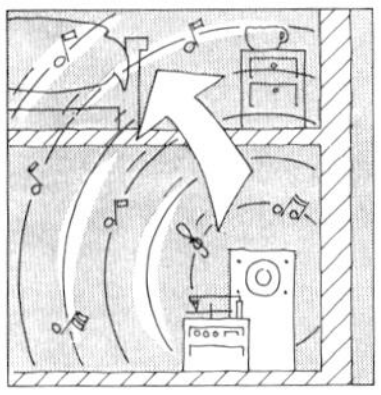

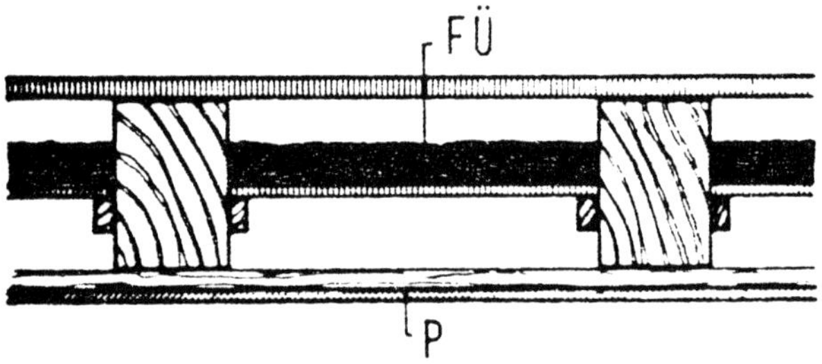

Trittschallschutzmaß einer typischen Altbau-Holzbalkendecke mit Füllung und unterseitiger Lattung mit Putz auf Putzträger

Trittschallschutz

Die Unterschiede zwischen den Anforderungen der zur Zeit gültigen Schallschutznorm DIN 4109 (TSM = 10 dB) und den Anforderungen an einen erhöhten Schallschutz (TSM = 17 dB) zeigen den Wandel im Anspruch an einen zufriedenstellenden Schallschutz.

Folgender Vergleich soll helfen, die genannten Zahlenwerte einordnen zu können:

»Bei Schutzmaßen von 0 dB sind Gehgeräusche noch sehr laut durch eine Decke durchzuhören. Normale Gehgeräusche hört man in der Regel kaum mehr unter einer Decke, wenn das Trittschallschutzmaß etwa 20 dB und mehr beträgt. Das Herumspringen von Kindern ist jedoch auch bei TSM = 20 dB noch gut hörbar.« (Gösele, Schüle: Schall, Wärme, Feuchte).

Für die Ermittlung des Trittschallschutzmaßes ist folgendes wichtig: das Trittschallschutzmaß der Decke setzt sich zusammen aus dem Trittschallschutzmaß der Rohdecke (TSM eqH), dem Verbesserungsmaß des Fußbodenaufbaus (VM H) und dem Verbesserungsmaß des Gehbelages (VM H2).

Eine vorhandene Holzbalkendecke mit ihrem Schallschutzmaß von − 3 dB kann also durch geeigneten Fußbodenaufbau und entsprechende Gehbeläge schallschutztechnisch erheblich verbessert werden.

Hierzu bestehen folgende Möglichkeiten:

- ☐ Aufbringen schwimmender Unterböden (schwimmender Estrich, schwimmende Gips- oder Spanplatten),
- ☐ Aufbringen weichfedernder Gehbeläge,
- ☐ Erhöhung des Deckengewichtes oder Kombinationen dieser Maßnahmen.

		Verbesserung Fußbodenaufbau VM db^{H}
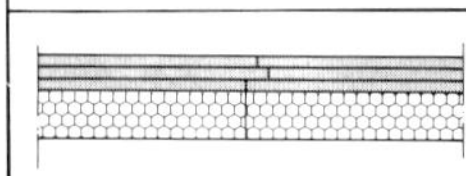	Trockenunterboden aus mehreren Lagen Gipskartonplatten oder Gipsfaserplatten auf PS-Hartschaum	4–6
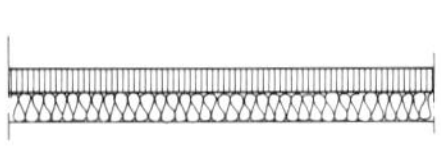	Schwimmend verlegte Holzspanplatten 22–25 mm Holzspanplatten auf 28/25 mm Mineralfaserplatten	9
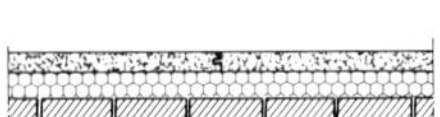	Trockenunterboden aus mehreren Lagen Gipskartonplatten oder Gipsfaserplatten auf PS-Hartschaum Dämmwirkung vom Flächengewicht der Beschwerungsplatten abhängig 25 kg/m^2 50 kg/m^2 75 kg/m^2 100 kg/m^2	 17 22 26 31
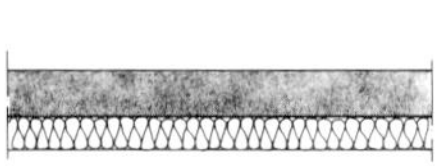	Schwimmende Estriche auf 30/25 mm Mineralfaserplatten Dämmwirkung abhängig vom Flächengewicht m' des Estrichs 50 mm Zement-Estrich; m': 120 kg/m^2	16

Trittschallschutz-Verbesserungsmaß von Fußbodenaufbauten

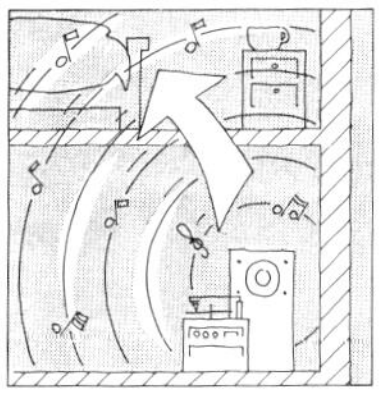

Die nebenstehende Tabelle zeigt, welche Verbesserungsmaße mit schwimmenden Unterböden beziehungsweise Beschwerung möglich sind.

Neben dem Trittschallschutz ist der Luftschallschutz vorhandener Deckenkonstruktionen von Bedeutung. Auch beim Luftschallschutz muß man unterscheiden zwischen dem Schallschutz der Rohdecke und dem Schallschutz des Fußbodens.

Fußbodenbeläge verbessern den Luftschallschutz vorhandener Decken aber nur dann, wenn sie zusammen mit der Decke eine zweischalige Konstruktion bilden, die durch eine weichfedernde Zwischenschicht getrennt ist. Solch eine Konstruktion liegt vor zum Beispiel bei schwimmenden Estrichen oder bei schwimmend gelagerten Holz- oder Gipsplatten.

Darüber hinaus läßt sich die Luftschalldämmung vorhandener Decken ganz erheblich verbessern durch die Montage federnd aufgehängter biegeweicher Unterdecken. Bei dieser Konstruktion müssen jedoch einige wichtige Details beachtet werden, um einen einwandfreien Schallschutz zu gewährleisten.

4.2.1 Übersicht über Lösungsmöglichkeiten

Unterschäumte Oberbeläge	
Baukosten	60,- DM/m²
Lebensdauer	Teppich: 5 bis 10 Jahre PVC: 10 bis 20 Jahre
Schallschutz a) Trittschallschutzverbesserungsmaß VM_H auf Holzbalkendecken	VM = 20 dB 6 dB
b) Trittschallschutzmaß TSM (TSM_{eqH} = -3) Schallschutzanforderung DIN 4109 TSM = 10 dB Erhöhter Schallschutz nach DIN 4109 TSM = 17 dB	+3 dB wird nicht erreicht wird nicht erreicht
c) Luftschallschutz (bewertetes Schalldämmaß R'_w) Schallschutzanforderung DIN 4109 R'_w = 54 dB Erhöhter Schallschutz nach DIN 4109 R'_w = 55 dB	54 dB (mit Unterdecke an Federschienen) wird erreicht wird nicht erreicht
Einbauzeiten	0,15 Std./m²
Trocknungs-/Wartezeiten	1 Tag (nach dem Spachteln)
Gewicht	5 kg/m²

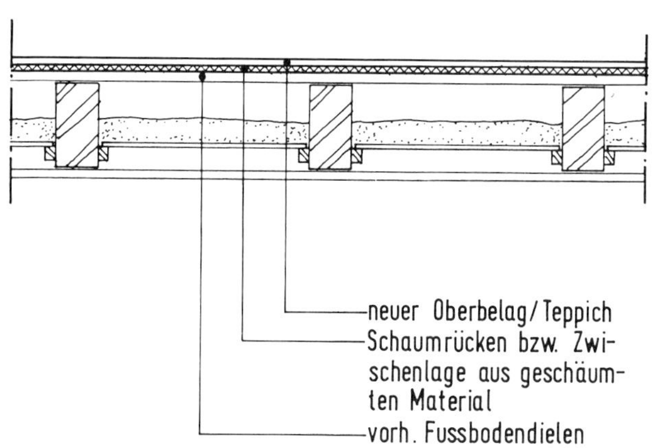

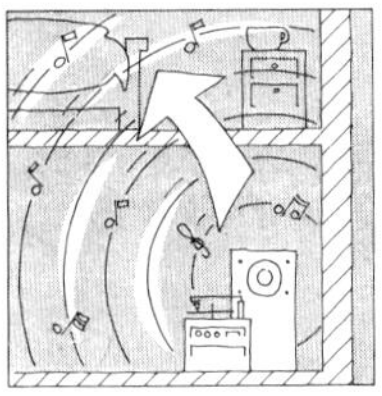

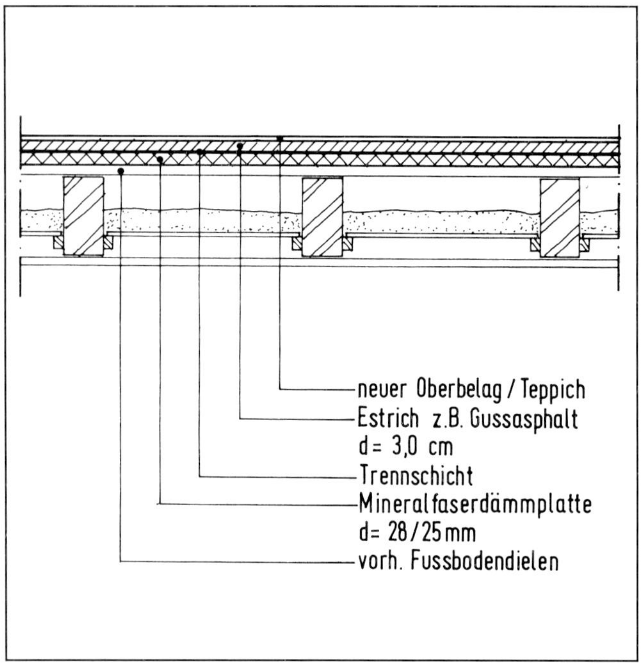

Schwimmende schwere Unterböden	
Baukosten	120,- DM/m²
Lebensdauer	25 bis 30 Jahre
Schallschutz a) Trittschallschutzverbesserungsmaß VM_H auf Holzbalkendecken	16 dB
b) Trittschallschutzmaß TSM (TSM_{eqH} = -3)	+13 dB
Schallschutzanforderung DIN 4109 TSM = 10 dB	wird erreicht
Erhöhter Schallschutz nach DIN 4109 TSM = 17 dB	wird nicht erreicht
c) Luftschallschutz (bewertetes Schalldämmaß R'_w)	55 dB (mit Unterdecke an Federschienen)
Schallschutzanforderung DIN 4109 R'_w = 54 dB	wird erreicht
Erhöhter Schallschutz nach DIN 4109 R'_w = 55 dB	wird nicht erreicht
Einbauzeiten	0,45 Std./m²
Trocknungs-/Wartezeiten	mindestens 2 bis 3 Tage (Zementestrich) 1 Tag (Gußasphalt)
Gewicht	65 kg/m²

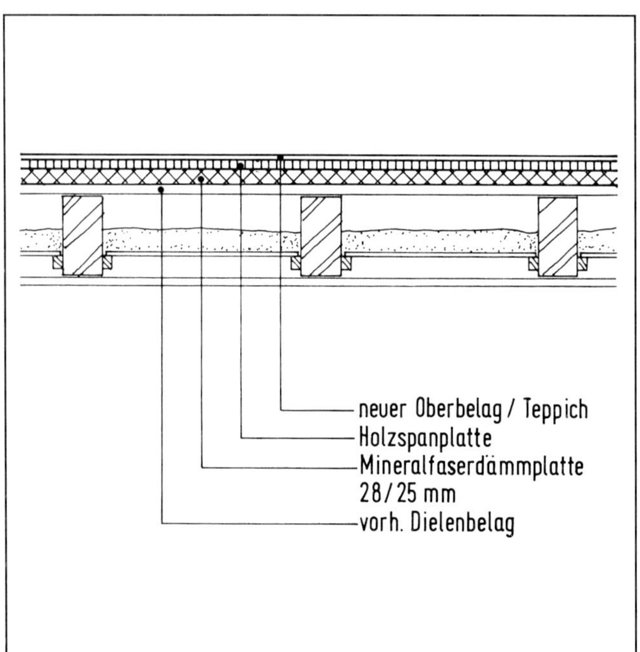

Schwimmende leichte Unterböden	
Baukosten	110,- DM/m²
Lebensdauer	25 bis 30 Jahre
Schallschutz a) Trittschallschutzverbesserungsmaß VM_H auf Holzbalkendecken	4 bis 6 dB
b) Trittschallschutzmaß TSM (TSM_{eqH} = -3)	+1 bis 3 dB
Schallschutzanforderung DIN 4109 TSM = 10 dB	wird erreicht
Erhöhter Schallschutz nach DIN 4109 TSM = 17 dB	wird nicht erreicht
c) Luftschallschutz (bewertetes Schalldämmaß R'_w)	54 dB (mit Unterdecke an Federschienen)
Schallschutzmindestanforderung DIN 4109 R'_w = 54 dB	wird erreicht
Erhöhter Schallschutz nach DIN 4109 R'_w = 55 dB	wird nicht erreicht
Einbauzeiten	0,55 Std./m²
Trocknungs-/Wartezeiten	Keine
Gewicht	15 kg/m²

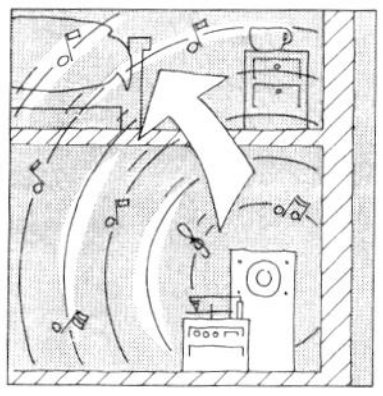

Beschwerung der Decke	
Baukosten	160,– DM/m² (einschl. schwimmendem leichtem Unterboden)
Lebensdauer	20 bis 30 Jahre
Schallschutz a) Trittschallschutzverbesserungsmaß VM_H auf Holzbalkendecken	20 bis 35 dB je nach Gewicht der Beschwerung
b) Trittschallschutzmaß TSM (TSM_{eqH} = -3)	+17 bis 32 dB
Schallschutzanforderung DIN 4109 TSM = 10 dB	wird erreicht
Erhöhter Schallschutz nach DIN 4109 TSM = 17 dB	wird erreicht
c) Luftschallschutz (bewertetes Schalldämmaß R'_w)	55 dB (mit Unterdecke an Federschienen)
Schallschutzmindestanforderung DIN 4109 R'_w = 54 dB	wird erreicht
Erhöhter Schallschutz nach DIN 4109 R'_w = 55 dB	wird erreicht
Einbauzeiten	0,65 Std./m²
Trocknungs-/Wartezeiten	Keine
Gewicht	100 kg/m²

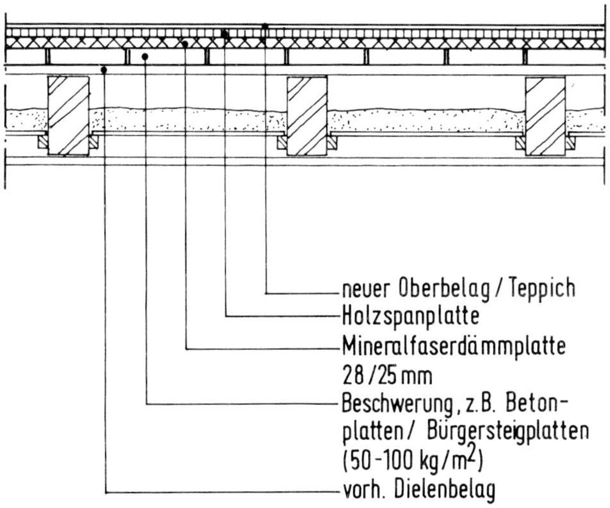

Zusätzliche Unterdecke	
Baukosten	100,– DM/m²
Lebensdauer	25 bis 30 Jahre
Schallschutz a) Trittschallschutzverbesserungsmaß VM_H auf Holzbalkendecken	
b) Trittschallschutzmaß TSM (TSM_{eqH} = -3)	+8 dB
Schallschutzanforderung DIN 4109 TSM = 10 dB	wird erreicht
Erhöhter Schallschutz nach DIN 4109 TSM = 17 dB	wird nicht erreicht
c) Luftschallschutz (bewertetes Schalldämmaß R'_w)	56 dB (ohne Oberbeläge)
Schallschutzanforderung DIN 4109 R'_w = 54 dB	wird erreicht
Erhöhter Schallschutz nach DIN 4109 R'_w = 55 dB	wird erreicht
Einbauzeiten	0,90 Std./m²
Trocknungs-/Wartezeiten	Keine
Gewicht	15 kg/m²

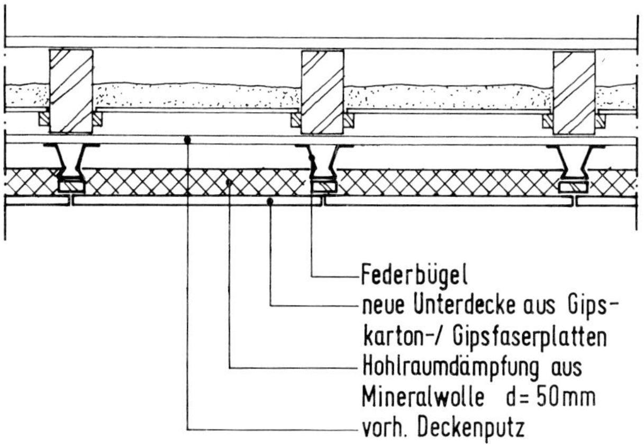

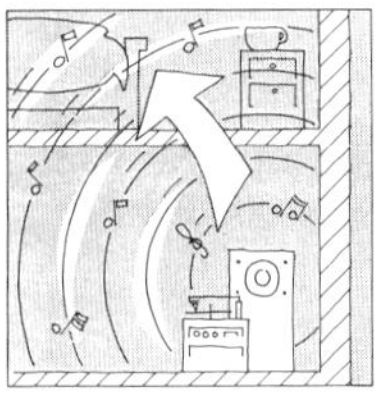

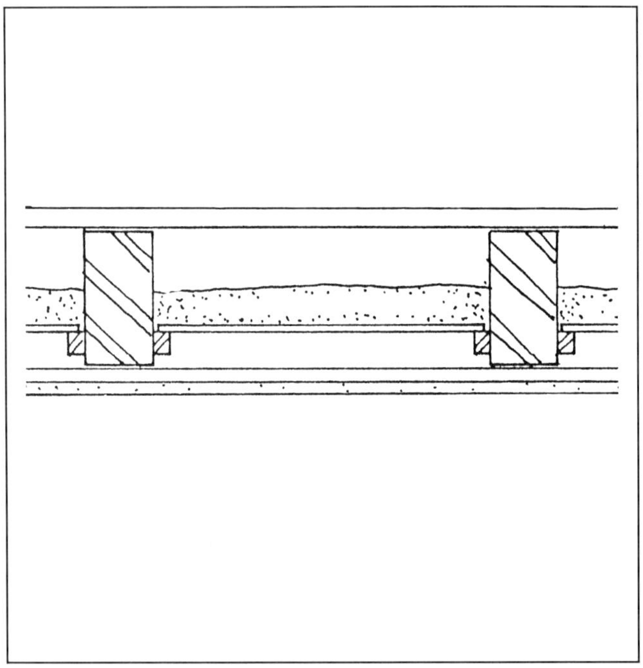

Alte Holzbalkendecke mit neuer Unterdecke

4.2.2 Verbesserung des Schallschutzes durch zusätzliche Unterdecken – Erläuterung

Die häufigste Form der Deckenkonstruktion im Altbau ist die Holzbalkendecke mit Dielenbelag, Blindboden, Schlackeschüttung und unterseitigem Deckenputz auf Holzspalierlattung.

Durch den Einbau abgehängter Decken kann die Schalldämmung einer solchen Decke um bis zu 20 dB verbessert werden.

Hierbei ist folgendes zu beachten:

Die neue unterhängte Deckenkonstruktion muß biegeweich sein. Als Material kommen vor allem Gipsfaser- oder Gipskartonplatten in Frage. Die Dicke der Platten soll dabei 16,0 mm nicht überschreiten, da die Platte sonst zu biegesteif würde. Üblich sind Platten von 10,0 oder 12,5 mm Dicke.

Zur Vermeidung von Schallbrücken sind die Deckenplatten an Federelementen zu montieren. Als Federelement können Schwingbügel oder Federschienen verwendet werden. Der Achsabstand der Schienen sollte mindestens 40 cm betragen, um die Biegeweichheit der Unterdecke nicht durch eine zu starre Befestigung zu gefährden.

Genau wie bei den Vorsatzschalen vor Wänden muß auch bei der abgehängten Decke zur Verbesserung des Schallschutzes eine Hohlraumdämpfung eingebracht werden. Verwendet werden sollten Materialien mit einem längenbezogenen Strömungswiderstand von 5×10^3 bis 10^4 Ns/m^4, hierzu zählen vor allem weiche, faserige Dämmstoffe. Die Dämmstoffdicke sollte mindestens 50 mm betragen.

Die Randanschlüsse der abgehängten Decke sind luftdicht herzustellen. Hierzu sind die Randfugen mit Gipsspachtelmassen zu verschließen, alternativ können dauerplastische Dichtungsmaterialien Verwendung finden.

Grundsätzlich ist bei der Ausführung der Decke zu beachten, daß Schallbrücken zwischen vorhandener Deckenkonstruktion und neuer Unterdecke, zum Beispiel durch Kontakt an vorhandene Unterzüge, vermieden werden.

Zusätzliche Unterdecke

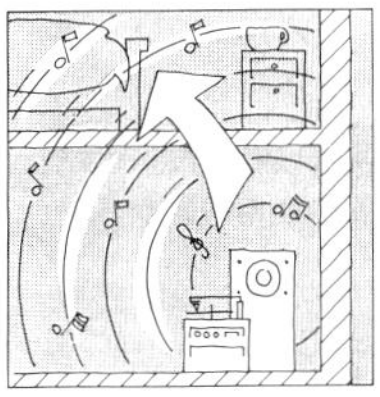

4.2.3 Verbesserung des Schallschutzes durch zusätzliche Unterdecken - Details

Grundkonstruktion

- Anbringen und Ausrichten von Holzleisten 40,0 x 60,0 mm unter der vorhandenen Decke.
- Anschrauben von Federschienen (Abstand > 40,0 cm) an den Holzleisten.
- Einbau der Hohlraumdämpfung (zum Beispiel Mineralfasermatten d = 50,0 mm).
- Anschrauben der Gipskarton- oder Gipsfaserplatten.
- Verspachteln der Fugen.

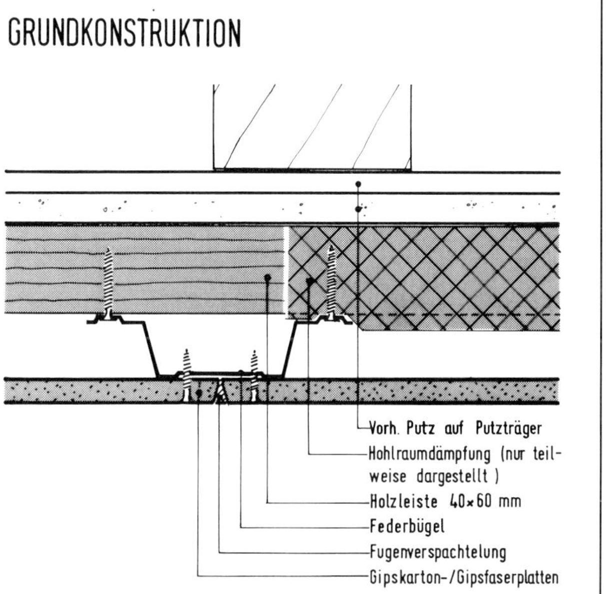

Wandanschluß

Für die Schallschutzeigenschaften der Unterdecke ist es wichtig, daß die Deckenränder dicht abgeschlossen werden.

Ein ausreichend dichter Abschluß wird erreicht, wenn der Fugenverschluß mit Gipsspachtelmassen vorgenommen wird. Hierbei ist der Spachtel durch einen Trennstreifen vom Altputz zu trennen, um unkontrollierte Abrisse zu vermeiden. Alternativ können für den Fugenverschluß elastische Dichtungsmassen (zum Beispiel auf Acrylbasis) verwendet werden.

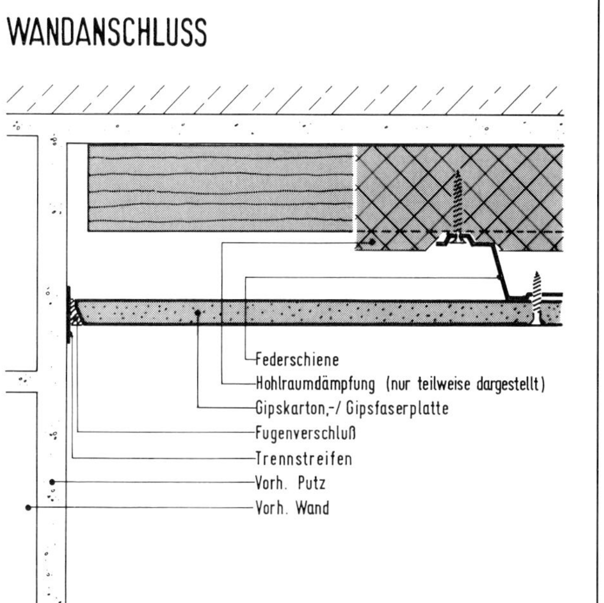

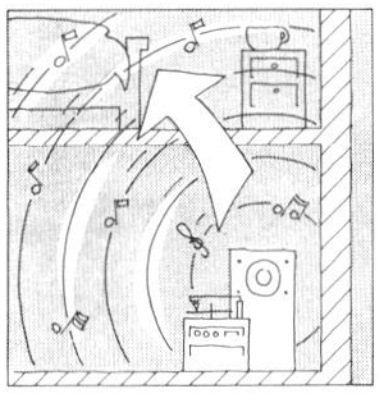

4.2.4 Vergleichende Beurteilung

	Unterschäumte Oberbeläge	**Schwimmende schwere Unterböden**	**Schwimmende leichte Unterböden**	**Beschwerung der Decke**	**Zusätzliche Unterdecke**
Baukosten	60,- DM/m²	120,- DM/m²	110,- DM/m²	160,- DM/m² (einschl. schwimmendem leichtem Unterboden)	100,- DM/m²
Lebensdauer	Teppich: 5 bis 10 Jahre PVC: 10 bis 20 Jahre	25 bis 30 Jahre	25 bis 30 Jahre	20 bis 30 Jahre	25 bis 30 Jahre
Schallschutz	VM = 20 dB				
a) Trittschallschutzverbesserungsmaß VM_H auf Holzbalkendecken	6 dB	16 dB	4 bis 6 dB	20 bis 35 dB je nach Gewicht der Beschwerung	
b) Trittschallschutzmaß TSM (TSM_{eqH} = -3)	+3 dB	+13 dB	+1 bis 3 dB	+17 bis 32 dB	+8 dB
Schallschutzanforderung DIN 4109 TSM = 10 dB	wird nicht erreicht	wird erreicht	wird nicht erreicht	wird erreicht	wird erreicht
Erhöhter Schallschutz nach DIN 4109 TSM = 17 dB	wird nicht erreicht	wird nicht erreicht	wird nicht erreicht	wird erreicht	wird nicht erreicht
c) Luftschallschutz (bewertetes Schalldämmaß R'_w)	54 dB (mit Unterdecke an Federschienen)	55 dB (mit Unterdecke an Federschienen)	54 dB (mit Unterdecke an Federschienen)	55 dB (mit Unterdecke an Federschienen)	52 dB (ohne Oberbeläge)
Schallschutzanforderung DIN 4109 R'_w = 54 dB	wird erreicht	wird erreicht	wird erreicht	wird erreicht	wird nicht erreicht
Erhöhter Schallschutz nach DIN 4109 R'_w = 55 dB	wird nicht erreicht	wird erreicht	wird nicht erreicht	wird erreicht	wird nicht erreicht
Einbauzeiten	0,15 Std./m²	0,45 Std./m²	0,55 Std./m²	0,65 Std./m²	0,90 Std./m²
Trocknungs-/Wartezeiten	1 Tag (nach dem Spachteln)	2 bis 3 Tage (Zementestrich) 1 Tag (Gußasphalt)	Keine	Keine	Keine
Gewicht	5 kg/m²	65 kg/m²	15 kg/m²	100 kg/m²	15 kg/m²

4.3 Problempunkt: Ungenügender Wärmeschutz von Decken

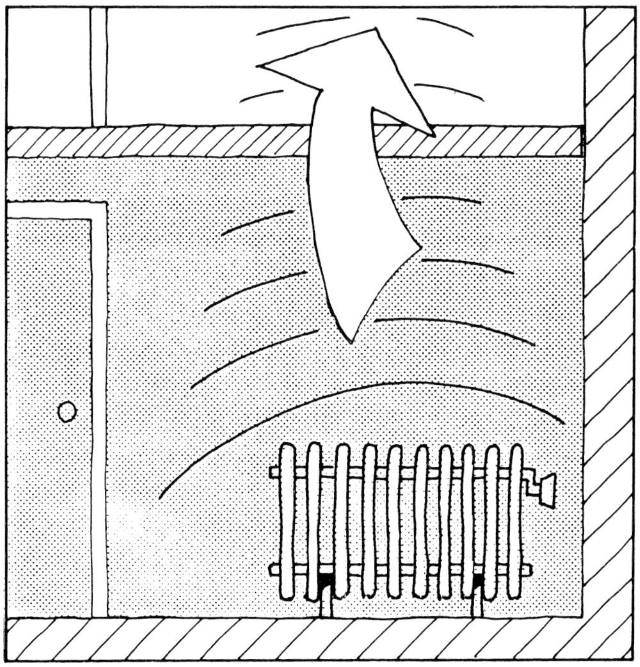

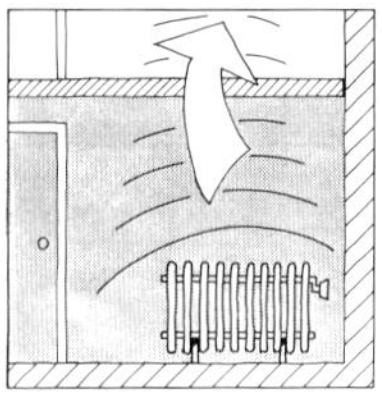

Nachträgliche Wärmedämmung von Kellerdecken

Der ungenügende Wärmeschutz von Decken wirkt sich vor allem in Erdgeschoßräumen über unbeheizten Kellern und in Obergeschossen mit nicht gedämmten Decken zum Dachboden aus.

Der mangelnde Wärmeschutz führt zu unnötig hohen Heizkosten und beeinträchtigt erheblich das Wohlbefinden der Bewohner (Strahlungswärmeverluste des Körpers an umgebende kalte Bauteilflächen). Außerdem besteht die Gefahr von Kondensatbildung.

Zusätzliche Wärmedämmung bei Decken über Kellergeschossen

Eine zusätzliche Wärmedämmung kann am einfachsten erreicht werden durch Anbringen von Dämmstoffen an der Deckenunterseite. Die Bereiche sind im allgemeinen gut zugänglich und das Anbringen der Wärmedämmung bereitet meist keine Probleme.

Am einfachsten ist es, wenn Hartschaumplatten direkt an die Decke geklebt werden können. Mineralische Dämmstoffe eignen sich für diese Anbringungsart weniger gut. Sie sind vorzugsweise in Verbindung mit einer Deckenabhängung aus Gipskarton- oder Gipsfaserplatten einzusetzen.

Immer häufiger zur Anwendung kommt eine Wärmedämmung durch aufgespritzte Zellulose. Rohrleitungen, Aussparungen und Überhänge lassen sich dadurch besser überbrükken.

Laut Wärmeschutzverordnung sollte die Dämmstoffdicke mindestens 40,0 mm betragen (für Dämmstoffe ohne besonderen Nachweis), beziehungsweise 80,0 mm über Durchfahrten.

Voraussetzung für diese Art der Anbringung von Dämmstoffen ist eine ausreichende Kellerhöhe und eine gerade Kellerdecke. Für Gewölbekeller scheidet diese Dämmaßnahme aus konstruktiven Gründen aus. Zu groß wären auch die Wärmeverluste des Gewölbes an flankierende Bauteile wie zum Beispiel die Außenmauern.

Wärmedämmung durch aufgespritzte Zellulose

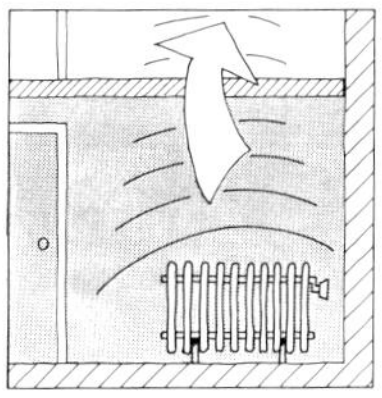

Bei Erdgeschoß-Fußböden aus Holzdielen auf Lagerhölzern besteht die Möglichkeit, den vorhandenen Deckenhohlraum mit Dämmstoff auszufüllen. Hierzu werden Löcher in den Dielenbelag gebohrt und loses Dämmaterial in den Deckenhohlraum eingeblasen. Mit Hilfe von Kontrollöffnungen läßt sich die Verteilung des Dämmstoffes in der Decke überwachen.

Befindet sich der vorhandene Fußboden des Erdgeschosses in einem Zustand, der eine grundlegende Renovierung erforderlich macht, so kann unter bestimmten Umständen auch ein neuer Fußboden als schwimmender Estrich auf zusätzlicher Wärmedämmschicht eingebracht werden.

Hierdurch wird das Fußbodenniveau des Erdgeschosses um mindestens 7,0 cm angehoben, wenn der alte Fußboden nicht abgebrochen wird, was sicher die Ausnahme ist. Diese Lösung ist nur möglich bei ausreichend hohen Räumen und bei Türen mit großer Durchgangshöhe. Um unnötige Trocknungs- und Wartezeiten zu vermeiden, sind schwimmende Estriche in Trockenbauweise oder solche mit kurzen Abbindezeiten (zum Beispiel Gußasphalt) zu verwenden.

Zusätzliche Wärmedämmung bei Decken unter Dachgeschoß

Auch hier kann die Wärmedämmung am einfachsten außerhalb des Wohnraumes aufgebracht werden. Bei nicht begangenen Dachböden (Spitzböden) geschieht dies am einfachsten durch Auflegen von Dämmstoffen auf die Decke oberhalb des Geschosses. Laut Wärmeschutzverordnung sollte die Mindestdämmstoffdicke hier 80,0 mm betragen (ohne besonderen Nachweis).

Bei begehbaren und genutzten Dachräumen muß die aufgebrachte Dämmung gegen mechanische Beschädigungen und, bei Trockenspeichern, gegen Feuchtebelastung geschützt werden. Dies kann zum Beispiel erreicht werden durch die Verwendung von Verbundelementen aus Polystyrol-Hartschaumplatten mit oberseitiger Holzspanplatte. Eine Lackierung der Spanplatte verhindert das Eindringen von Feuchtigkeit. Gegen gelegentliches Abtropfen bei feuchter Wäsche ist das ein ausreichender Schutz. Bei stärkerer Feuchtebelastung müssen andere Maßnahmen getroffen werden, zum Beispiel Verlegung von PVC-Böden.

Statt Verbundelementen können zur Dämmung des Dachgeschosses aber auch Lagerhölzer mit Spanplatten verlegt werden. Die Zwischenräume zwischen den einzelnen Lagerhölzern werden mit mineralischen Dämmstoffen ausgefüllt. Hier kann ebenfalls die Oberseite der Spanplatten durch Anstrich vor Feuchteeinwirkung geschützt werden. Da mineralische Dämmstoffe einen wesentlich geringeren Diffusionswiderstand haben als Polystyrolhartschäume, muß unter der gesamten Konstruktion eine Dampfsperre verlegt werden. Dies kann zum Beispiel eine 0,2 mm dicke PE-Folie sein.

Ist es nicht möglich, die Wärmedämmung auf die Decke aufzulegen, bieten sich folgende Möglichkeiten der zusätzlichen Wärmedämmung an:

Bei manchen Arten von Holzbalkendecken, vor allem wenn keine Schüttungen vorhanden sind, bestehen ausreichend große durchgehende Hohlräume, die mit Dämmstoff ausgefüllt werden können. Am zweckmäßigsten geschieht dies durch Einblasen von Dämmstoff. Erforderliche Füll- und Kontrollöffnungen können meist ohne Probleme im Dachgeschoß hergestellt werden.

Am aufwendigsten ist die Anbringung zusätzlicher Wärmedämmungen auf der Unterseite der Decke. Hierzu müssen neue Unterdecken aus Gipskarton- oder Gipsfaserplatten eingezogen werden. Die erforderliche Wärmedämmung wird dann im Deckenhohlraum untergebracht. Auch bei dieser Konstruktion ist es sehr wichtig, eine Dampfsperre unterhalb der nicht dampfdichten Wärmedämmung einzubauen, vor allem, wenn nicht auszuschließen ist, daß sich in der vorhandenen Deckenkonstruktion über der Wärmedämmung diffusionsdichte Schichten befinden, die den Durchtritt von Wasserdampf behindern und so zu Kondensatschäden in der Konstruktion führen können.

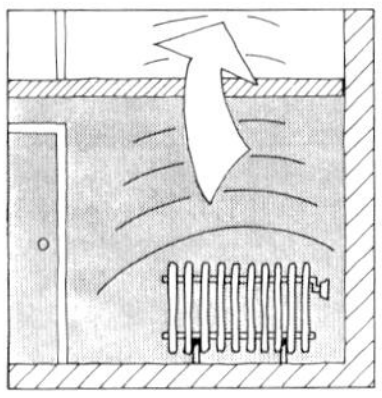

4.3.1 Übersicht über Lösungsmöglichkeiten

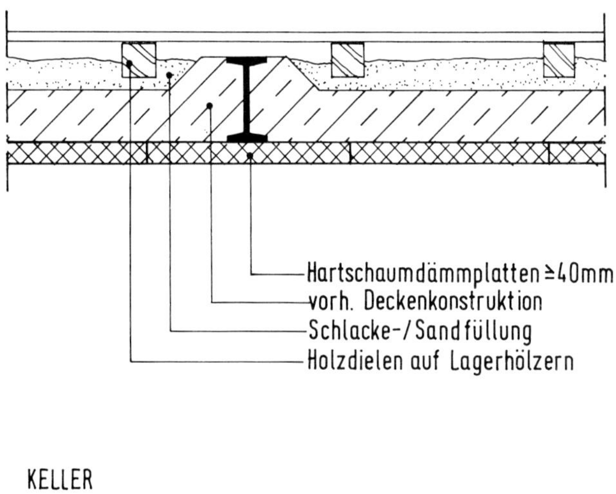

Dämmung unter der Kellerdecke	
Baukosten	25,- DM/m^2
Lebensdauer	Ca. 15 bis 20 Jahre
Einbauzeiten	0,25 Std./m^2
Beeinträchtigung der Wohnnutzung	Keine Beeinträchtigung
Gewicht	5 kg/m^2
Konstruktionshöhe	4,0 cm
Anmerkung	Gefahr der mechanischen Beschädigung

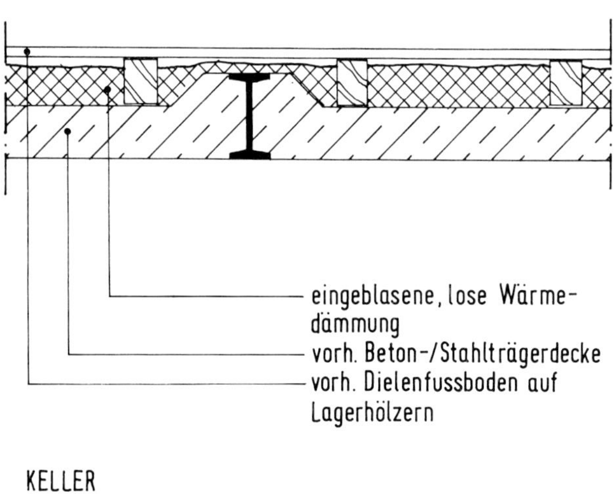

Dämmung innerhalb der Deckenkonstruktion	
Baukosten	35,- DM/m^2
Lebensdauer	Ca. 40 bis 50 Jahre
Einbauzeiten	0,15 Std./m^2
Beeinträchtigung der Wohnnutzung	Geringe Beeinträchtigung
Gewicht	10 kg/m^2
Konstruktionshöhe	Innerhalb der Decke
Anmerkung	

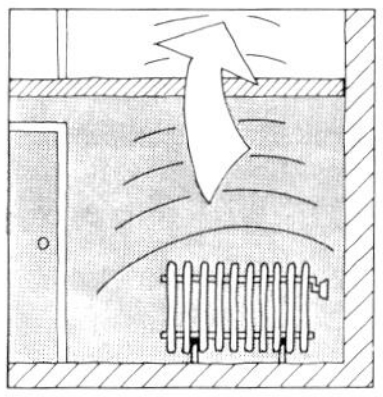

Oberseitige Wärmedämmung mit schwimmendem Estrich	
Baukosten	40,- DM/m² ohne Abbruch des alten Bodens
Lebensdauer	25 bis 30 Jahre
Einbauzeiten	0,5 Std./m²
Beeinträchtigung der Wohnnutzung	Starke Beeinträchtigung
Gewicht	65 kg/m²
Konstruktionshöhe	8,0 cm
Anmerkung	Durchgehende Dämmung über Wänden

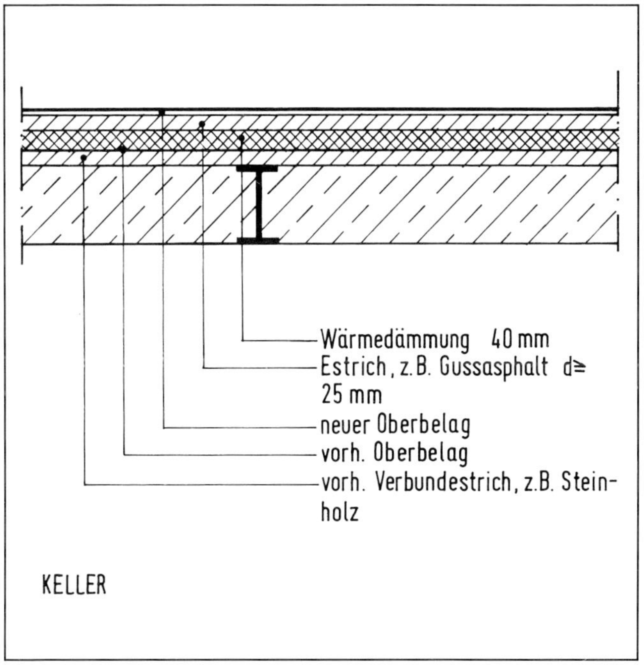

Aufbringen von Wärmedämmelementen auf DG-Fußboden	
Baukosten	55,- DM/m²
Lebensdauer	Ca. 15 bis 20 Jahre
Einbauzeiten	0,30 Std./m²
Beeinträchtigung der Wohnnutzung	Keine Beeinträchtigung
Gewicht	15 kg/m²
Konstruktionshöhe	6,0 cm
Anmerkung	Durchgehende Dämmung über Wänden

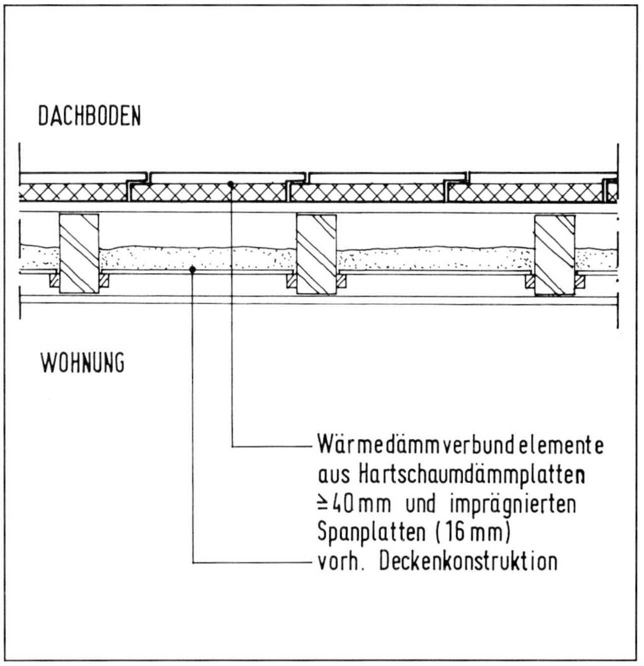

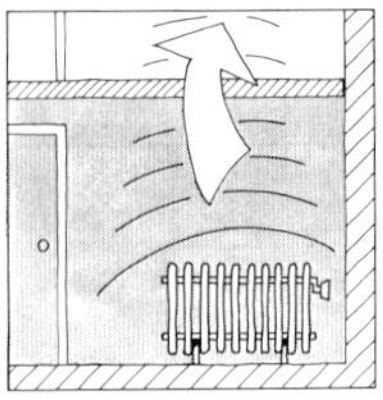

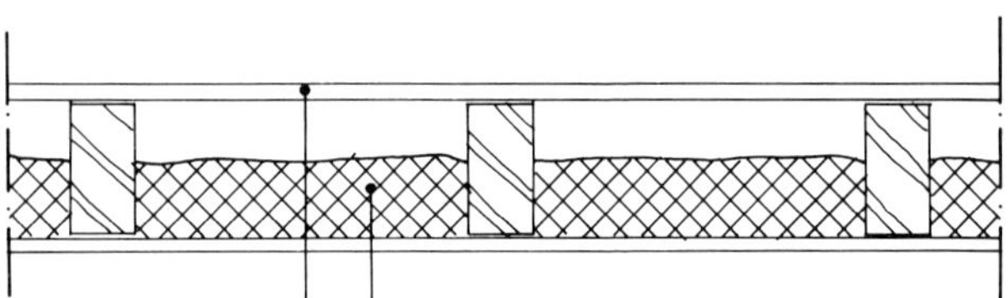

Einbringen von Dämmstoff in Deckenkonstruktion	
Baukosten	35,– DM/m^2
Lebensdauer	Ca. 40 bis 50 Jahre
Einbauzeiten	0,15 $Std./m^2$
Beeinträchtigung der Wohnnutzung	Keine Beeinträchtigung
Gewicht	10 kg/m^2
Konstruktionshöhe	Innerhalb der Decke
Anmerkung	Ggf. unterseitige Dampfsperre erforderlich

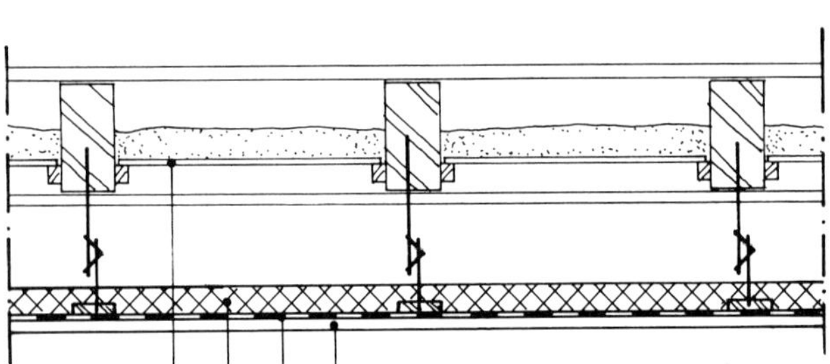

Deckenabhängung im OG	
Baukosten	100,– DM/m^2
Lebensdauer	25 bis 30 Jahre
Einbauzeiten	0,90 $Std./m^2$
Beeinträchtigung der Wohnnutzung	Starke Beeinträchtigung
Gewicht	15 kg/m^2
Konstruktionshöhe	8,0 cm
Anmerkung	Dampfsperre in Räumen mit hoher Feuchteentwicklung erforderlich

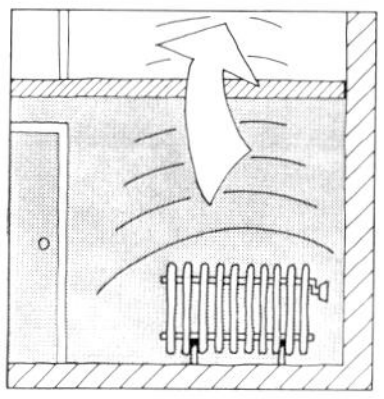

4.3.2 Vergleichende Beurteilung

	Kellerdecke			Decke zum Dachboden		
	Dämmung unter der Kellerdecke	**Dämmung innerhalb der Decken-konstruktion**	**Oberseitige Wärmedämmung mit schwimmen-dem Estrich**	**Aufbringen von Wärmedämm-elementen auf DG-Fußboden**	**Einbringen von Dämmstoff in Decken-konstruktion**	**Decken-abhängung im OG**
Baukosten	25,– DM/m²	35,– DM/m²	40,– DM/m² ohne Abbruch des alten Bodens	55,– DM/m²	35,– DM/m²	100,– DM/m²
Lebensdauer	Ca. 15 bis 20 Jahre	Ca. 40 bis 50 Jahre	25 bis 30 Jahre	Ca. 15 bis 20 Jahre	Ca. 40 bis 50 Jahre	25 bis 30 Jahre
Einbauzeiten	0,25 Std./m²	0,15 Std./m²	0,5 Std./m²	0,30 Std./m²	0,15 Std./m²	0,90 Std./m²
Beeinträchti-gung der Wohnnutzung	Keine Beeinträchtigung	Geringe Beeinträchtigung	Starke Beeinträchtigung	Keine Beeinträchtigung	Keine Beeinträchtigung	Starke Beeinträchtigung
Gewicht	5 kg/m²	10 kg/m²	65 kg/m²	15 kg/m²	10 kg/m²	15 kg/m²
Konstruktions-höhe	4,0 cm	Innerhalb der Decke	8,0 cm	6,0 cm	Innerhalb der Decke	8,0 cm
Anmerkung	Gefahr der mechanischen Beschädigung		Durchgehende Dämmung über Wänden	Durchgehende Dämmung über Wänden	Ggf. unterseitige Dampfsperre erforderlich	Dampfsperre in Räumen mit hoher Feuchte-entwicklung erforderlich

5 Dächer

5.1 Problempunkt: Schadhafte Eindeckung von geneigten Dächern

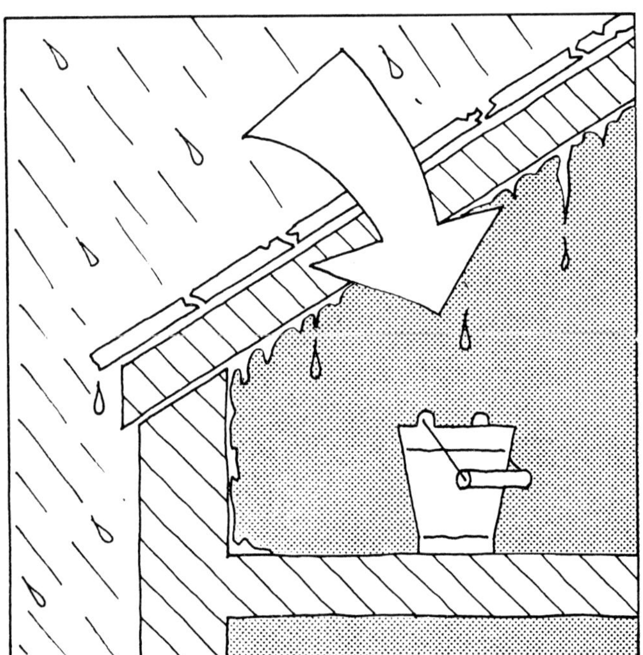

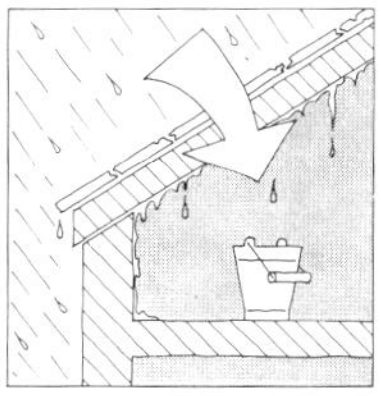

Abbildungen oben und unten: Vorhandene Dacheindeckung mit Tondachziegeln

Zahlreiche Gründe sind ausschlaggebend für Erneuerungsarbeiten an geneigten Dachflächen. Dies können sein:

- □ undichte Dachfläche
- □ fehlende Unterspannbahn
- □ fehlende Wärmedämmung
- □ defekte Randanschlüsse
- □ beschädigte oder nicht ausreichend tragfähige Unterkonstruktion.

Die *undichte Dachfläche* ist der dringendste Grund für eine Dachinstandsetzung. Durch Frosteinwirkung und durch mechanische Beschädigungen addieren sich kleine Schäden an Dachziegeln zu nennenswertem Umfang, der eine Reparatur unumgänglich macht.

Oft kommt hinzu, daß ein *Mörtelverstrich* immer stärker reißt und herausbricht, so daß Wind- und Staubdichtigkeit des Daches nicht mehr gewährleistet sind.

Bei anderen Dächern fehlt die *Unterspannbahn* als Sicherung gegen Staub und Flugschnee. Da es keine sinnvolle Möglichkeit gibt, Unterspannbahnen nachträglich von innen anzubringen und an die Dachentwässerung anzuschließen, bleibt die Neu- oder Umdeckung als einzige Möglichkeit, eine Unterspannbahn einzubauen.

Das gleiche gilt für *fehlende Wärmedämmung,* die sinnvollerweise nur dann nachträglich eingebaut werden kann, wenn eine funktionsfähige Unterdeckung vorhanden ist.

Defekte Randanschlüsse werden selten allein für eine Dacherneuerung ursächlich sein. Umfangreiche Erneuerungsarbeiten an Dachanschlüssen können aber vielleicht ausschlaggebend sein für Erneuerungsarbeiten am gesamten Dach.

Neue Dacheindeckung mit Betondachsteinen

Häufig kommt es an alten Dachstühlen, die noch ohne chemischen Holzschutz ausgeführt wurden, zu *Befall durch Holzschädlinge* (Pilze, Anobien, Hausbock, etc.). Sind zur Behebung der Schäden umfangreiche Arbeiten am Dachstuhl erforderlich, und muß die Dachfläche dazu in Teilbereichen entfernt werden, so kann es sinnvoll sein, mit den erforderlichen Reparaturarbeiten die Sanierung oder Erneuerung der Dachfläche zu verbinden.

Daneben können *optische Gründe* für die Erneuerungsarbeiten bestimmend sein, wenn zum Beispiel alte Dachflächen oft mit andersfarbigen Ziegeln repariert wurden und jetzt wieder ein einheitliches Bild der Dachfläche gewünscht wird.

Möglichkeiten der Dacherneuerung/Dachreparatur

Umdecken

Ist eine vorhandene Dacheindeckung noch intakt und sind fehlende Unterspannbahn und fehlende Wärmedämmung für die Erneuerungsarbeiten entscheidend, so kann die bestehende Dachfläche mit Erfolg *umgedeckt* werden.

Hierzu wird der vorhandene Dachbelag flächenweise aufgedeckt und die alte Lattung entfernt. Nach dem Aufnageln der Unterspannbahn werden neue Lattung und Konterlattung aufgebracht und die alten Ziegel wieder aufgelegt.

Dies Verfahren lohnt sich vor allem dann, wenn das Dach mit guten, festen Ziegeln eingedeckt ist. Sind die Ziegel sehr alt und brüchig, ist das Verfahren unrentabel, da zuviele Dachziegel beim Umdecken zerstört werden und ersetzt werden müssen.

Neue Dacheindeckung mit Tondachziegeln

Neudecken

Bei der Erneuerung von Dachflächen stellt sich die Frage, ob *Tonziegel* oder *Betondachsteine* für die Neueindeckung verwendet werden sollen.

Dies ist vor allem eine Frage des Erscheinungsbildes. Alte, denkmalgeschützte Gebäude wird man sicher wieder mit Tonziegeln decken, während neuere Gebäude, für die keine Denkmalschutzanforderungen bestehen, auch mit Betondachsteinen gedeckt werden können.

Betondachsteineindeckungen bieten einen erheblichen Preisvorteil gegenüber Tonziegeln und haben oft eine höhere Lebensdauer.

Das Gewicht beider Deckungen ist nahezu gleich. Alternativ sind für bestimmte Gebäude auch Deckungen mit *profilierten Kurzwellplatten* aus Faserzement möglich. Die Profilierung dieser Platten garantiert den erforderlichen freien Lüftungsquerschnitt ohne zusätzliche Lattung. Das Erscheinungsbild des Daches wird jedoch stark verändert. Dies ist zu berücksichtigen.

Bei der Erneuerung von Dachflächen mit *Schieferdeckung* ist es nicht immer erforderlich, Naturschiefer zu verwenden, vor allem, wenn es sich um die Erneuerung kleinerer Flächen bei Dachgauben oder Kaminen handelt. Aus Kostengründen können hier auch Faserzementplatten als Schieferersatz verwendet werden.

5.1.1 Übersicht über Lösungsmöglichkeiten

Umdecken der vorhandenen Ziegel	
Baukosten	70,- DM/m²
Lebensdauer	Abhängig vom Zustand der vorhandenen Deckung
Einbauzeiten	0,80 Std./m²
Gewicht	Abhängig von vorhandener Deckung
Anmerkung	Sehr gute Eignung bei denkmalgeschützten Gebäuden

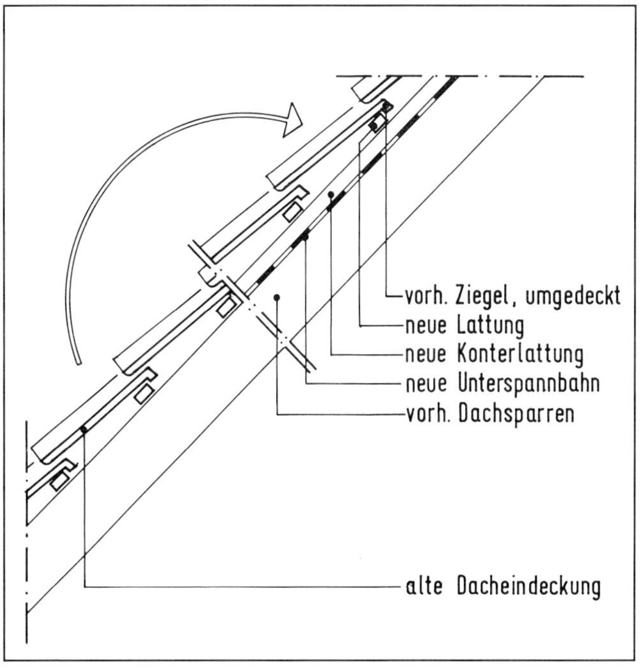

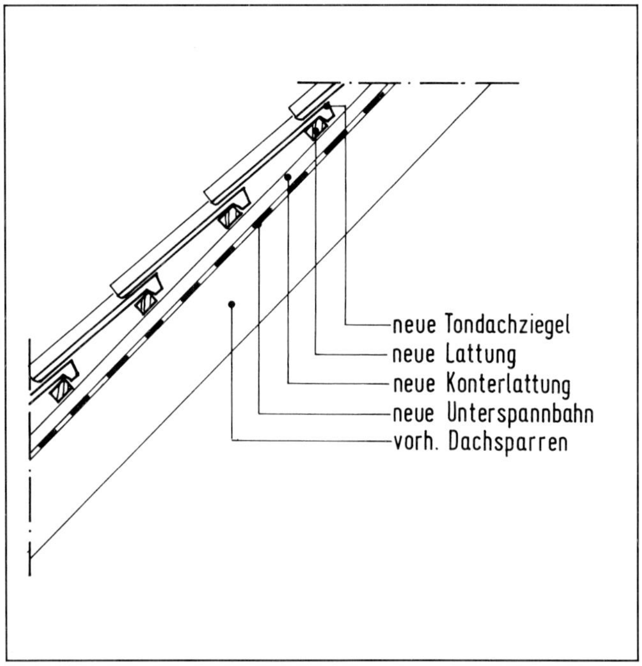

Neue Tondachziegel	
Baukosten	110,- DM/m^2
Lebensdauer	25 bis 30 Jahre
Einbauzeiten	1,0 Std./m^2
Gewicht	50 bis 55 kg/m^2
Anmerkung	Sehr gute Eignung bei denkmalgeschützten Gebäuden

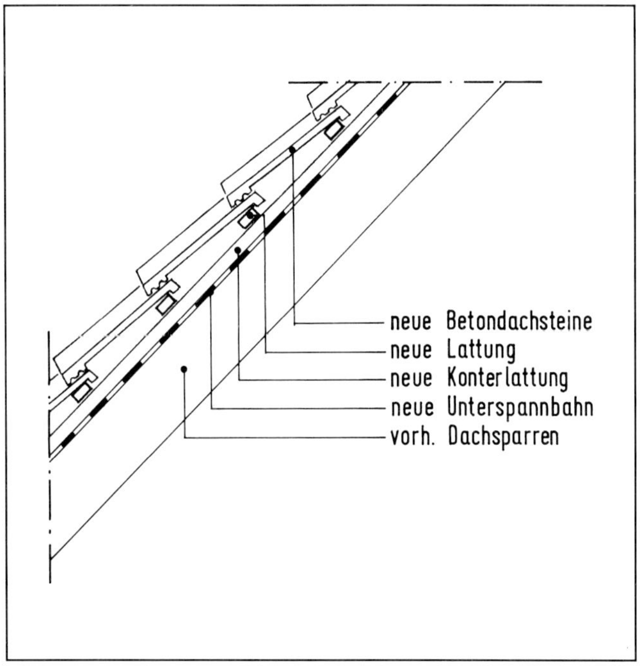

Neue Betondachsteine	
Baukosten	95,- DM/m^2
Lebensdauer	30 bis 50 Jahre
Einbauzeiten	1,0 Std./m^2
Gewicht	50 bis 60 kg/m^2
Anmerkung	Umstrittene Eignung bei denkmalgeschützten Gebäuden

Neue Faserzementwellplatten	
Baukosten	110,– DM/m^2
Lebensdauer	25 bis 30 Jahre
Einbauzeiten	0,70 Std./m^2
Gewicht	20 kg/m^2
Anmerkung	Keine Eignung bei denkmalgeschützten Gebäuden

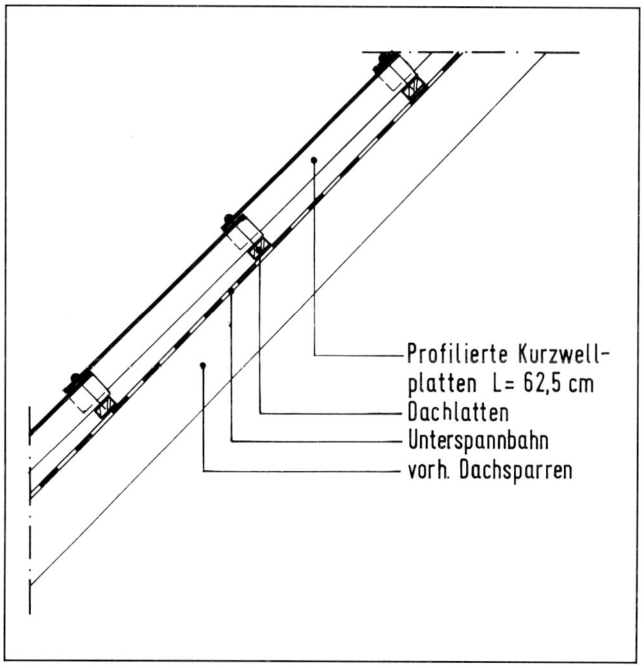

Faserzementplatten als Schieferersatz	
Baukosten	175,– DM/m^2
Lebensdauer	25 bis 30 Jahre
Einbauzeiten	2,30 Std./m^2
Gewicht	35 kg/m^2
Anmerkung	Fragliche Eignung bei denkmalgeschützten Gebäuden

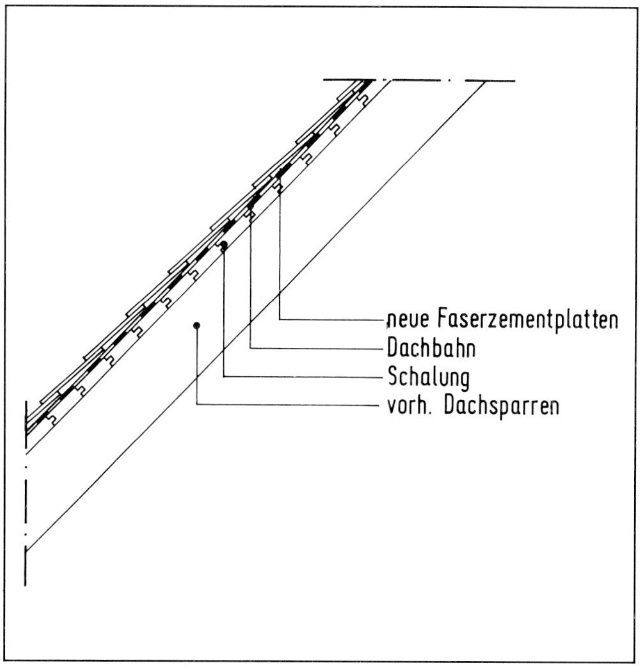

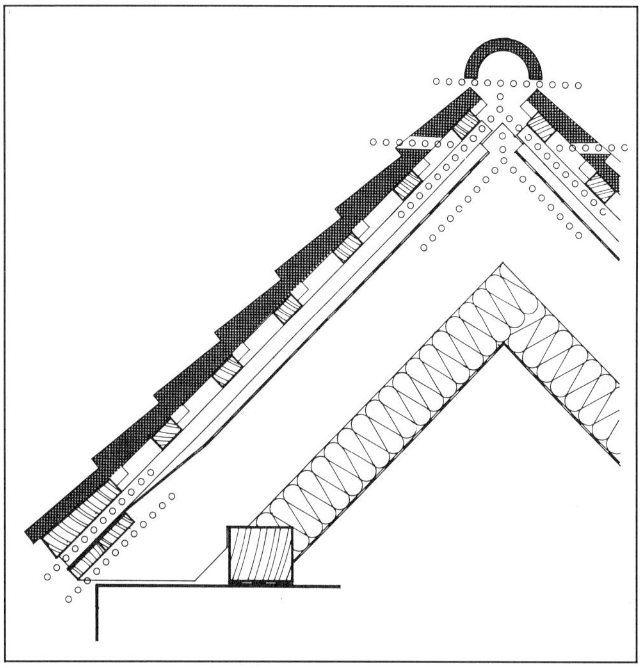

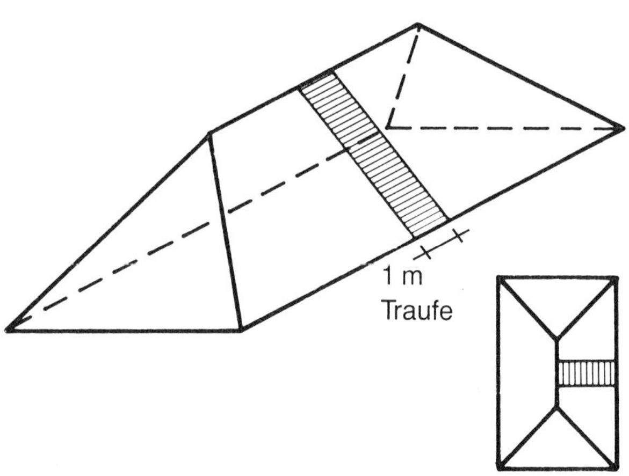

Zugehörige Dachfläche je Meter Traufe

5.1.2 Erneuerung der vorhandenen Dacheindeckung durch Tondachziegel oder Betondachsteine – Erläuterung

Bei der Erneuerung von Dacheindeckungen muß zwischen Betondachsteinen oder Tondachziegeln gewählt werden. Beide Dachziegelarten stehen in großer Formen- und Farbenauswahl zur Verfügung. Selbst klassische Ziegelformen sind inzwischen als Betondachsteine erhältlich.

Die Wahl des Dachdeckungsmaterials ist deshalb von mehreren Faktoren abhängig:

- ☐ vom gewünschten optischen Eindruck (Form und Farbe des Ziegels)
- ☐ vom geplanten Kostenrahmen (15 bis 25% Preisvorteil bei Betondachsteinen gegenüber Tondachziegeln)
- ☐ von Auflagen des Denkmalpflegeamtes (die im allgemeinen Tondachziegel bevorzugen)
- ☐ von der vorhandenen Dachneigung (bestimmte flache Dachneigungen können nur mit Sonderziegeln gedeckt werden)

Für die meisten Ziegelarten stehen entsprechende Sonderformate wie Lüfter-, Ortgang-, Firststeine etc. zur Verfügung.

Unabhängig von speziellen Sonderlösungen ist bei allen Erneuerungsarbeiten am Dach vor allem die richtige konstruktive Gesamtlösung, das heißt der richtige Einbau von Unterspannbahnen und die richtige Ausbildung der Durchlüftung mit Zu- und Abluftöffnungen besonders wichtig. Hierzu sind die Ausführungen der Dachdeckerrichtlinien zu beachten:

Bei der Erneuerung von Dachdeckungen sind immer Unterspannbahnen als Schutz gegen Staub, Flugschnee oder Schlagregen zusätzlich mit einzubauen. Beim Einbau von Wärmedämmungen unterhalb der Dachhaut sind Unterspannbahnen sogar zwingend vorgeschrieben.

Unterspannbahnen sind mit einem leichten Durchhang und mit mindestens 10,0 cm Höhenüberdeckung parallel zur Traufe über den Sparren anzubringen.

Für eine ausreichende Lüftung des Raumes zwischen Unterspannbahn und Dachdeckung sind Konterlatten mindestens 24,0 mm dick auf den Sparren über der Unterspannbahn anzubringen.

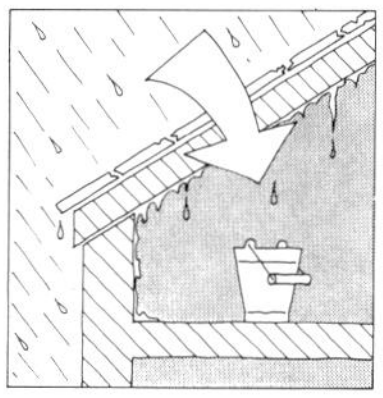

Am First müssen die Unterspannbahnen ca. 50,0 mm unterhalb des Firstscheitelpunktes enden.

An der Traufe sind die Unterspannbahnen an die Dachrinne, auf einen Traufstreifen oder unter die Traufbohle zu führen.

Weiterhin ist zu bedenken, daß sowohl der Raum zwischen Unterspannbahn und Dachdeckung als auch der Raum unter der Unterspannbahn an Traufe und First entlüftet werden muß.

Sowohl der Raum zwischen Unterspannbahn und Dacheindeckung als auch der Luftraum unter der Unterspannbahn sind an Traufe und First zu entlüften.

Der Lüftungsquerschnitt an den Traufen muß mindestens 2‰ der zur Traufe zugehörigen Dachfläche, jedoch mindestens 200,0 cm^2/m Traufe uneingeschränkter Lüftungsquerschnitt betragen. Konterlatten und Sparren, die den Lüftungsraum einengen, sind bei der Bemessung der Höhe des Lüf-

Erforderliche Lüftungs-Mindestquerschnitte

Sparrenlänge	Mindest-Lüftungsquerschnitt				geforderte diffusionsäquivalente Luftschichtdicke s_d
	Traufe		First und Grat**	Dachbereich	
	Querschnitt	Lüftungsspalt*			
m	cm^2/m	cm	cm^2/m	cm^2/m	m
6	200	2,4	60	200	2,0
7	200	2,4	70	200	2,0
8	200	2,4	80	200	2,0
9	200	2,4	90	200	2,0
10	200	2,4	100	200	2,0
11	220	2,6	110	200	5,0
12	240	2,9	120	200	5,0
13	260	3,1	130	200	5,0
14	280	3,3	140	200	5,0
15	300	3,6	150	200	5,0
16	320	3,8	160	200	10,0
17	340	4,0	170	200	10,0
18	360	4,3	180	200	10,0
19	380	4,5	190	200	10,0
20	400	4,8	200	200	10,0
21	420	5,0	210	200	10,0
22	440	5,2	220	200	10,0
usw.					

* Bezogen auf eine Querschnittseinengung durch Sparren von ca. 16%. Durch Lüftungsgitter o. ä. kann ein größerer Lüftungsspalt notwendig werden.

** Jeweils Angabe des Gesamtquerschnitts.

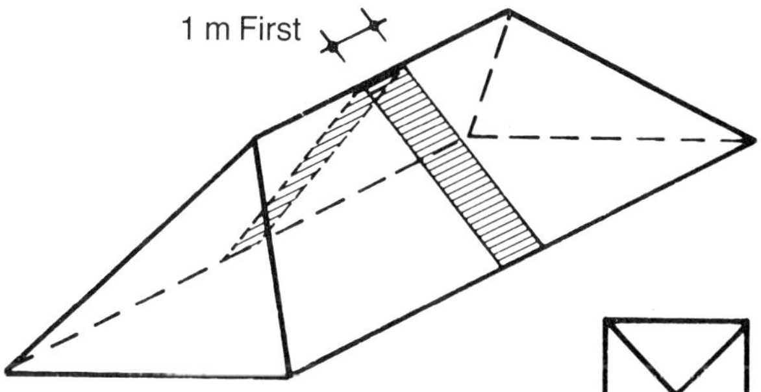

Zugehörige Dachfläche je Meter First

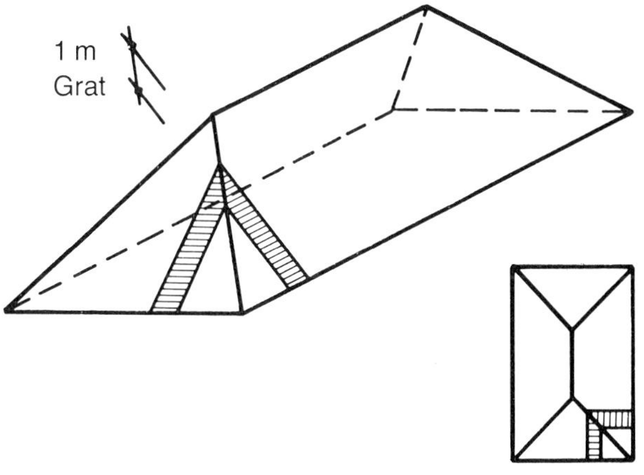

Zugehörige Dachfläche je Meter Grat

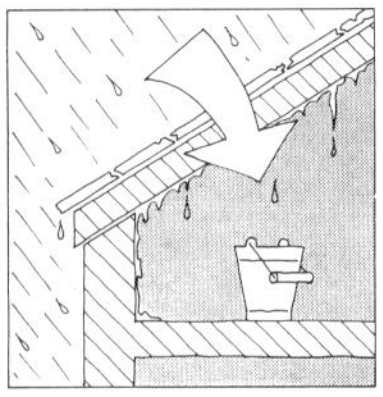

tungsspaltes zu berücksichtigen, ebenso der einengende Querschnitt von Traufgittern.

Am First muß der Lüftungsquerschnitt mindestens 0,5‰ der gesamten dazugehörigen Dachfläche betragen. Der ermittelte Lüftungsquerschnitt kann durch den Einsatz von geeigneten Lüftungssystemen oder -elementen, wie Lüftungsziegel, Firstspaltentlüftung, erreicht werden.

Auch an eventuell vorhandenen Graten wird ein Mindestlüftungsquerschnitt von 0,5‰ der dazugehörigen Dachfläche gefordert. Ist eine Lüftung über die Gratziegel oder Gratsteine nicht möglich, dann müssen in jedem Sparrenfeld ausreichend viele Lüftungsziegel oder Lüftungssteine eingebaut werden. Die Ausbildung des Lüftungsquerschnittes ist außerordentlich wichtig.

Aus den bewohnten Räumen des Hauses dringt Wasserdampf durch die Konstruktion in den Raum zwischen Unterspannbahn und Dachhaut. Wird dieser Wasserdampf nicht durch Belüftung abgeführt, kommt es zur Kondensatbildung auf der Unterseite der Dachdeckung. Besonders kritisch ist dies bei Dachziegeln, die das Kondenswasser kapillar aufnehmen. Ein Teil des aufgenommenen Wassers wird durch Verdunstung an der Oberfläche zwar wieder abgegeben, bei Übersättigung kommt es jedoch durch Frost-/Tauwechselschäden zur Zerstörung der Ziegel.

So sind zum Beispiel jahrhundertealte Ziegel durch falsche Anbringung einer Unterspannbahn innerhalb kürzester Zeit zerstört worden.

Analog zur Unterspannbahn sind auch andere Konstruktionen, zum Beispiel Schalungen mit Abdeckungen aus Bitumen- oder Kunststoffbahnen, möglich. Die Anforderungen an die Lüftung gelten entsprechend.

Die Entscheidung, ob für die Eindeckung Tonziegel oder Betondachsteine verwendet werden, hängt letztlich vom Gestaltungswunsch ab. Betondachsteine bieten gegenüber Tonziegeln einen Preisvorteil von etwa 15,– bis 30,– DM/m². Das Gewicht beider Konstruktionen ist etwa gleich. Es beträgt einschließlich Lattung ca. 50 kg/m².

5.1.3 Erneuerung der vorhandenen Dacheindeckung durch Tondachziegel oder Betondachsteine – Details

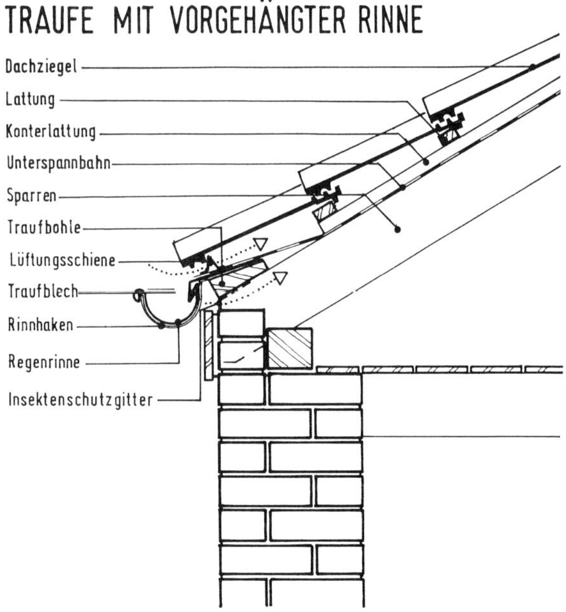

Traufe mit vorgehängter Rinne

- Belüftung unter- und oberhalb der Unterspannbahn.
- Aufsetzen einer Traufbohle, um Ausklinken der Sparren zu vermeiden.
- Das Hochführen der Unterspannbahn auf die Traufbohle birgt die Gefahr der Wassersackbildung. Diese Konstruktion ist deshalb nur bei Dachneigung über 25 Grad anzuwenden.

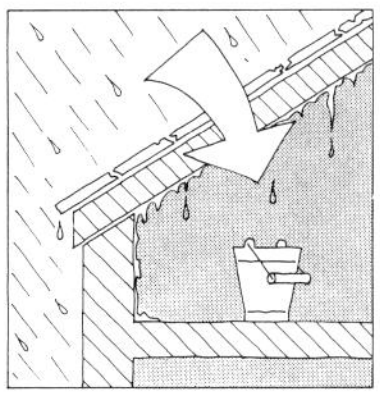

Traufe mit Kastenrinne

- Belüftung unter- und oberhalb der Unterspannbahn.
- Aufsetzen einer Traufbohle, um Ausklinken der Sparren zu vermeiden.
- Sicherung der unteren Luftöffnung durch entsprechende Ausbildung des Kastenrinnenbodens und ggf. durch Entfernen von Steinen aus dem Mauerabschluß.

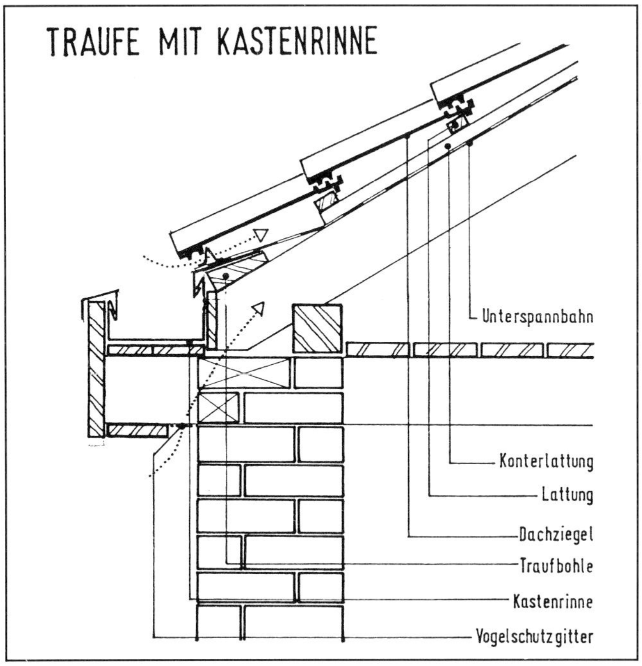

Dachanschluß an aufgehendes Mauerwerk

- Oberer Wandanschluß mit Brustblech, Walzbleistreifen und normalem Mittelfeldziegel.
- Obere und untere Lüftungsschicht werden gemeinsam durch Lüftungsziegel entlüftet.
- Abluft aus den Sparrenfeldern durch einen mindestens 4,0 cm breiten Abluftspalt, den die Unterspannbahn vor der Mauer frei läßt, in die obere Lüftungsschicht führen.

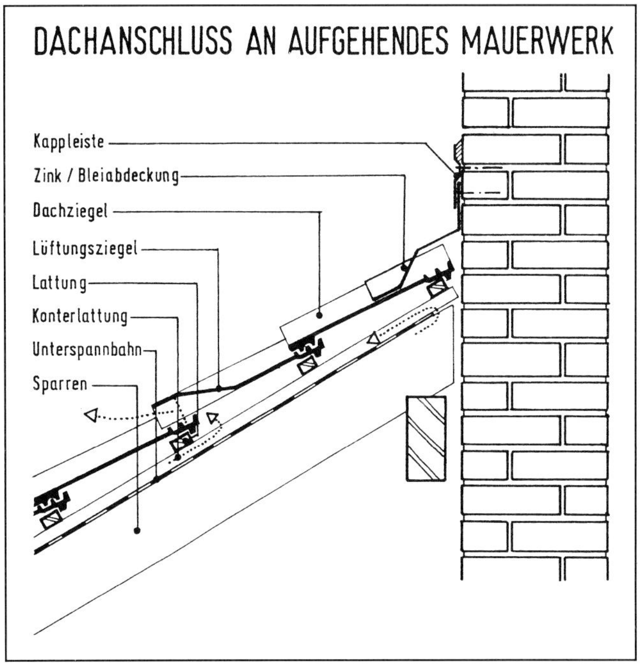

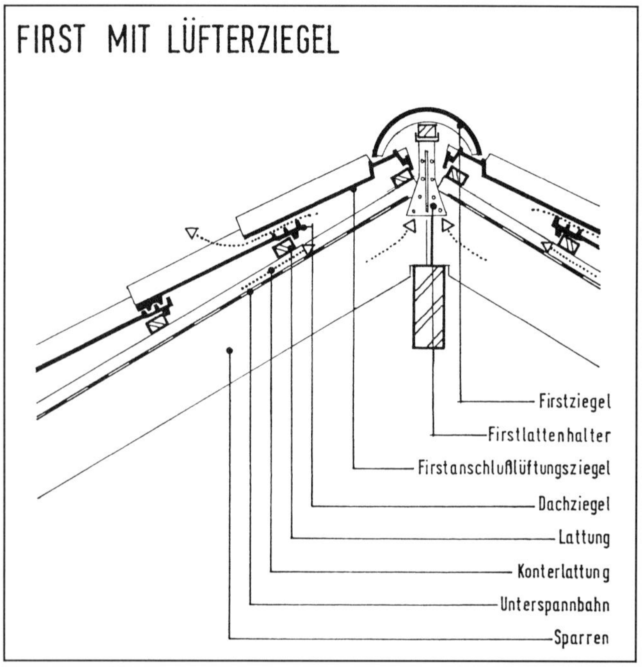

First mit Lüfterziegel

- Ausbildung mit Firstziegel und anschließendem längsverschiebbaren Firstanschluß-Lüftungsziegel.
- Entlüftung von oberer und unterer Lüftungsschicht gemeinsam durch den Firstanschluß-Lüftungsziegel.
- Sicherung des Firstspaltes durch Abdeckblech.

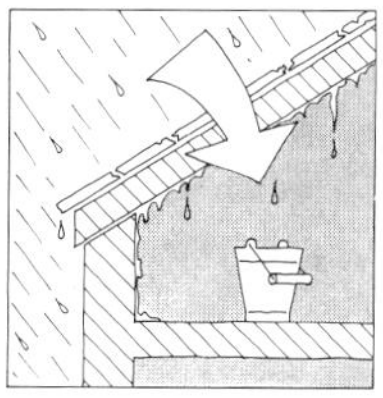

5.1.4 Vergleichende Beurteilung

	Umdecken der vorhandenen Ziegel	**Neue Tondachziegel**	**Neue Betondachsteine**	**Neue Faserzementwellplatten**	**Faserzementplatten als Schieferersatz**
Baukosten	70,- DM/m^2	110,- DM/m^2	95,- DM/m^2	110,- DM/m^2	175,- DM/m^2
Lebensdauer	Abhängig vom Zustand der vorhandenen Deckung	25 bis 30 Jahre	25 bis 30 Jahre	25 bis 30 Jahre	25 bis 30 Jahre
Einbauzeiten	0,80 Std./m^2	1,0 Std./m^2	1,0 Std./m^2	0,70 Std./m^2	2,30 Std./m^2
Gewicht	Abhängig von vorhandener Deckung	50 bis 55 kg/m^2	50 bis 60 kg/m^2	20 kg/m^2	35 kg/m^2
Anmerkung	Sehr gute Eignung bei denkmalgeschützten Gebäuden	Sehr gute Eignung bei denkmalgeschützten Gebäuden	Umstrittene Eignung bei denkmalgeschützten Gebäuden	Keine Eignung bei denkmalgeschützten Gebäuden	Fragliche Eignung bei denkmalgeschützten Gebäuden

5.2 Problempunkt: Geringe Wärmedämmung von Dächern

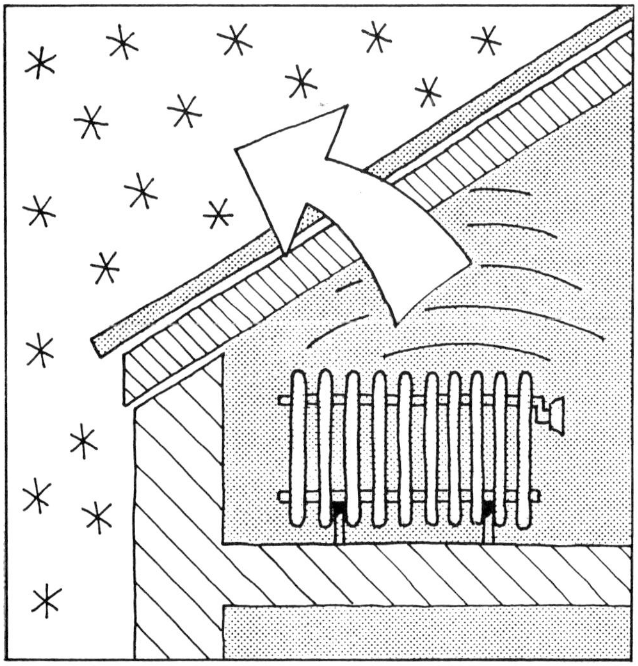

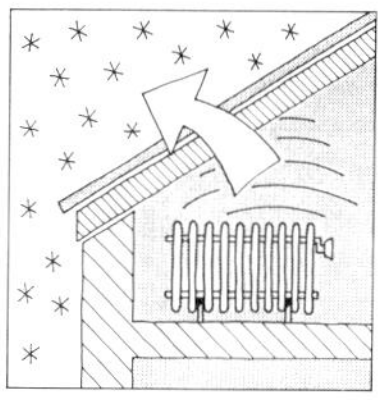

Nachträglich ausgebautes Dachgeschoß

Der nachträgliche Ausbau von Dachgeschossen oder gestiegene Anforderungen an vorhandene Dachraumausbauten machen eine zusätzliche Wärmedämmung der gering oder gar nicht gedämmten Dachkonstruktion notwendig.

Bei den Häusern der Gründerzeit, der 20er und 30er sowie den Häusern der 50er Jahre bildet das Flachdach die Ausnahme. Es werden daher Konstruktionslösungen für geneigte Dächer vorgestellt. Für die nachträgliche Wärmedämmung von Flachdächern können, soll die vorhandene Dachhaut erhalten bleiben, die im Punkt 4.3 (nachträgliche Wärmedämmung von Decken) vorgestellten Konstruktionen angewendet werden, wobei raumseitig unbedingt eine Dampfsperre 0,05 mm Aluminiumfolie oder 0,2 mm PE-Folie eingebaut werden muß, die gleichzeitig sorgfältig als Windsperre ausgebildet werden sollte.

Für die nachträgliche Wärmedämmung geneigter Dächer bestehen grundsätzlich verschiedene Konstruktionsmöglichkeiten:

- Die Dämmung oberhalb des Sparrens
- Die Dämmung unter den Sparren
- Die Dämmung zwischen den Sparren

Unabhängig von der Lage der Wärmedämmung muß die Dicke des Dämmstoffes mindestens 100 mm betragen (für Dämmstoffe ohne besonderen Nachweis). In der Wärmeschutzverordnung wird dies für Bauteile bei erstmaligem Einbau, bei Ersatz und bei Erneuerung gefordert.

Dämmung oberhalb des Sparrens

Diese Konstruktion hat den Vorteil, daß keinerlei Eingriffe im vorhandenen Dachwohnraum vorgenommen werden müssen. Die vorhandene Dachunterseite bleibt völlig erhalten. Die Konstruktion eignet sich vor allem für Anwendungsfälle, in denen ein bestehender Dachgeschoßausbau durch zusätzliche Wärmedämmaßnahmen nicht beeinträchtigt werden soll, oder für Fälle, in denen die Dachsparren sichtbar bleiben sollen.

Wärmedämmung zwischen den Sparren durch Mineralfaserplatten

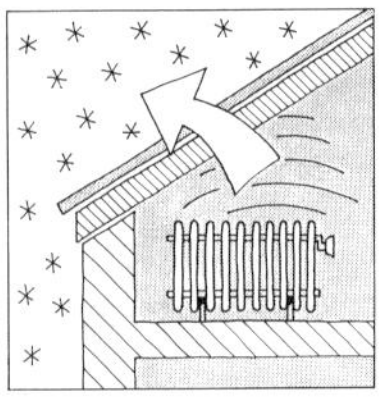

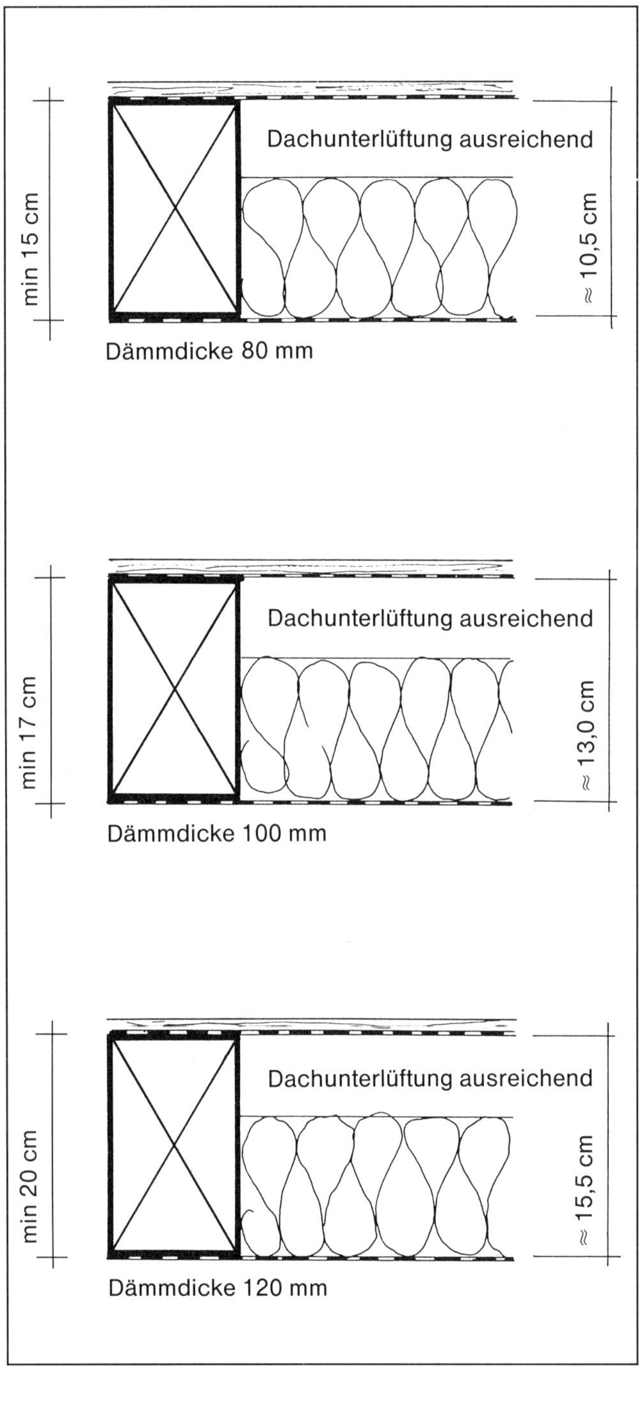

Voraussetzung für diese Konstruktion ist, daß die gesamte Dacheindeckung abgenommen wird.

Sie bietet sich vor allem dann an, wenn defekte Dacheindeckungen erneuert werden müssen.

Bei der Anbringung der Wärmedämmung oberhalb der Sparren ist, wenn keine Fertigelemente verwendet werden, grundsätzlich eine Schalung vorzusehen, die mit Bitumendachbahnen oder Kunststoffbahnen als Unterdeckung abgedeckt werden sollte.

Bei der Verwendung von Fertigelementen ist unbedingt zu prüfen, ob die vorhandene Dachfläche die erforderliche Ebenheit aufweist.

Für die Wärmedämmung werden Hartschaumplatten verwendet, die auf die Schalung aufgelegt und durch die Befestigung der Konterlattung gehalten werden. Hierbei ist zu beachten, daß die Vernagelung der Konterlattung allein keinen ausreichenden statischen Verbund zu den Sparren herstellt. Durch die zwischenliegende Wärmedämmschicht werden die Nägel vielmehr unzulässig auf Biegung beansprucht. Der kraftschlüssige Verbund zwischen Konterlattung und Sparren muß an Traufe und First durch Verschraubung und zwischengelegte Holzdistanzstücke hergestellt werden.

Sind die Dämmstoffplatten nicht so ausgebildet, daß sie Wasser sicher ableiten (zum Beispiel besondere Falzausbildung), so muß die Dachkonstruktion durch Unterspannbahnen gegen Flugschnee und Treibregen geschützt werden.

Dämmung unter den Sparren

Bei vorhandener unterseitiger Dachbekleidung und funktionsfähiger dichter Dacheindeckung wird eine zusätzliche Wärmedämmung sinnvollerweise unterhalb der Sparren angebracht.

Hierzu werden unterseitig Kanthölzer in Dämmstoffdicke senkrecht zu den Sparren aufgeschraubt, die Zwischenräume mit Wärmedämmung ausgefüllt und eine unterseitige Bekleidung aus Gipskarton- oder Gipsfaserplatten aufgebracht.

Alternativ können Verbundplatten verwendet werden.

Erforderliche Sparrenhöhen bei Verwendung mineralischer Dämmstoffe (Volumenvergrößerung der Dämmung)

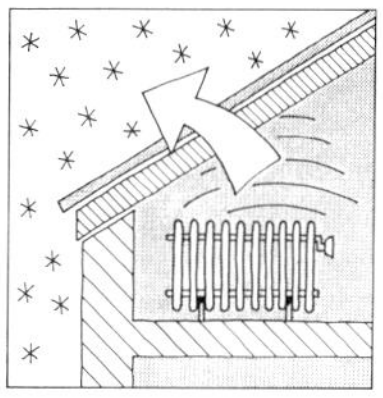

Die notwendige raumseitige Dampfsperre kann in Form einer Aluminiumkaschierung der Wärmedämmung oder als PE-Folie vorgesehen werden.

Der Vorteil der unterseitigen Wärmedämmung liegt vor allem darin, daß sie ohne Öffnen oder Umdecken der Dachhaut eingebaut werden kann. Man muß allerdings in Kauf nehmen, daß ein Teil der Wohnfläche beziehungsweise der Höhe unter Dachschrägen verlorengeht.

Dämmung zwischen den Sparren

Aus konstruktiven Gründen ist der Raum zwischen den Sparren für die Unterbringung der Wärmedämmung besonders geeignet. Die Dämmung wird sinnvollerweise von unten, kann theoretisch aber auch von oben eingebracht werden. Das Verfahren eignet sich also sowohl für die nachträgliche Wärmedämmung bisher unverkleideter Dachkonstruktionen, bei denen die Eindeckung erhalten bleibt, als auch für unterseitig verkleidete Dachkonstruktionen, bei denen die Eindeckung erneuert wird.

Ein Problem besteht darin, bei Einbau der Dämmung von oben die unbedingt erforderliche Dampfsperre sinnvoll und lagerichtig einzubauen. Die Dampfsperre ist bei Dämmstoffen, die nicht aus genügend dampfdichten Dämmstoffen wie Glasschaum oder Schaumkunststoffen bestehen, unbedingt notwendig. Bei vorhandener Bekleidung der Dachunterseite kann sie sinnvollerweise nur als Aluminiumfolie (0,05 mm) unter der Tapete auf der Innenseite der Dachbekleidung angebracht werden.

Bei von unten frei zugänglichen Sparrenquerschnitten kann eine Dampfsperre auch aus 0,2 mm PE-Folie unterhalb der Sparren aufgebracht werden.

Für die Dämmung zwischen den Sparren kommen vor allem mineralische Dämmstoffe in Platten oder Bahnen zur Anwendung, da sie sich Unregelmäßigkeiten der Konstruktion besser anpassen lassen als Hartschaumdämmstoffe.

Es muß allerdings beachtet werden, daß mineralische Dämmstoffe nach dem Einbau Volumenvergrößerungen aufweisen, wodurch der vorhandene Lüftungsraum eingeengt wird. Dies ist bei der Dimensionierung des Lüftungsquerschnittes zu berücksichtigen.

5.2.1 Übersicht über Lösungsmöglichkeiten

Dämmung auf den Sparren	
Baukosten	95,- DM/m² einschl. Schalung
Lebensdauer	Ca. 20 bis 25 Jahre
Einbauzeiten	0,6 Std./m²
Gewicht	19 kg/m² (einschl. Schalung)
Begleitende erforderliche Maßnahmen	Schalung auf den Sparren
Beeinträchtigung der Wohnnutzung	Nein, wenn Schalung vorhanden
Verlust an Wohnfläche	Nein
Geeignet für sichtbare Sparren	Ja
Anmerkung	Besonders wichtig ist die Fugenabdichtung der Dampfsperre, um eine ausreichende Winddichtigkeit zu gewährleisten.

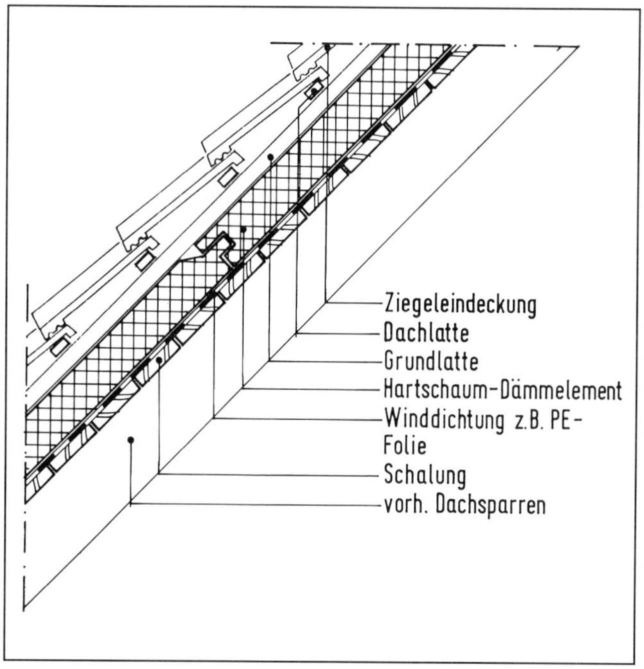

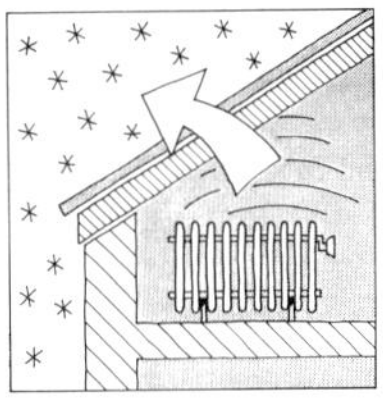

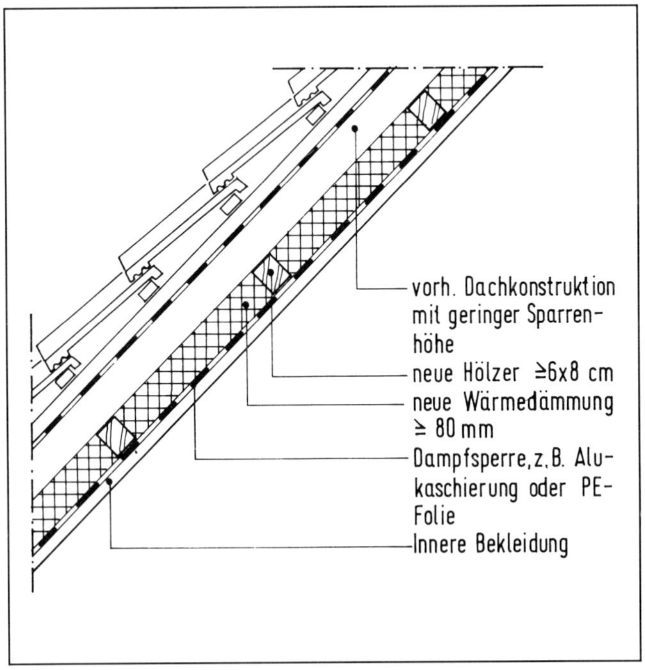

Dämmung unter den Sparren	
Baukosten	40,– DM/m²
Lebensdauer	Ca. 20 bis 25 Jahre
Einbauzeiten	0,1 Std./m²
Gewicht	14 kg/m²
Begleitende erforderliche Maßnahmen	Keine
Beeinträchtigung der Wohnnutzung	Ja
Verlust an Wohnfläche	Ja
Geeignet für sichtbare Sparren	Nein
Anmerkung	Besonders wichtig ist die Fugenabdichtung der Unterspannbahn, um eine ausreichende Winddichtigkeit zu gewährleisten.

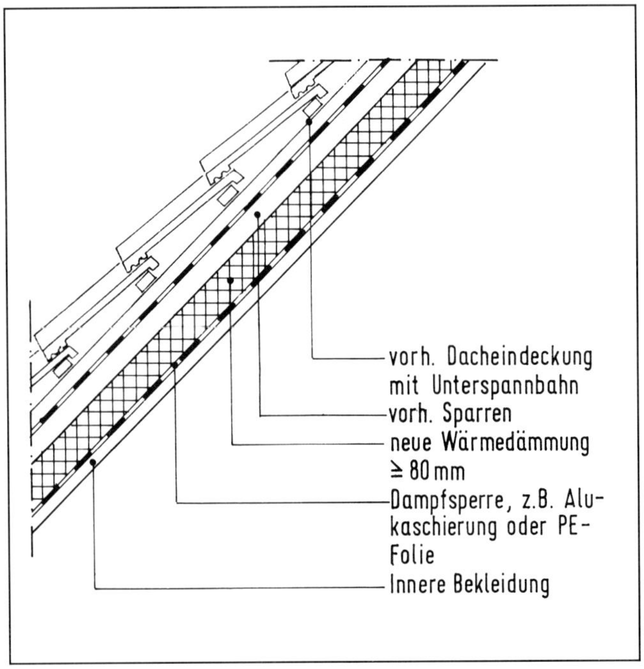

Dämmung zwischen den Sparren	
Baukosten	25,– DM/m²
Lebensdauer	Ca. 20 bis 25 Jahre
Einbauzeiten	0,1 Std./m²
Gewicht	8 kg/m²
Begleitende erforderliche Maßnahmen	Keine
Beeinträchtigung der Wohnnutzung	Ja
Verlust an Wohnfläche	Nein
Geeignet für sichtbare Sparren	Nein
Anmerkung	Besonders wichtig ist die Fugenabdichtung der Dampfsperre, um eine ausreichende Winddichtigkeit zu gewährleisten.

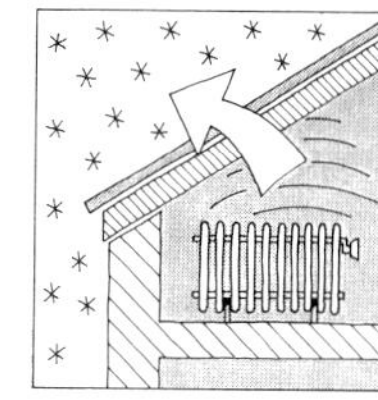

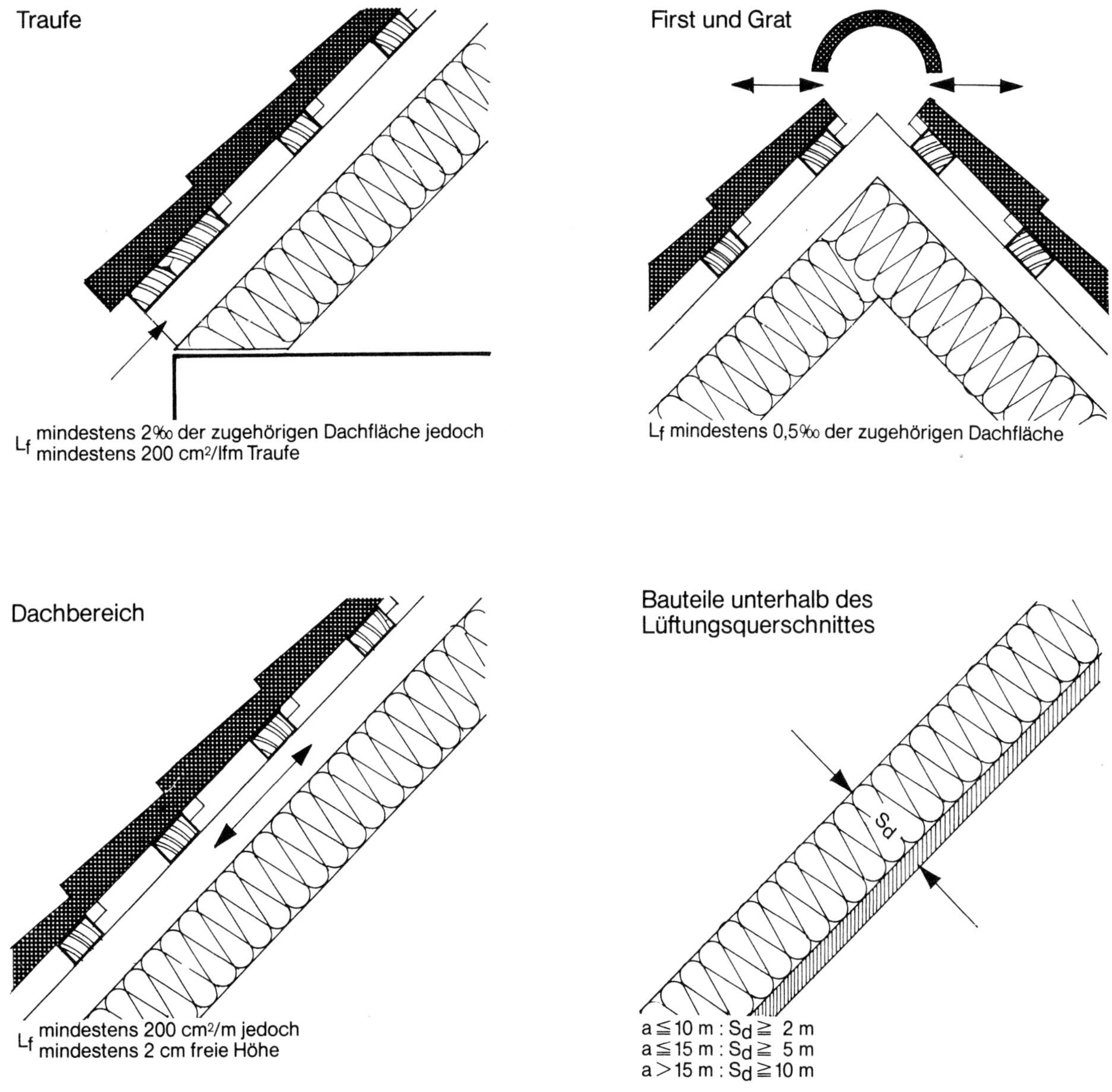

L_f: freier Lüftungsquerschnitt
a: Sparrenlänge
S_d: Diffusionsäquivalente Luftschichtdicke

Mindestquerschnitte für Lüftungsöffnungen

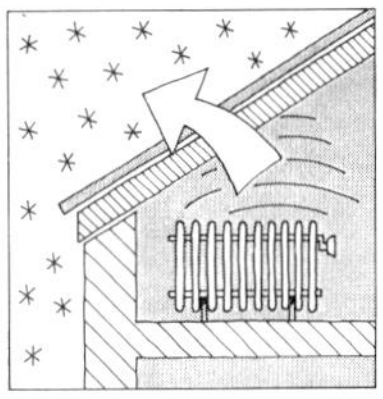

Alu-kaschierte Mineralwollematten zwischen den Sparren

5.2.2 Zusätzliche Wärmedämmung zwischen den Sparren – Erläuterung

Der Einbau der Wärmedämmung zwischen den Sparren ist der häufigste Anwendungsfall. Das Anbringen der Dämmung kann an dieser Stelle am einfachsten und ohne weitere Hilfskonstruktionen erfolgen, außerdem ist der Raum zwischen den Sparren ohnehin ungenutzt vorhanden. Die Dämmung kann also ohne Verlust an Innenraum montiert werden. Häufigste Montagearten sind das Einklemmen zwischen den Sparren oder das Anheften an den Sparren mit Heftrandmatten.

Um Bauschäden durch Kondensatbildung zu vermeiden, sind zwei Dinge beim Anbringen der Dämmung zu beachten:

1. Oberhalb der Dämmung muß ein freier Lüftungsquerschnitt verbleiben.
2. Der Durchgang von Wasserdampf durch die Konstruktion muß in zulässigen Grenzen gehalten werden.

Grundsätzlich sollte bei allen Dämmstoffen zur Begrenzung des Wasserdampfeintrittes raumseitig eine Dampfsperre aus 0,05 mm Aluminiumfolie oder 0,2 mm PE-Folie eingebaut werden. Eine Ausnahme bilden einige Dämmstoffe aus Schaumkunststoff, die über einen ausreichend hohen Diffusionswiderstand verfügen, so daß bei sorgfältiger Verlegung ohne Fugenundichtigkeiten auf eine Dampfsperre verzichtet werden kann. Das gleiche gilt für Dämmstoffe aus Schaumglas, die praktisch vollständig dampfdicht sind.

Werden raumseitig keine Dampfsperren angeordnet, so ist die dampfsperrende Wirkung der Dämmung, gemessen als diffusionsäquivalente Luftschichtdicke (sd), nachzuweisen. Sie ist abhängig von der Sparrenlänge (a) und muß betragen:

Sparrenlänge a < 10 m: sd > 2 m
Sparrenlänge a < 15 m: sd > 5 m
Sparrenlänge a > 15 m: sd > 10 m

Die diffusionsäquivalente Luftschichtdicke (sd) wird folgendermaßen errechnet:

$$sd = s \cdot \mu$$

Hierbei ist:

s = Schichtdicke der Wärmedämmung in Meter

μ = Wasserdampfdiffusionswiderstandszahl der Wärmedämmung

Wasserdampfdiffusions-Widerstandszahlen

Stoff	Richtwert der Wasserdampfdiffusionswiderstandszahl μ
Wärmedämmstoffe	
Holzwolle-Leichtbauplatten	2/5
Korkdämmstoffe	5/10
Schaumkunststoffe	
Polystyrol-Partikelschaum, je nach Rohdichte	20/50 bis 40/100
Polystyrol-Extruder Schaum	80/300
Polyurethan-Hartschaum	30/100
Phenolharz-Hartschaum	30/50
Mineralische und pflanzliche Faserdämmstoffe	1
Schaumglas nach DIN 18174	praktisch dampfdicht
PVC-Folien, Dicke ≧ 0,1 mm	20000–50000
Polyäthylenfolien, Dicke ≧ 0,1 mm	100000
Aluminium-Folien, Dicke ≧ 0,05 mm	praktisch dampfdicht
andere Metallfolien, Dicke ≧ 0,1 mm	praktisch dampfdicht

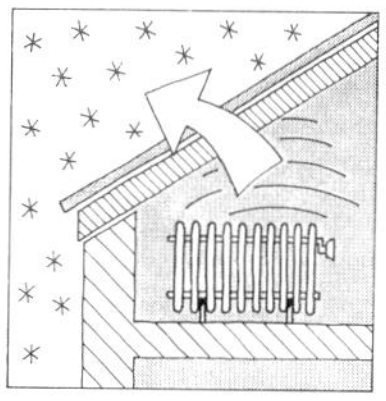

Zur Vermeidung von Tauwasserbildung ist oberhalb der Wärmedämmschicht eine belüftete Schicht anzuordnen, die an Traufe und First an die Außenluft angeschlossen sein muß. Für die Luftschicht selbst sowie für Lüftungsöffnungen an Traufe und First sind Mindestquerschnitte vorgeschrieben.

Mindest-Lüftungsquerschnitte und geforderte äquivalente Luftschichtdicken

Sparrenlänge	Mindest-Lüftungsquerschnitt				geforderte diffusionsäquivalente Luftschichtdicke s_d
	Traufe		First und Grat**	Dachbereich	
	Querschnitt	Lüftungsspalt*			
m	cm²/m	cm	cm²/m	cm²/m	m
6	200	2,4	60	200	2,0
7	200	2,4	70	200	2,0
8	200	2,4	80	200	2,0
9	200	2,4	90	200	2,0
10	200	2,4	100	200	2,0
11	220	2,6	110	200	5,0
12	240	2,9	120	200	5,0
13	260	3,1	130	200	5,0
14	280	3,3	140	200	5,0
15	300	3,6	150	200	5,0
16	320	3,8	160	200	10,0
17	340	4,0	170	200	10,0
18	360	4,3	180	200	10,0
19	380	4,5	190	200	10,0
20	400	4,8	200	200	10,0
21	420	5,0	210	200	10,0
22	440	5,2	220	200	10,0
usw.					

* Bezogen auf eine Querschnittseinengung durch Sparren von ca. 16%. Durch Lüftungsgitter o. ä. kann ein größerer Lüftungsspalt notwendig werden.

** Jeweils Angabe des Gesamtquerschnitts.

Bei der Bemessung des Lüftungsquerschnitts ist zu berücksichtigen, daß der Lüftungsraum durch Dickenzunahme des Dämmstoffes (bei Mineralfasermatten) zusätzlich eingeengt werden kann.

Die maximale Dicke des einzubauenden Dämmstoffes sollte deshalb 4,0 bis 5,0 cm weniger betragen als die vorhandene Sparrenhöhe.

Reicht der vorhandene Sparrenquerschnitt zur Unterbringung der erforderlichen Dämmstoffdicke nicht aus, so ist ein Teil des Dämmstoffes unterhalb der Sparren anzubringen. Dies ist am einfachsten möglich, wenn die vorhandenen Sparren aufgedickt werden (zum Beispiel durch Aufschrauben von Kanthölzern 4,0 x 6,0 cm).

In der letzten Zeit werden immer häufiger Stimmen laut, welche die Sparrenvolldämmung propagieren bzw. für möglich halten.

Abschließend kann dazu aus der Modernisierungspraxis keine einheitliche Erfahrung weitergegeben werden. Eine derartige »Volldämmung« würde in den meisten Fällen die Sanierung erleichtern.

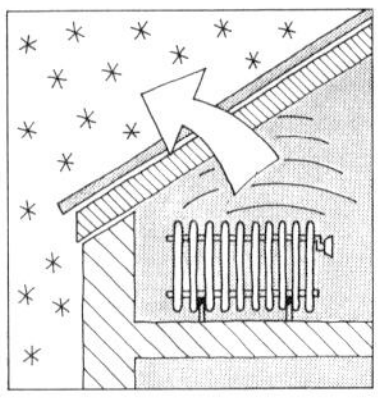

5.2.3 Vergleichende Beurteilung

	Dämmung auf den Sparren	**Dämmung unter den Sparren**	**Dämmung zwischen den Sparren**
Baukosten	95,- DM/m² einschl. Schalung	40,- DM/m²	25,- DM/m²
Lebensdauer	Ca. 20 bis 25 Jahre	Ca. 20 bis 25 Jahre	Ca. 20 bis 25 Jahre
Einbauzeiten	0,6 Std./m²	0,1 Std./m²	0,1 Std./m²
Gewicht	19 kg/m² (einschl. Schalung)	14 kg/m²	8 kg/m²
Begleitende erforderliche Maßnahmen	Schalung auf den Sparren	Keine	Keine
Beeinträchtigung der Wohnnutzung	Nein, wenn Schalung vorhanden	Ja	Ja
Verlust an Wohnfläche	Nein	Ja	Nein
Geeignet für sichtbare Sparren	Ja	Nein	Nein
Anmerkung	Besonders wichtig ist die Fugenabdichtung der Unterspannbahn, um eine ausreichende Winddichtigkeit zu gewährleisten.		

6 Treppen

6.1 Problempunkt: Ausgetretene Holzstufenbeläge

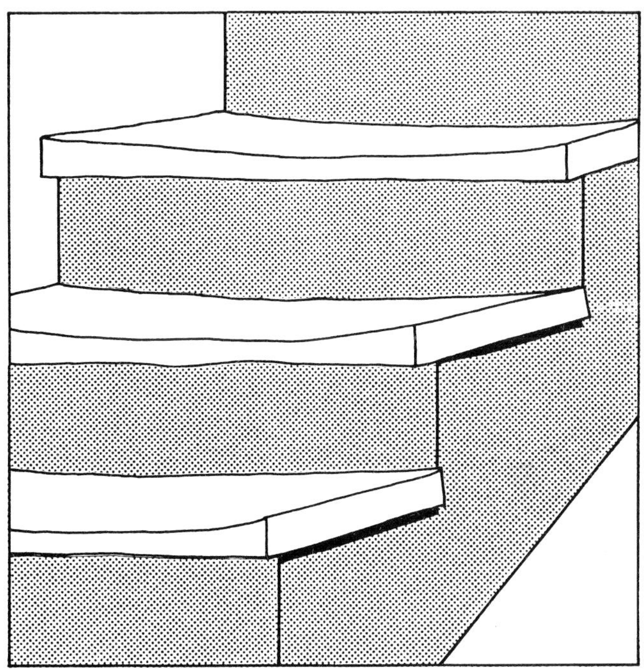

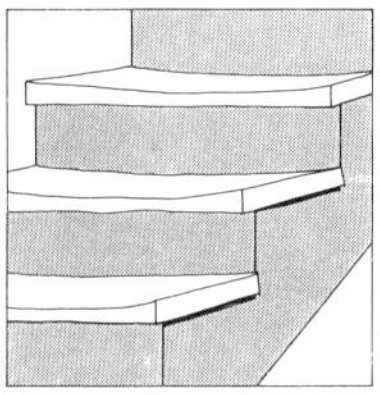

Ausgetretene Holzstufen in einem alten Treppenhaus

Bewohner eines Hauses gewöhnen sich im allgemeinen so stark an ausgetretene Treppenstufen, daß Fehlstellen oft nicht mehr wahrgenommen werden. Dennoch bedeuten die ausgetretenen Stufen eine erhebliche Stolpergefahr. Darüber hinaus sehen die abgetretenen Kanten meist sehr unschön aus.

Zur Reparatur der Treppenstufen gibt es verschiedene Möglichkeiten, deren Einsatz im wesentlichen von der gewünschten Gestaltung der Treppe abhängt.

Kantenprofil

Am einfachsten, gestalterisch aber oft unbefriedigend, ist die Reparatur, wenn die Treppe mit einem neuen Oberbelag aus Teppich oder Kunststoff belegt wird, die alte Holzstufe also nicht sichtbar bleibt.

In diesem Fall wird auf die Stufenvorderkante eine Metallschiene zur Begradigung aufgeschraubt. Die Metallschiene dient als Lehre für die Ausspachtelung der Vertiefung. Der neue Oberbelag verdeckt Spachtelung und Schienenansatz, so daß wieder ein befriedigendes Erscheinungsbild der Stufe besteht. Die Setzstufe kann, bis auf einen Erneuerungsanstrich, unbearbeitet bleiben, da sie selten Schäden aufweist.

Ein besonderes Problem bildet das *Knarren der Stufen* beim Begehen.

Bei der Herstellung der Treppe werden die Stufen unter Spannung vom Tischler zusammengefügt. Durch das unvermeidliche Trocknen des Holzes geht die Spannung verloren und die obere Verbindung zwischen Tritt- und Setzstufe löst sich. Zur Sanierung wird die (untere) Verschraubung zwischen Tritt- und Setzstufe gelöst, die Trittstufen gegeneinander auseinandergekeilt und die Setzstufe an der Trittstufe neu verschraubt. Nach Entfernen der Keile sitzt die Setzstufe wieder unter Spannung zwischen den Trittstufen. Bewegungen und Knarrgeräusche sind unterbunden.

Reparatur einer Treppenstufe durch Kantenprofil und Spachtelung

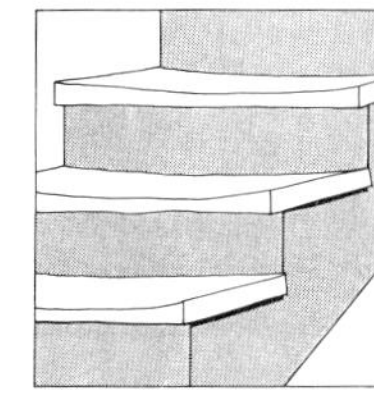

Aufdoppeln der Trittstufe

Das Aufbringen von Teppich- oder Kunststoffbelägen bedeutet eine starke optische Veränderung der Treppe, die nicht immer erwünscht ist.

Soll die Holzoberfläche der Stufe erhalten bleiben, muß die Stufe nach dem Spachteln aufgedoppelt werden. Hierzu kann eine neue Holzplatte mit vorderer Abschlußleiste auf die Trittstufe aufgeschraubt werden. Dies ist die klassische, tischlermäßige Reparaturmethode. Es gibt aber auch die Möglichkeit, eine dünne Sperrholzplatte mit einem Stufenkantenprofil zu kombinieren.

Aufdoppeln von Tritt- und Setzstufe

Beim Aufdoppeln von Tritt- und Setzstufe wird über die gesamte vorhandene Konstruktion eine neue komplette Stufe aufgesetzt, die mit der Unterkonstruktion verschraubt wird.

Statt einer massiven Holzkonstruktion sind auch Kombinationen aus Stufenkantenprofil und dünnen Sperrholzplatten auf Spachtelunterlage möglich.

Zur Verbesserung der Montage kann es erforderlich sein, den vorspringenden Teil der Trittstufe abzuschneiden.

6.1.1 Übersicht über Lösungsmöglichkeiten

Kantenprofil, Spachtelung, PVC/Teppich	
Baukosten	50,- DM/Stufe
Begleitende erforderliche Maßnahmen	Keine
Instandhaltungskosten	Keine
Lebensdauer	15 bis 20 Jahre
Einbauzeiten	0,45 Std./Stufe
Trocknungs-/Wartezeiten	1 Tag nach der Spachtelung
Konstruktionshöhe	0,5 cm
Anmerkung	

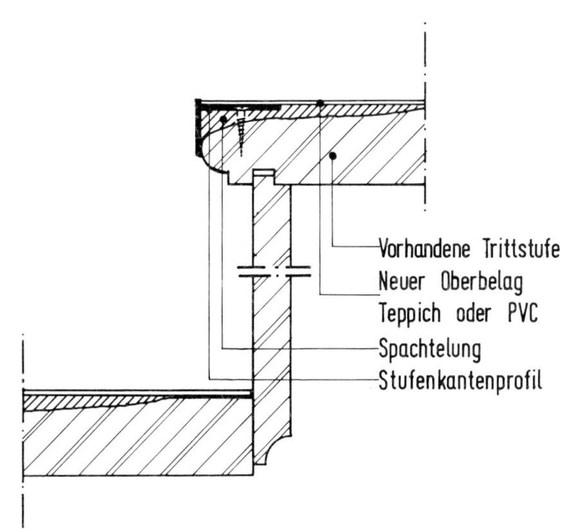

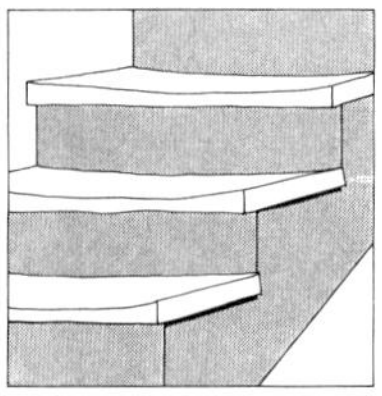

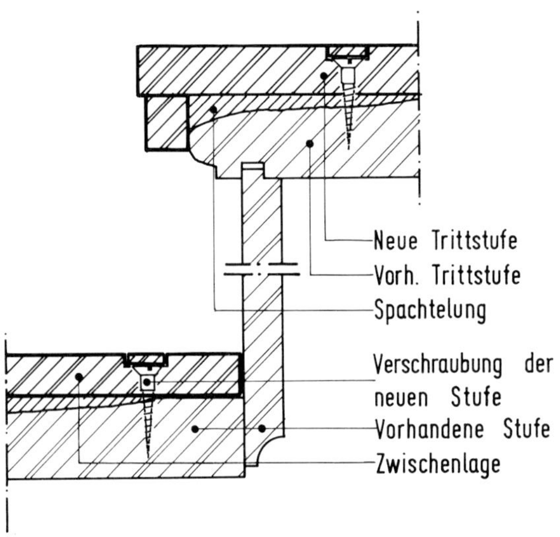

Aufdoppelung der Trittstufe	
Baukosten	265,– DM/Stufe
Begleitende erforderliche Maßnahmen	Ggf. Lackierung
Instandhaltungskosten	25,– DM/Stufe alle 10 Jahre für Versiegelung. Anstricherneuerung alle 7 Jahre
Lebensdauer	25 bis 30 Jahre
Einbauzeiten	0,5 Std./Stufe
Trocknungs-/Wartezeiten	Keine, wenn fertig lackierte Stufen eingebaut werden
Konstruktionshöhe	3,0 cm
Anmerkung	Beim Aufdoppeln der Stufen Geländerhöhe berücksichtigen

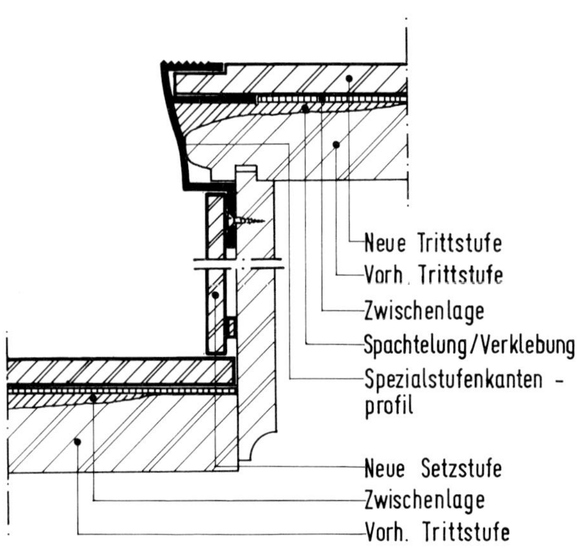

Aufdoppelung von Tritt- und Setzstufe	
Baukosten	375,– DM/Stufe
Begleitende erforderliche Maßnahmen	Ggf. Lackierung
Instandhaltungskosten	30,– DM/Stufe alle 10 Jahre für Versiegelung. Anstricherneuerung alle 7 Jahre
Lebensdauer	25 bis 30 Jahre
Einbauzeiten	0,7 Std./Stufe
Trocknungs-/Wartezeiten	Keine, wenn fertig lackierte Stufen eingebaut werden
Konstruktionshöhe	3,0 cm
Anmerkung	

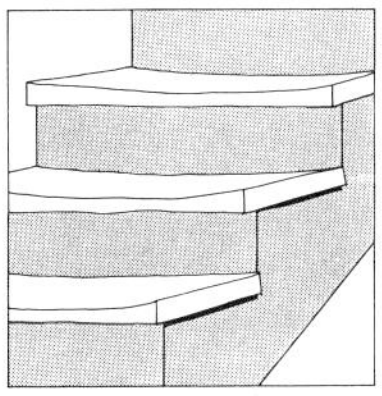

6.1.2 Vergleichende Beurteilung

	Kantenprofil, Spachtelung, PVC/Teppich	**Aufdoppeln Trittstufe**	**Aufdoppeln Tritt- und Setzstufe**
Baukosten	50,– DM/Stufe	265,– DM/Stufe	375,– DM/Stufe
Begleitende erforderliche Maßnahmen	Keine	Ggf. Lackierung	Ggf. Lackierung
Instandhaltungskosten	Keine	30,– DM/Stufe alle 10 Jahre für Versiegelung. Anstricherneuerung alle 7 Jahre	30,– DM/Stufe alle 10 Jahre für Versiegelung. Anstricherneuerung alle 7 Jahre
Lebensdauer	15 bis 20 Jahre	25 bis 30 Jahre	25 bis 30 Jahre
Einbauzeiten	0,45 Std./Stufe	0,5 Std./Stufe	0,7 Std./Stufe
Trocknungs-/ Wartezeiten	1 Tag nach der Spachtelung	Keine, wenn fertig lackierte Stufen eingebaut werden	Keine, wenn fertig lackierte Stufen eingebaut werden
Konstruktionshöhe	0,5 cm	3,0 cm	3,0 cm
Anmerkung		Beim Aufdoppeln der Stufen Geländerhöhe berücksichtigen	

7 Fußböden

7.1 Problempunkt: Ausgetretene, unebene Fußbodenbeläge

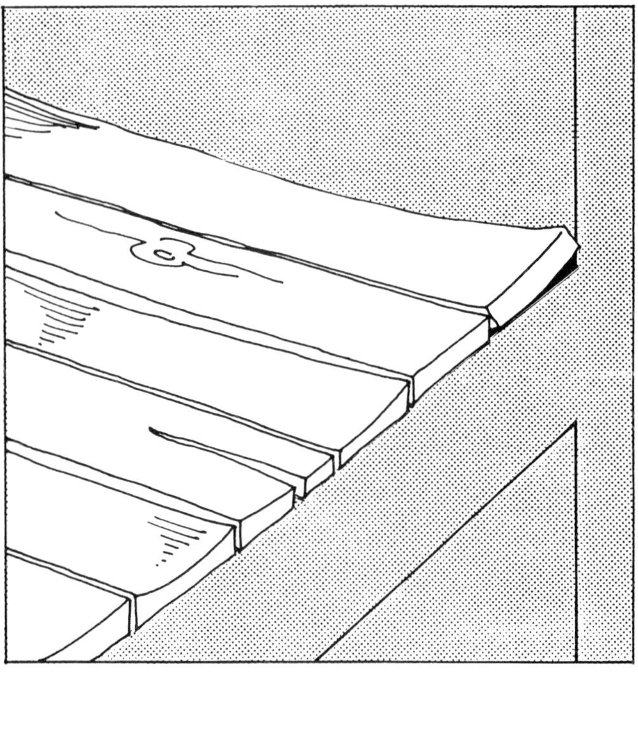

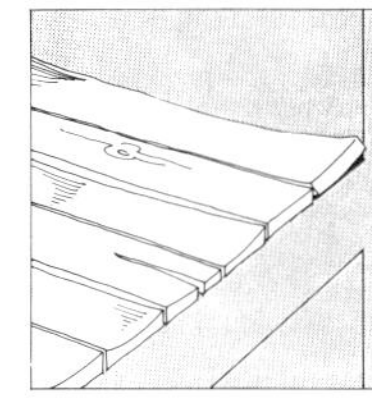

Alter, ausgetretener Dielenbelag mit breiten Fugen

deutung ist hierbei das Gewicht der zusätzlich aufgebrachten Konstruktion.

Folgende Unterböden kommen als Sanierungsmöglichkeit in Betracht:

- □ Ausgleichsspachtelung
- □ Trockenunterböden aus Span- oder Gipsplatten
- □ Gußasphaltestrich
- □ Anhydritestrich
- □ Zementestrich

Ausgleichsspachtelung

Als Unterbodenspachtelmassen werden pulverförmige Haft- und Planierzement-Mehrzweckspachtelmassen verwendet.

Die Spachtelmassen werden mit Wasser angerührt und in Schichtstärken bis zu 1,0 cm auf den Untergrund aufgetragen. Sie erhärten innerhalb von 5 bis 6 Stunden. Holzböden, die durch Bohnern oder Wachsen an der Oberfläche Fette aufweisen, sind vor Aufbringen der Spachtelmassen zu entfetten, zusätzlich ist das Aufbringen eines Voranstriches, zum Beispiel aus Chloropren-Kautschuk-Kleber, empfehlenswert.

Spachtelmassen dürfen normalerweise nur auf starren Untergründen aufgebracht werden. Durch Zusatz von Kunstharzen lassen sich Spachtelmassen jedoch so elastisch einstellen, daß sie auch auf (gering beweglichen) Holzböden verwendet werden können. In die Spachtelmasse eingebettete Glasfasergewebe erhöhen zusätzlich die Rißsicherheit.

Zur Erzielung einer ausreichend ebenen Oberfläche sind mehrere Lagen Spachtelmasse aufzutragen.

Auf die ausgehärtete Spachtelmasse können die Bodenbeläge direkt verlegt werden. Zwischen den einzelnen Spachtelgängen ist jeweils ca. 1 Tag Trocknungszeit einzuhalten.

Trockenunterböden aus Spanplatten

Zur Überdeckung größerer Unebenheiten eignen sich Unterböden aus Spanplatten.

Die meisten alten Häuser zeigen unebene, ausgetretene Fußbodenbeläge. Die Ursachen hierfür sind vielfältig: ausgetretene Naturstein- oder losgetretene Fliesenbeläge in Hausfluren, durchgetretene Oberbeläge über sandenden Zement- oder staubenden Steinholzfußböden, verzogene und ausgetretene Holzdielenfußböden.

Am häufigsten findet man ausgetretene Holzdielenböden. Da die Sanierungsmöglichkeiten für Holzdielenböden am ehesten auf andere Fußbodenarten übertragen werden können und bei Holzuntergründen die schwierigsten Ausgangsbedingungen bestehen, wird dieses Schadensbild hier als Grundmuster behandelt.

Bei der Sanierung von Fußbodenbelägen muß unterschieden werden zwischen *Unebenheiten des Bodens* und *Schieflagen der gesamten Deckenkonstruktion.*

Während Unebenheiten des Bodenbelages durch einen neuen Oberboden ausgeglichen werden können, lassen sich Schieflagen der Decke durch entsprechende Zwischenschichten (Schüttungen, Dämmstofflagen) beheben. Von größter Be-

Spachtelung eines alten Holzdielenbodens

Durch ihre Stabilität und Festigkeit können sie Hohllagen der Unterkonstruktion schadensfrei überbrücken, gegebenenfalls ist die schwimmende Verlegung auf Schüttungen (zum Beispiel aus geblähtem und gemahlenem Steinmaterial) möglich.

Verwendet werden fast ausschließlich kunstharzgebundene Holzspanplatten. Entsprechend ihrer Feuchtebeständigkeit werden sie in drei Werkstoffklassen eingeteilt.

V 20 = beständig in Räumen mit niedriger Luftfeuchte (< 70%), Verleimung nicht wetterbeständig

V 100 = beständig gegen hohe Luftfeuchte (< 80%), Verleimung nicht wetterbeständig

V 100 G = wie V 100, jedoch mit Holzschutzmittel gegen Pilzbefall geschützt.

In Innenräumen ist die Verwendung von Holzspanplatten V 100 G im allgemeinen nicht erforderlich (Ausnahme: bei Decken über Kellergewölben etc.).

Spanplatten für den Fußbodenbereich werden mit Nut und Feder hergestellt. Die einzelnen Platten werden untereinander verleimt und mit dem Unterboden verschraubt.

Vor dem Verlegen von Oberbelägen sind die Plattenstöße und die Schraublöcher zu spachteln.

Vorteile von Spanplattenunterböden sind ihre schnelle Verlegbarkeit, die glatte Oberfläche und die trockene Bauweise.

Trockenunterböden aus Gipsplatten

Als Alternative zu Holzspanplatten stehen Gipsplattenfußbodenelemente zur Verfügung.

Sie bestehen aus 2 bis 3 miteinander verklebten Gipskartonbeziehungsweise Gipsfaserplatten, deren Rand mit Nut und Feder oder mit Stufenfalz ausgebildet ist. Der mechanische Randverbund wird durch Verklebung hergestellt.

Einbau von Gußasphalt als neuer Unterboden

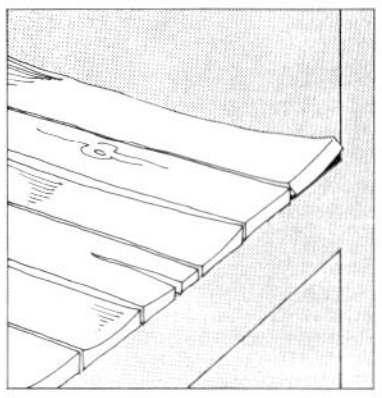

Für besondere Anwendungsfälle gibt es Fußbodenverbundelemente mit Hartschaumunterlage. Sie eignen sich für die Verwendung bei Anforderungen an den Schall- oder Wärmeschutz.

Unterböden aus Gußasphaltestrich

Gußasphaltestriche werden überall dort eingesetzt, wo höhere Anforderungen an den Unterboden gestellt werden. Gegenüber Böden aus Spanplatten oder Gipsplatten läßt sich zum Beispiel der hohle Klang oder das Knarren beim Begehen der Decken vermeiden.

Gußasphalt besteht aus Steinmehl, Sand, Splitt und ca. 10% Bitumen als Bindemittel. Der Gußasphalt wird in stationären Anlagen hergestellt und in beheizbaren Kochern mit Rührwerk transportiert.

Auf der Baustelle wird der Gußasphalt, der etwa 200 bis 240 °C heiß ist, von Hand eingebaut, mit Sand abgerieben und geglättet. Nach ca. 2 bis 4 Stunden ist der Gußasphalt erhärtet und kann begangen werden.

Gußasphalt wird im allgemeinen auf einer Schüttung mit Trennlage in 2,0 bis 3,0 cm Stärke eingebaut. Er besitzt auch ohne weichfedernde Unterschichten eine recht gute Schalldämpfung und eine gute Wärmedämmung.

Neben der kurzen Aushärtezeit liegt ein Vorteil vor allem darin, daß keine zusätzliche Feuchte in den Bau gebracht wird.

Problematisch sind bei Gußasphalt die mit dem Einbau verbundene Hitze- und Geruchsentwicklung sowie später, während der Nutzung, die Eindruckgefahr punktförmiger Lasten.

Außerdem muß berücksichtigt werden, daß bei Flächen unter 100 m^2 hohe Mindermengenzuschläge anfallen.

Wenn die statischen Verhältnisse es zulassen, kann Gußasphalt problemlos auf Holzbalkendecken verlegt werden.

Unterböden aus Anhydritestrich

Als Alternative zu Gußasphaltestrich kommen Anhydritestriche in Betracht.

Es handelt sich hierbei um Estriche aus einem Gemisch aus Sand und Anhydritbinder, meist mit einem Zusatz von Fließmittel, die vorzugsweise auf Schüttung und Trennlage eingebaut werden.

Der Estrich wird naß eingebracht, eben abgezogen und geglättet. Bei der zunehmenden Verwendung von Fließestrichen kann das Abziehen entfallen.

Bei Estrichflächen bis zu 1000 m^2 ist die Ausbildung von Fugen nicht erforderlich.

Der Estrich kann nach 1 bis 2 Tagen begangen werden und ist im allgemeinen nach 10 Tagen soweit getrocknet, daß Bodenbeläge verlegt werden können. Ein Spachteln des Estrichs ist nicht erforderlich, da Anhydritestriche mit sehr glatter Oberfläche hergestellt werden können.

Anhydritestrich ist sehr feuchteempfindlich und darf ständig einwirkender Feuchte nicht ausgesetzt werden. Dies ist besonders zu beachten bei Feuchtegefährdung durch Dampfdiffusion (zum Beispiel bei Holzbalkendecken über Badezimmern). Hier ist in jedem Fall eine Dampfsperre unter dem Estrich einzubauen.

Unterböden aus Zementestrich

Zementestriche als Gemisch aus Sand und Zement, feucht eingebracht, verdichtet, abgerieben und geglättet sind bei der Althausmodernisierung eher die Ausnahme, da sie einige Nachteile mit sich bringen.

Normale Zementestriche erhärten relativ langsam, bringen erhebliche Feuchtemengen in das Haus, müssen wegen des starken Schwindverhaltens in kurzen Abständen Fugen erhalten und sind relativ schwer.

Ihre Vorteile liegen im Preis, in der hohen Festigkeit, der Feuchtebeständigkeit und vor allem darin, daß sie relativ einfach herzustellen sind. Sie haben in der Altbaumodernisierung ihre Bedeutung vor allem dort, wo kleinere Flächen aus Estrich hergestellt werden müssen.

Diese Arbeiten können dann von Rohbauunternehmen mit durchgeführt werden, ohne daß Spezialfirmen hinzugezogen werden müssen.

7.1.1 Übersicht über Lösungsmöglichkeiten

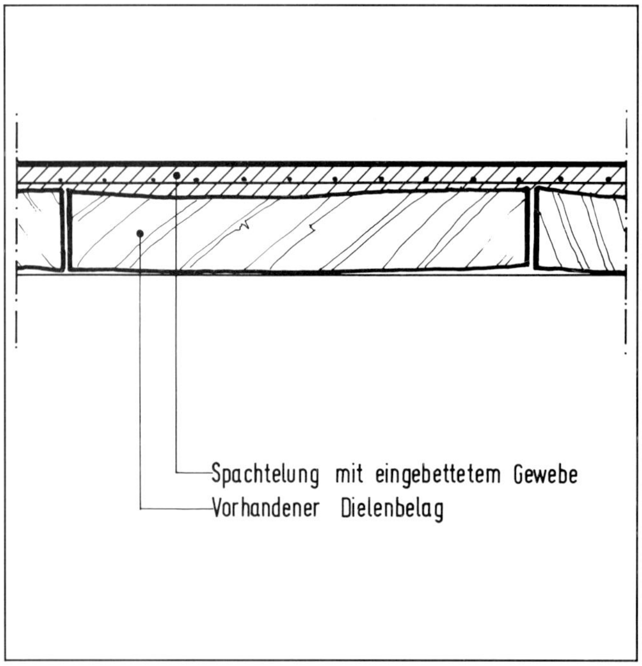

Ausgleichsspachtelung	
Baukosten	30,- DM/m²
Folgekosten	-
Begleitende erforderliche Maßnahmen	-
Lebensdauer	20 Jahre
Einbauzeiten	0,13 Std./m²
Trocknungs-/Wartezeiten	3 x 1 Tag
Gewicht	(d = 0,5 cm) 7,0 kg/m²
Konstruktionshöhe	0,5 cm
Feuchtebeständigkeit	Normal
Ausführendes Unternehmen	Fußbodenleger
Anmerkungen	

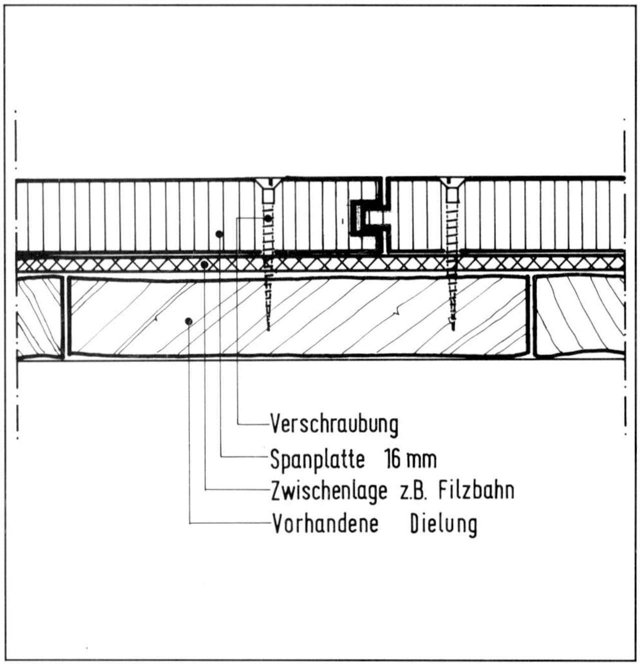

Trockenunterboden aus Spanplatten	
Baukosten	30,- DM/m²
Folgekosten	-
Begleitende erforderliche Maßnahmen	-
Lebensdauer	20 Jahre
Einbauzeiten	0,36 Std./m²
Trocknungs-/Wartezeiten	1 Tag
Gewicht	(d = 19,0 mm) 16,0 kg/m²
Konstruktionshöhe	1,9 cm
Feuchtebeständigkeit	Gering
Ausführendes Unternehmen	Fußbodenleger
Anmerkungen	

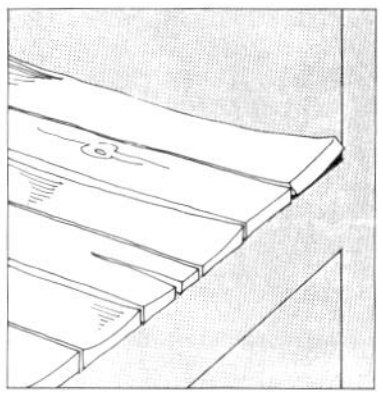

Trockenunterboden aus Gipsplatten	
Baukosten	60,– DM/m²
Folgekosten	–
Begleitende erforderliche Maßnahmen	–
Lebensdauer	20 Jahre (noch wenig Langzeiterfahrung)
Einbauzeiten	0,23 Std./m²
Trocknungs-/Wartezeiten	1 Tag
Gewicht	(d = 2,5 cm) 22,0 kg/m²
Konstruktionshöhe	2,5 cm
Feuchtebeständigkeit	Gering
Ausführendes Unternehmen	Trockenbauer
Anmerkungen	

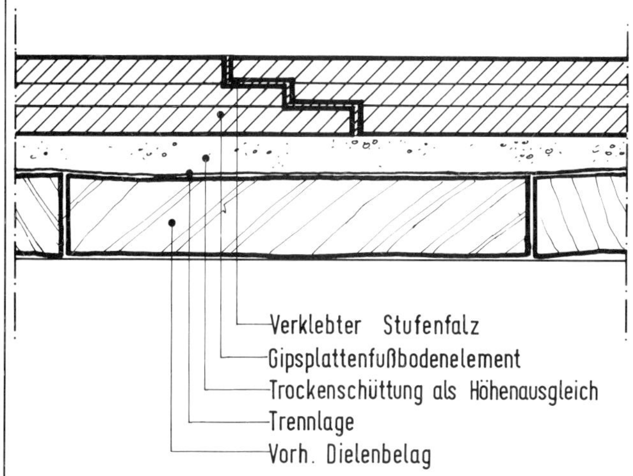

Gußasphaltestrich	
Baukosten	50,– DM/m²
Folgekosten	5,– DM/m²
Begleitende erforderliche Maßnahmen	Spachtelung
Lebensdauer	30 bis 40 Jahre
Einbauzeiten	0,80 Std./m²
Trocknungs-/Wartezeiten	2 Stunden
Gewicht	(d = 3,5 cm) 80,5 kg/m²
Konstruktionshöhe	4,5 cm
Feuchtebeständigkeit	Sehr gut
Ausführendes Unternehmen	Fachunternehmen
Anmerkungen	Starke Geruchsbelästigung bei Einbau

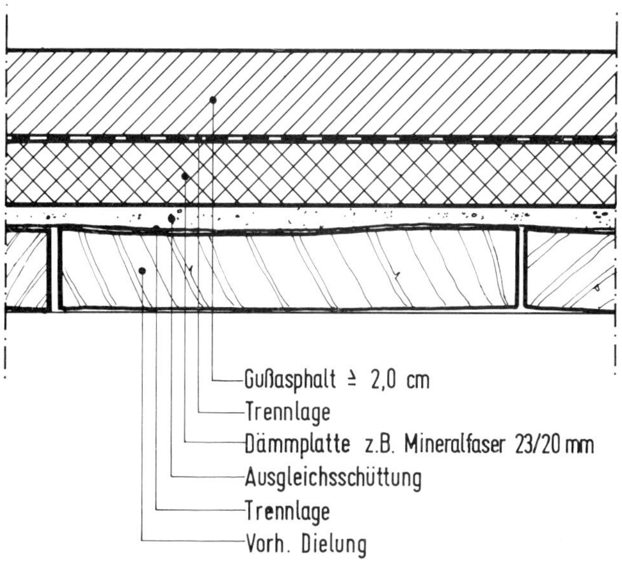

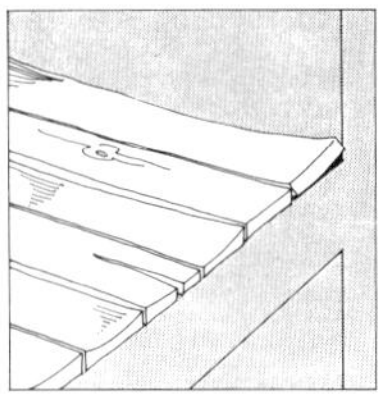

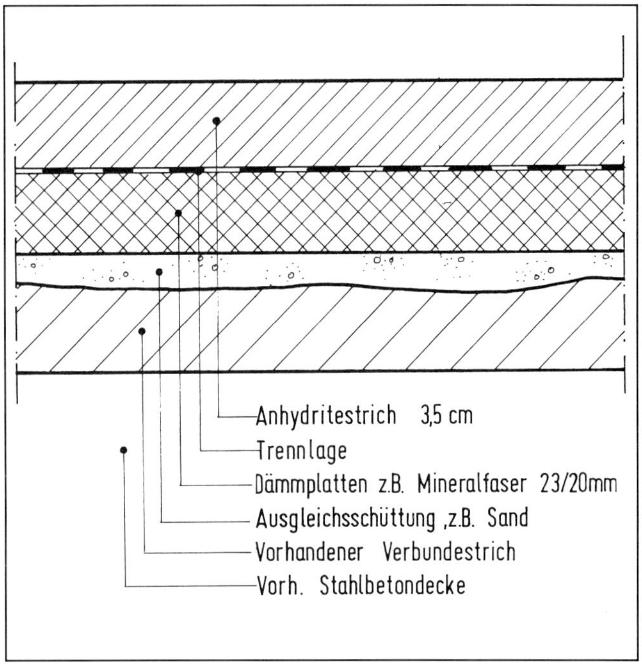

Anhydritestrich	
Baukosten	50,- DM/m²
Folgekosten	2,- DM/m²
Begleitende erforderliche Maßnahmen	Abschleifen
Lebensdauer	25 bis 30 Jahre
Einbauzeiten	0,15 Std./m²
Trocknungs-/Wartezeiten	1 bis 2 Tage (10 Tage)
Gewicht	(d = 3,5 cm) 77,0 kg/m²
Konstruktionshöhe	6,0 cm
Feuchtebeständigkeit	Sehr gering
Ausführendes Unternehmen	Estrichleger
Anmerkungen	

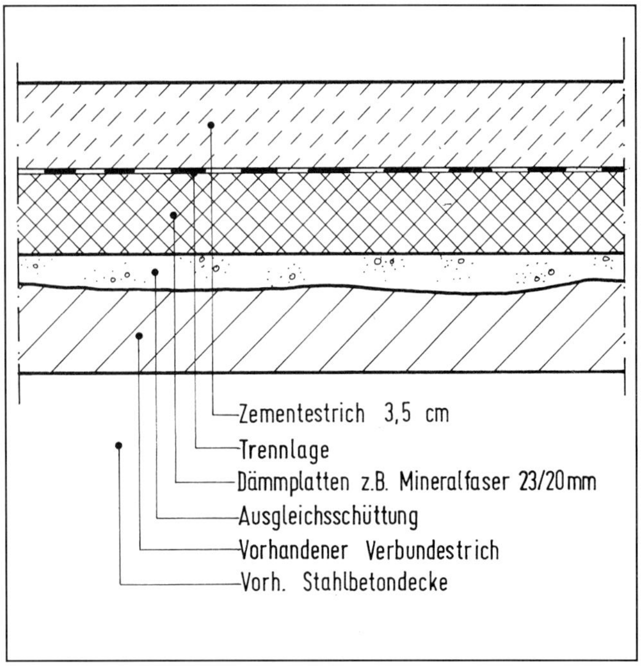

Zementestrich	
Baukosten	30,- DM/m²
Folgekosten	5,- DM/m²
Begleitende erforderliche Maßnahmen	Spachtelung
Lebensdauer	30 bis 40 Jahre
Einbauzeiten	0,45 Std./m²
Trocknungs-/Wartezeiten	2 bis 3 Tage (28 Tage)
Gewicht	(d = 3,5 cm) 77,0 kg/m²
Konstruktionshöhe	6,0 cm
Feuchtebeständigkeit	Sehr gut
Ausführendes Unternehmen	Estrichleger, Rohbauer
Anmerkungen	Hohe Feuchtebelastung bei Einbau

7.1.2 Vergleichende Beurteilung

	Ausgleichs-spachtelung	**Spanplatten**	**Gipsplatten**	**Gußasphalt-estrich**	**Anhydrit-estrich**	**Zementestrich**
Baukosten	30,- DM/m^2	30,- DM/m^2	60,- DM/m^2	50,- DM/m^2	50,- DM/m^2	30,- DM/m^2
Folgekosten	-	-	-	5,- DM/m^2	2,- DM/m^2	5,- DM/m^2
Begleitende erforderliche Maßnahmen	/	/	/	Spachtelung	Abschleifen	Spachtelung
Lebensdauer	20 Jahre	20 Jahre	20 Jahre (noch wenig Langzeit-erfahrung)	30 bis 40 Jahre	25 bis 30 Jahre	30 bis 40 Jahre
Einbauzeiten	0,13 Std./m^2	0,36 Std./m^2	0,23 Std./m^2	0,80 Std./m^2	0,15 Std./m^2	0,45 Std./m^2
Trocknungs-/ Wartezeiten	3 x 1 Tag	1 Tag	1 Tag	2 Stunden	1 bis 2 Tage (10 Tage)	2 bis 3 Tage (28 Tage)
Gewicht	(d = 0,5 cm) 7,0 kg/m^2	(d = 19,0 mm) 16,0 kg/m^2	(d = 2,5 cm) 22,0 kg/m^2	(d = 3,5 cm) 80,5 kg/m^2	(d = 3,5 cm) 77,0 kg/m^2	(d = 3,5 cm) 77,0 kg/m^2
Konstruktions-höhe	0,5 cm	1,9 cm	2,5 cm	4,5 cm	6,0 cm	6,0 cm
Feuchte-beständigkeit	Normal	Gering	Gering	Sehr gut	Sehr gering	Sehr gut
Ausführendes Unternehmen	Fußbodenleger	Fußbodenleger	Trockenbauer	Fach-unternehmen	Estrichleger	Estrichleger Rohbauer
Anmerkungen				Starke Geruchs-belästigung bei Einbau		Hohe Feuchte-belastung bei Einbau

7.2 Problempunkt: Unzureichende Wasserdichtigkeit von Badezimmerböden

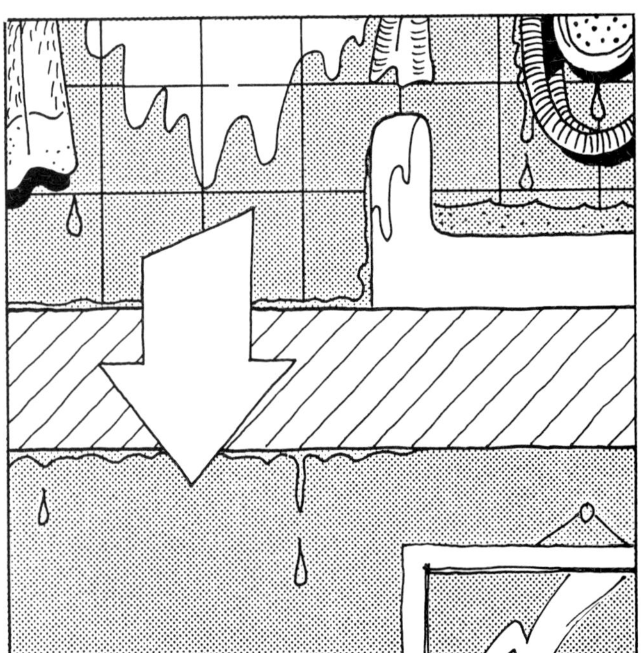

Die unzureichende Wasserdichtigkeit von Badezimmerböden ist ein häufiger und gravierender Mangel bei alten Gebäuden.

Während sich Schadensbilder von undichten Fußböden über Betondecken noch auf Verfärbungen und schlimmstenfalls auf Abplatzungen des Deckenputzes beschränken, führen ständige Durchfeuchtungen bei Holzbalkendecken unweigerlich zu Pilz- oder Schwammbefall mit Zerstörung des Holzquerschnittes und Verlust der Tragfähigkeit.

Insbesondere beim Einbau von Duschen werden Wände und Fußböden von Badezimmern stark durch Spritzwasser beansprucht.

Eventuell vorhandene Duschabtrennungen werden leider nur in den seltensten Fällen sorgfältig genug benutzt. Bei der Planung ist deshalb immer davon auszugehen, daß ein Großteil des Duschwassers als Spritz- oder Schwallwasser auf den Fußboden gelangt.

Zur Abdichtung des Fußbodens stehen folgende Konstruktionen zur Verfügung:

- ☐ Einbau eines PVC- oder Kautschuk-Belages, dessen Fugen verschweißt sind.
- ☐ Die Spachtelung des Fußbodens mit vergütetem Dünnbettkleber
- ☐ Der Einbau von Bitumen- oder Kunststoffdichtungsbahnen.

Nach der gültigen Norm DIN 18 195 ist der Einbau von Dichtungsbahnen als Feuchteschutz vorgeschrieben.

Es ist allerdings fraglich, ob die DIN 18 195, Teil 5 »Bauwerksabdichtungen, Abdichtungen gegen nicht drückendes Wasser«, überhaupt für die Abdichtung häuslicher Badezimmer Gültigkeit besitzt. In Fachkreisen wird dies zusehends bestritten.

Unabhängig davon sollten Badezimmerböden auf Holzbalkendecken immer mit Dichtungsbahnen ausgebildet werden, da alle anderen Dichtungsverfahren durch die Bewegungen des Bodens und die damit verbundene Rißgefahr zu stark gefährdet sind.

Eine Ausnahme bilden Holzbalkendecken mit Gußasphalt, hier kann der Feldbereich als gering rißgefährdet angesehen werden – Gefahrenstellen liegen hier vor allem im Anschluß an aufgehende Bauteile.

Grundsätzlich sollte auch bei allen hochbeanspruchten Badezimmern wie in Hotels, Studentenheimen etc. auf Bahnenabdichtungen nicht verzichtet werden.

Bei weniger intensiver Nutzung oder bei Massivdecken sind alternative Konstruktionen aber durchaus möglich:

Abdichtung mit PVC- bzw. Synthese-Kautschuk-Belägen

Der vorhandene Dielenboden wird durch Aufbringen einer Spachtelung oder einer Spanplatte begradigt. Besonders günstig ist das Aufbringen eines Gußasphalts, da dieser fugenlos eingebaut werden kann und selbst wasserdicht ist.

Auf den vorbereiteten Unterboden werden PVC- oder Kautschukbeläge in Bahnen oder Platten aufgeklebt. Für die Ver-

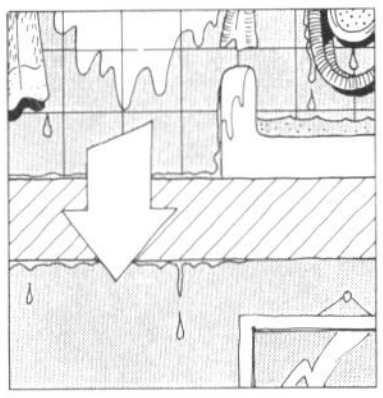

klebung sollten Zweikomponenten-Reaktionsharzkleber verwendet werden.

Die Platten- oder Bahnenstöße werden aufgefräst und anschließend mit thermoplastischen Dichtungsschnüren verschweißt. Hierdurch ist im Feldbereich eine recht gute Dichtigkeit zu erzielen.

Besonders schwierig ist der wasserdichte Anschluß an aufgehende Bauteile. Hier sind unbedingt vorgefertigte Wandanschlußprofile zu verwenden. Die Verwendung dauerplastischer Dichtungsmassen zum Verschluß der Randfuge reicht in keinem Fall zur Abdichtung aus.

Auf die Gefahr, daß durch die fehlende Durchlüftung Bauschäden (z. B. Schwamm) entstehen, muß in diesem Zusammenhang hingewiesen werden.

Die Wandanschlußprofile sind vor Verlegung des Bodenbelages sorgfältig an der Wand zu befestigen, anschließend ist der Bodenbelag auf den unteren Teil des Profils aufzukleben. Eckausbildungen des Wandanschlußprofils sind auf Gehrung zu schneiden und zu verschweißen, am besten sind vorgefertigte Eckteile zu verwenden.

Der Anschluß des Wandprofils an unebene Wandoberflächen ist nicht unkritisch. Die Abdichtungsfähigkeit im Anschluß an Wandbereiche darf deshalb nicht überschätzt werden.

Abdichtung durch Spachtelung des Fußbodens mit vergütetem Dünnbettkleber in Zusammenhang mit Fliesenbelägen

Die Abdichtung des Fußbodens mit Spachtelmassen setzt einen ebenen, tragfähigen Untergrund voraus. Auf alten Dielenböden ist also zunächst ein ebener Unterboden aufzubringen. Das können sein: Spanplatten, Spachtelungen oder Estriche; hier vor allem der wasserdichte und wasserbeständige Gußasphaltestrich. Bei Spachtelböden und Spanplatten ist immer die Rißgefahr zu berücksichtigen.

Die Abdichtung des Fußbodens durch Verlegung von Fliesenbelägen allein gewährleistet noch keine ausreichende Dichtigkeit. Diese kann jedoch erreicht werden, wenn der Untergrund zuvor mit dem für die Fliesenverlegung bestimmten Dünnbettmörtel vorgespachtelt wird.

Verwendet werden hierfür Pulverzementkleber, Dispersionskleber oder Zweikomponenten-Reaktionsharzkleber. Bei Untergründen aus Holzspanplatten muß dringend vor der Verwendung von wasserhaltigen beziehungsweise wasserabgebenden Klebern, also vor Pulverzement- oder Dispersionsklebern, gewarnt werden. Die Feuchtigkeitsabgabe kann zu starken Formänderungen der Holzspanplatte führen. Hier dürfen nur Reaktionsharzkleber verwendet werden.

Da bei Verlegung von Fliesen im Dünnbettverfahren der Kleber oder Mörtel nach dem Auftrag durchgekämmt wird, ist eine gleichmäßige Beschichtung als wassersperrende Schicht so nicht zu gewährleisten. Diese wassersperrende Schicht kann nur erreicht werden durch eine vollflächige 3,0 mm dicke Vorspachtelung. Erst nach Trocknung dieser Spachtelung kann der Dünnbettmörtel oder -kleber wie gewohnt aufgebracht werden.

Alternativ kann eine Abdichtung auch durch dreifachen Anstrich mit Bitumen-Kautschuk-Emulsionen vorgenommen werden.

Auch bei Abdichtungen mit Spachtelungen besteht das größte Problem wieder im Anschluß an die Abdichtung der Wände. Die hierfür wichtigen Details sind in Kapitel 7.2.2 dargestellt.

Einbau von Bitumen- oder Kunststoffdichtungsbahnen

Der Einbau von Dichtungsbahnen ist die sicherste, aber auch aufwendigste Art der Fußbodenabdichtung. Verwendet werden Bitumenbahnen, vorzugsweise Schweißbahnen, oder Kunststoffbahnen, zum Beispiel solche, die quellverschweißt werden. Dichtungsbahnen werden bei der Altbaumodernisierung direkt auf der Dielung verlegt. Die Abdeckung erfolgt mit geeigneten Unterböden; vorzugsweise Gußasphalt, gegebenenfalls auch anderen Estrichen oder Span- beziehungsweise Gipsplatten auf Ausgleichsschüttungen.

Neben der Flächendichtigkeit besteht ein großer Vorteil der Dachdichtungsbahnen darin, daß die Abdichtung ohne große Probleme an der Wand hochgeführt werden kann. Dies erleichtert den Anschluß an die Abdichtung der Wände, die immer über die Bodenabdichtung geführt werden soll.

Besonders günstig ist die Ausbildung des Wandanschlusses bei Verwendung von Ständerwänden mit Beplankung aus Gipskarton- oder Gipsfaserplatten.

Nach Aufstellen des Ständerwerkes ist die Abdichtung zunächst an einem schmalen Plattenstreifen aufzukanten. Die weitere Beplankung überlappt die Abdichtung, so daß eine sehr gute Dichtigkeit gewährleistet ist. Für die Wandabdichtung können verschiedene Verfahren gewählt werden, die im Kapitel »Wandabdichtungen« beschrieben sind.

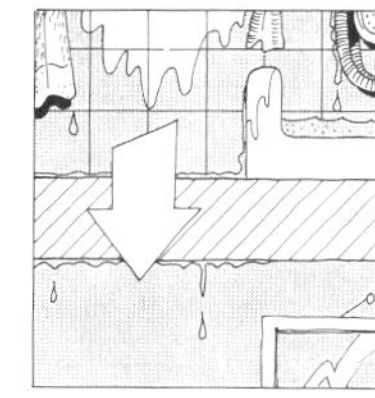

7.2.1 Übersicht über Lösungsmöglichkeiten

Fugenverschweißter PVC-Boden	
Baukosten	12,- DM/m²
Begleitende erforderliche Maßnahmen	Spanplatte als Unterboden 30,- DM/m² PVC-Belag 35,- DM/m²
Lebensdauer	20 Jahre
Einbauzeiten	0,27 Std./m²
Trocknungs-/Wartezeiten	2 x 1 Tag (nach dem Vorspachteln)
Gewicht	PVC-Boden = 4,0 kg/m² Spanplatte = 16,0 kg/m² 20,0 kg/m²
Konstruktionshöhe (einschl. Unterboden)	35,0 mm
Abdichtungsgrad	Mittel, im Randbereich kritisch
Ausführendes Unternehmen	Fußbodenleger
Anmerkung	Abdichtung an aufgehende Bauteile kritisch

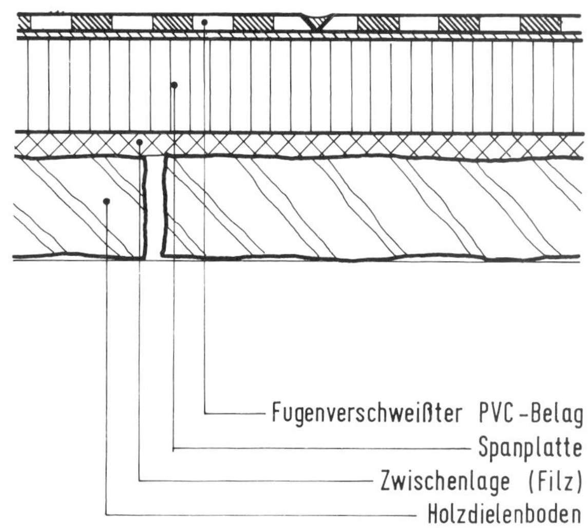

Abdichtung durch Spachtelung	
Baukosten	55,- DM/m²
Begleitende erforderliche Maßnahmen	Fliesenbelag 150,- DM/m²
Lebensdauer	Geschätzt: 20 bis 25 Jahre (Erfahrungswerte liegen noch nicht vor)
Einbauzeiten	0,26 Std./m²
Trocknungs-/Wartezeiten	1 Tag
Gewicht	Spachtelung = 1,0 kg/m² Spanplatte = 16,0 kg/m² Fliesen = 10,0 kg/m² 27,0 kg/m²
Konstruktionshöhe (einschl. Unterboden)	11,0 mm
Abdichtungsgrad	Mittel
Ausführendes Unternehmen	Fliesenleger
Anmerkung	

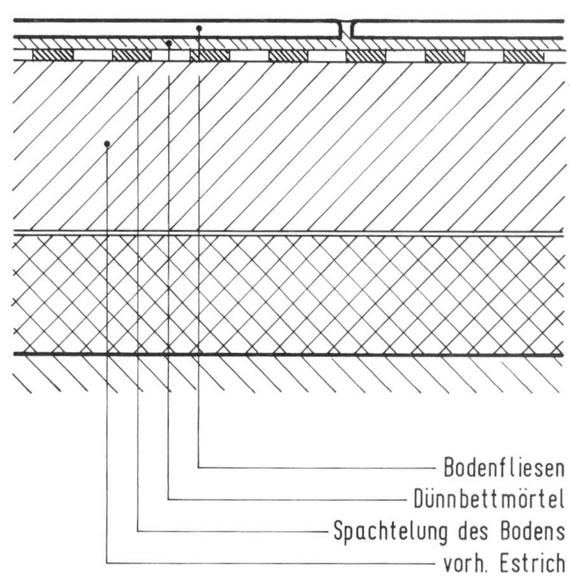

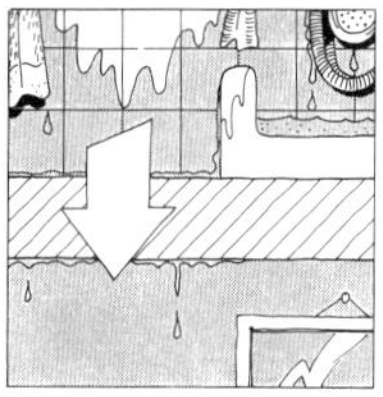

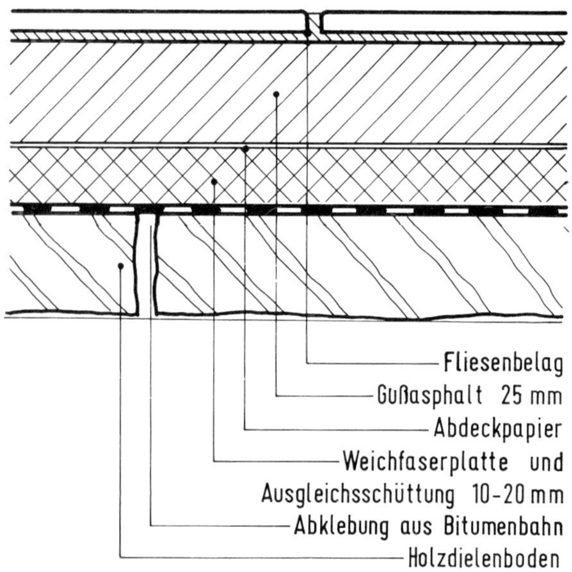

Abklebung mit Dichtungsbahnen	
Baukosten	30,- DM/m²
Begleitende erforderliche Maßnahmen	Gußasphalt als Unterboden 55,- DM/m² Fliesenbelag 150,- DM/m²
Lebensdauer	40 bis 50 Jahre
Einbauzeiten	0,44 Std./m²
Trocknungs-/Wartezeiten	Keine
Gewicht	Abklebung = 2,0 kg/m² Estrich = 60,0 kg/m² Fliesen = 10,0 kg/m² 72,0 kg/m²
Konstruktionshöhe (einschl. Unterboden)	57,0 mm
Abdichtungsgrad	Hoch
Ausführendes Unternehmen	Estrichleger
Anmerkung	

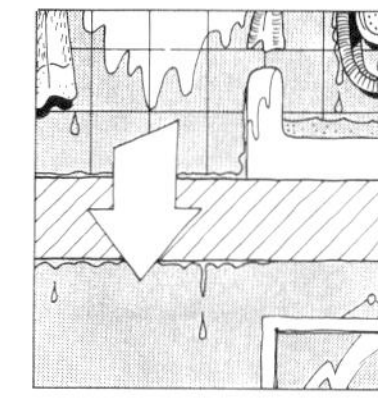

7.2.2 Abdichtung von Feuchtraumfußböden - Details

Bahnenabdichtung
Wandanschluß 1

- Aufkantung der Bahnenabdichtung am massiven Mauerwerk.
- Einlegen von Dreikantleisten, um Beschädigung der Dichtungsbahnen im Eckbereich zu vermeiden.
- Dichtungsspachtel der Wand über Bahnenabdichtung führen.
- Eckfuge des Fliesenbelags in den Fußboden legen, um Abriß bei Bewegungen zu verhindern.

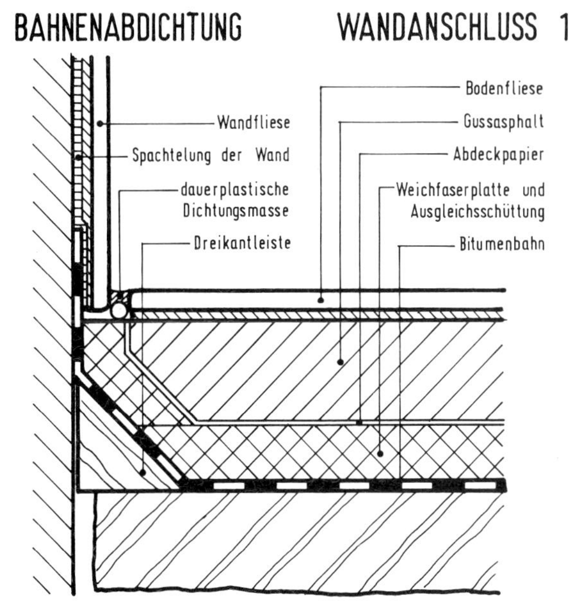

Bahnenabdichtung
Wandanschluß 2

- Bahnenabdichtung an Randstreifen der Ständerwand aufkanten.
- Einlegen von Dreikantleisten, um Beschädigung der Dichtungsbahn im Eckbereich zu vermeiden.
- Beplankungslage mit Spachtelung über Bahnenabdichtung führen.
- Eckfuge des Fliesenbelages in den Fußboden legen, um Abriß bei Bewegungen zu verhindern.

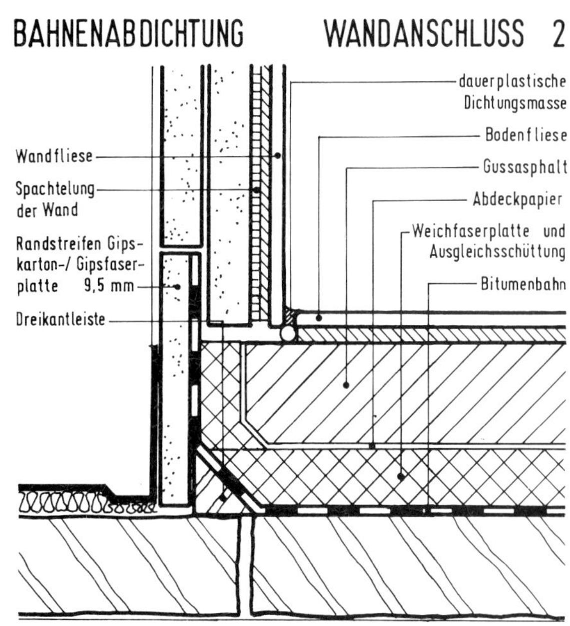

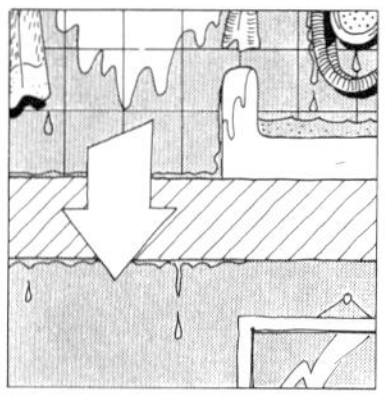

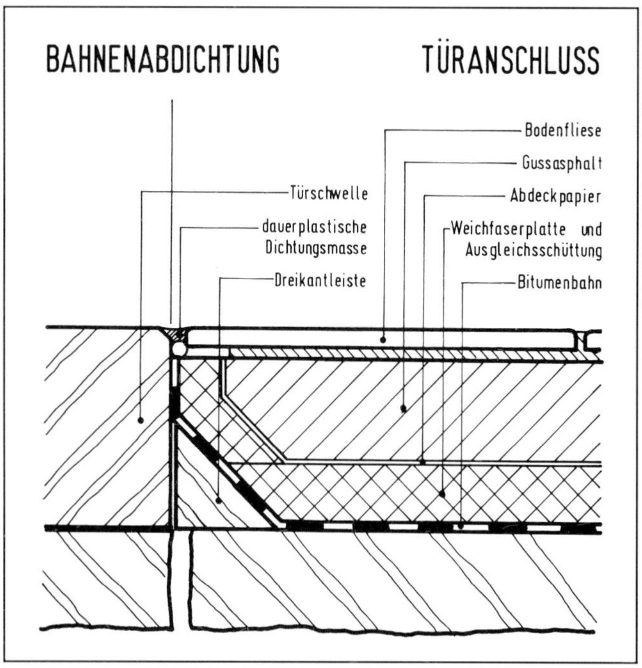

Bahnenabdichtung
Türanschluß

- Einbau einer Holzschwelle in der Badezimmertür.
- Aufkantung der Dichtungsbahn an der Türschwelle.
- Einlegen einer Dreikantleiste, um Beschädigung der Dichtungsbahn im Eckbereich zu vermeiden.
- Dauerplastische Abdichtung der Fuge zwischen Fliesenbelag und Türschwelle.

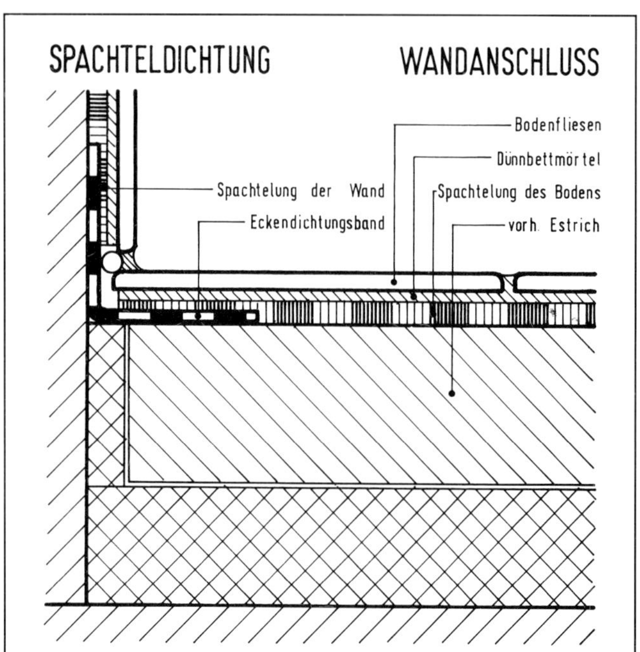

Spachteldichtung
Wandanschluß

- Einkleben eines Dichtungsbandes in die Ecke zwischen Fußboden und Wand.
- Aufbringen des Dichtungsspachtels auf Boden- bzw. Wandfläche.
- Überdecken des Dichtungsbandes mit Dichtungsspachtel.

Dichtungsband und Spachtelmassen sind herstellerabhängig aus unterschiedlichen Materialien. Zur Sicherung der Verträglichkeit Herstellerangaben beachten.

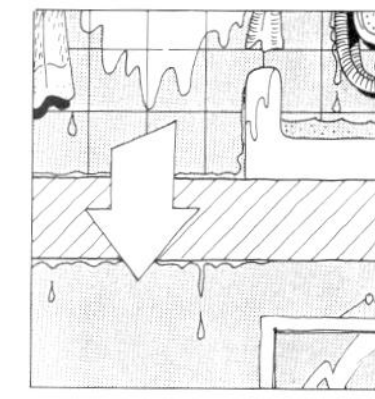

7.2.3 Vergleichende Beurteilung

	Fugenverschweißter PVC-Boden	Abdichtung durch Spachtelung	Abklebung mit Dichtungsbahnen
Baukosten	12,– DM/m^2	55,– DM/m^2	30,– DM/m^2
Begleitende erforderliche Maßnahmen	Spanplatte als Unterboden 30,– DM/m^2 PVC-Belag 35,– DM/m^2	Fliesenbelag 150,– DM/m^2	Gußasphalt als Unterboden 55,– DM/m^2 Fliesenbelag 150,– DM/m^2
Lebensdauer	20 Jahre	Geschätzt: 20 bis 25 Jahre (Erfahrungswerte liegen noch nicht vor)	40 bis 50 Jahre
Einbauzeiten	0,27 Std./m^2	0,26 Std./m^2	0,44 Std./m^2
Trocknungs-/Wartezeiten	2 x 1 Tag (nach dem Vorspachteln)	1 Tag	Keine
Gewicht	PVC-Boden = 4,0 kg/m^2 Spanplatte = 16,0 kg/m^2 20,0 kg/m^2	Spachtelung = 1,0 kg/m^2 Spanplatte = 16,0 kg/m^2 Fliesen = 10,0 kg/m^2 27,0 kg/m^2	Abklebung = 2,0 kg/m^2 Estrich = 60,0 kg/m^2 Fliesen = 10,0 kg/m^2 72,0 kg/m^2
Konstruktionshöhe (einschl. Unterboden)	35,0 mm	11,0 mm	57,0 mm
Abdichtungsgrad	Mittel, im Randbereich kritisch	Mittel	Hoch
Ausführendes Unternehmen	Fußbodenleger	Fliesenleger	Estrichleger
Anmerkung	Abdichtung an aufgehende Bauteile kritisch		

8 Fenster/Türen

8.1 Problempunkt: Geringe Wärmedämmung von Fenstern/Türen

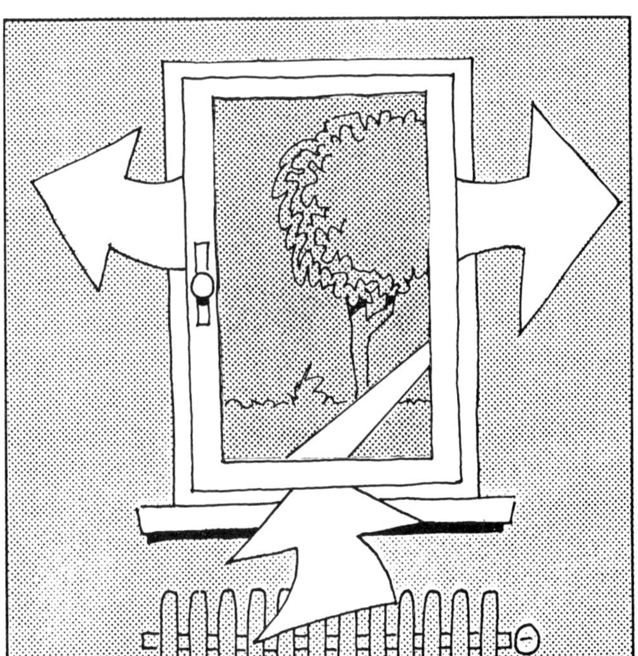

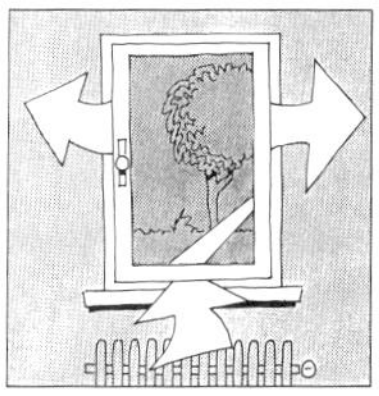

Undichte, nicht wärmegedämmte Fenster führen zu erheblichen Wärmeverlusten. Hierbei ist zu unterscheiden zwischen *Transmissionswärmeverlusten* durch geringe Dämmwirkung von Einfachverglasung und *Lüftungswärmeverlusten* durch geringe Fugendichtigkeit.

Bevor Maßnahmen zur Behebung der Wärmeverluste getroffen werden, ist genau zu analysieren, ob es sich um Transmissionswärmeverluste, um Lüftungswärmeverluste oder um eine Kombination beider Verlustquellen handelt.

Nicht selten trifft man in Gründerzeithäusern Kastenfenster an, die recht gute Wärmedämmwerte aufweisen, bei denen es durch Fugenundichtigkeiten jedoch zu erheblichen Wärmeverlusten kommt.

Andererseits findet man oft in Bauten der 50er Jahre noch gut und dicht schließende Fenster, die infolge der Einfachverglasung hohe Transmissionswärmeverluste aufweisen.

Zur Verbesserung der Wärmedämmung von Fenstern (und Fenstertüren) stehen folgende Möglichkeiten zur Verfügung:

- □ Einbau von Dichtungsprofilen
- □ Einbau einer zweiten Glasscheibe in Sparrahmen
- □ Einbau von Isolierglas in vorhandenen Rahmen
- □ Einbau eines zweiten Fensters innen
- □ Einbau eines neuen Fensters mit Isolierverglasung
- □ Einbau eines neuen Verbundfensters

Auf ein großes Problem muß hier ganz dringend hingewiesen werden:

Der Einbau fugendichter Fenster oder die Abdichtung vorhandener Fugen führt zwangsläufig zu einem stark verminderten Luftaustausch zwischen Wohnung und Außenluft.

Während bisher feuchte Luft aus Innenräumen durch die Fugenundichtigkeiten der Fenster im Luftaustausch abgeführt wurde, ist dieser Vorgang nun unterbrochen oder zumindest stark eingeschränkt. Die Folge hiervon kann eine starke Erhöhung der Luftfeuchte des Innenraumes sein. Die Luftfeuchte kann soweit ansteigen, daß es an den Innenseiten von Außenbauteilen mit geringer Oberflächentemperatur (Raumecken, Fensterleibungen, Bereiche hinter Bildern, Schränken etc.) zur Unterschreitung der Taupunkttemperatur und damit zur Bildung von Kondensat kommt. Dies muß unbedingt verhindert werden.

Abhilfe kann geschaffen werden durch eine Verbesserung der Wärmedämmung der Außenwandflächen, so daß niedrige Bauteiloberflächentemperaturen verhindert werden, oder durch Entfeuchtung der Innenluft bei gezieltem Luftaustausch (Stoßlüftung).

Wenn die Verbesserung der Wärmedämmung der Außenwände nicht möglich ist, dann müssen die Bewohner durch ausführliche Information mit dem Problem vertraut gemacht und zu sorgfältigem und richtigem Lüften angehalten werden.

Einbau von Dichtungsprofilen

Der Einbau von Dichtungsprofilen empfiehlt sich dann, wenn Lüftungswärmeverluste zu beheben sind, also zum Beispiel bei zusätzlicher Dämmung vorhandener Kastenfenster oder als ergänzende Maßnahme bei Einbau von Isolierglas oder einer zweiten Scheibe in vorhandene Holzfenster.

Zum Einbau von Dichtungsprofilen wird in den vorhandenen Flügelrahmen umlaufend eine Nut eingefräst, in die das Dichtungsprofil eingeklemmt wird. Hierbei muß beachtet werden, daß vor allem auf der Bandseite des Fensters keine unzulässig hohen Quetschungen der Dichtung auftreten.

Bei ausreichend breiten Rahmenprofilen kann eine Schlupfnut eingefräst werden, die das unter Druck verbreiterte Dichtungsprofil aufnimmt.

Einbau einer zweiten Glasscheibe in Sparrahmen

Zur Verminderung von Transmissionswärmeverlusten ist die Wärmedämmung des Glases im Fenster zu verbessern.

Am einfachsten und preiswertesten geschieht dies durch Einbau einer zweiten Glasscheibe auf der Innenseite des vorhandenen Fensters. Voraussetzung hierfür ist eine intakte vorhandene Verglasung mit funktionsfähigem, zumindest reparaturfähigem Kittfalz.

Die zweite Glasscheibe wird durch schmale Kunststoff-/Aluprofile eingefaßt und mit Spezialschrauben auf der Innenseite des Fensterflügels gehalten.

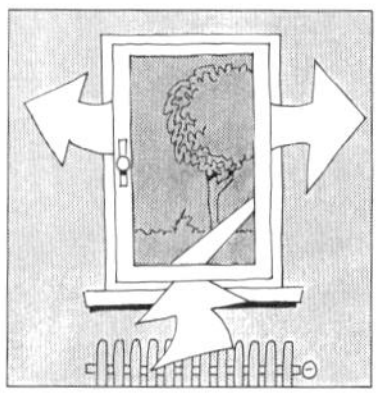

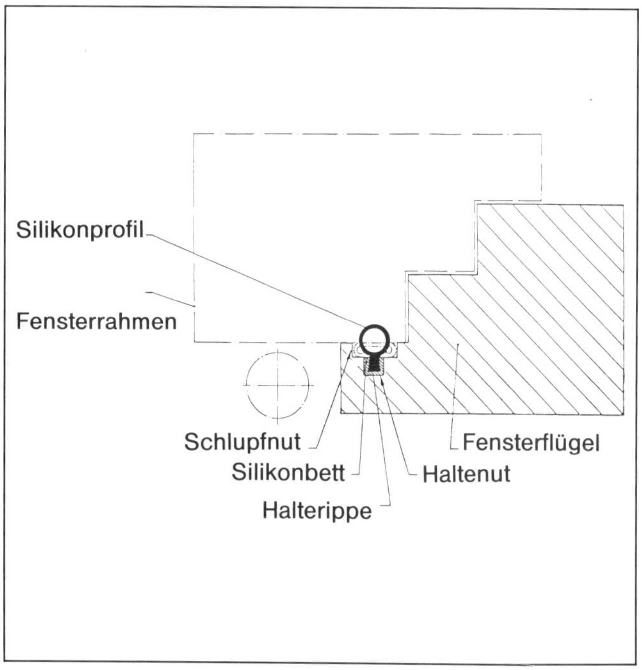

Schlupfnut zur Aufnahme der zusammengedrückten Dichtung

Geringe Undichtigkeiten zwischen Kunststoffprofil und vorhandenem Fensterflügel führen zu einer geringen Durchlüftung des Scheibenzwischenraumes und verhindern so weitgehend eine Kondensatbildung zwischen den Scheiben.

Einbau von Isolierglas in vorhandenen Rahmen

Ist die alte Verglasung schadhaft, oder wird eine zweite innere Scheibe aus optischen Gründen nicht gewünscht, so kann eine Verbesserung des Wärmeschutzes durch den Ersatz der Einscheibenverglasung durch Zweischeibenisolierglas erreicht werden.

Es gibt mehrere Möglichkeiten, Zweischeibenisolierglas in alte Holzrahmen einzusetzen; sie sind im folgenden dargestellt.

Einbau eines zweiten Fensters innen

Ein besonders guter Wärmeschutz wird durch Ausbildung eines Kastenfensters erreicht. Das alte Fenster wird belassen und ein zweites neues Fenster auf der Innenseite der Wand ergänzt. Hierbei wird das neue Fenster mit Flügeldichtungen und Isolierglas versehen. Die lichte Öffnung des neuen Fensters muß dabei größer sein als der Flügelrahmen des vorhandenen Fensters, damit das alte Fenster durch das neue hindurch öffnen kann.

Meist ist es erforderlich, die alte, vorhandene Fensterbank bündig mit der Wand abzuschneiden, damit das neue Fenster an der Wand angeschraubt werden kann.

Ein großer Vorteil dieser Dämmaßnahme besteht darin, die alten Fenster mit Sprossenteilung oder profilierten Flügelrahmen belassen zu können und gleichzeitig die Transmissions- und Lüftungswärmeverluste stark zu mindern.

Neues Fenster mit Isolierverglasung

Ist das alte, vorhandene Fenster sehr stark beschädigt, wird es sinnvollerweise gegen ein neues mit Isolierverglasung ausgetauscht.

Einbau einer zweiten Glasscheibe in Sparrahmen

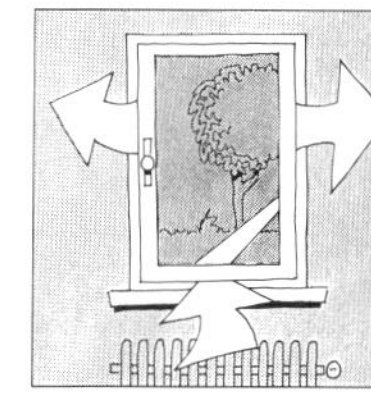

Neues Holzfenster mit historischer Sprossenteilung

Einbau eines zweiten Fensters auf der Rauminnenseite

Als Materialien für die Rahmenkonstruktion stehen Holz, Aluminium oder Kunststoff zur Verfügung. Die Wahl des Rahmenmaterials hängt stark ab von den Gegebenheiten und vom persönlichen Geschmack. Dazu kommen regionale Besonderheiten.

Hier gibt es große Unterschiede zwischen Nord- und Süddeutschland.

Neues Verbundfenster

Sind Belange des Denkmalschutzes zu berücksichtigen, scheiden neue Fenster mit Isolierverglasung meist aus, da ihre Profilabmessungen zu groß sind und oft nur Sprossen mit großen Abmessungen eingebaut werden können.

In solchen Fällen werden Verbundfenster eingesetzt. Hierbei sind zwei Fensterflügel unmittelbar miteinander gekoppelt. Der äußere Flügel ist dabei immer einfach verglast, der innere Flügel kann Einfach- oder Isolierverglasung erhalten, je nach gewünschter Wärmedämmung.

Die Einfachverglasung des äußeren Flügelrahmens gestattet problemlos den Einbau von Holzsprossen in geringen Abmessungen, die dem historischen Vorbild entsprechen.

Zu Reinigungszwecken können die beiden Fensterflügel entkoppelt und geöffnet werden.

Bei erhöhtem Denkmalschutz werden immer häufiger Verbundfenster verwendet, welche mit einem Wetterschenkel und besonderen Profilen ausgeführt werden, um die Regenschiene voll abzudecken, und vollkommen die ursprüngliche Gestaltung wiedererreichen.

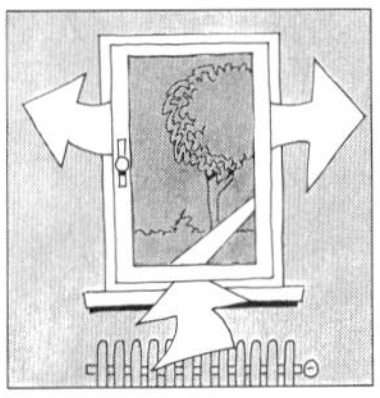

8.1.1 Übersicht über Lösungsmöglichkeiten

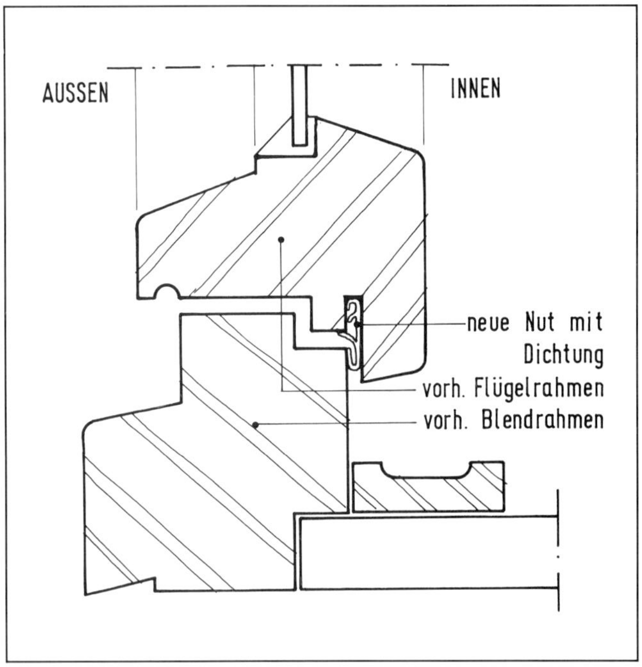

Einbau von Dichtungsprofilen	
Baukosten	25,- DM/m²
Lebensdauer	5 bis 10 Jahre
Begleitende erforderliche Maßnahmen	Keine
Einbauzeiten	Ca. 1 Std./Fenster
Wartezeit	Keine
Veränderung der Scheibengröße	Keine
Wärmedurchgangskoeffizient W (m² x K) (siehe DIN 4108)	Ca. 5,2
Ausführendes Unternehmen	Glaser
Beeinträchtigung der Wohnnutzung	Gering
Denkmalverträglichkeit	Gut
Anmerkungen	

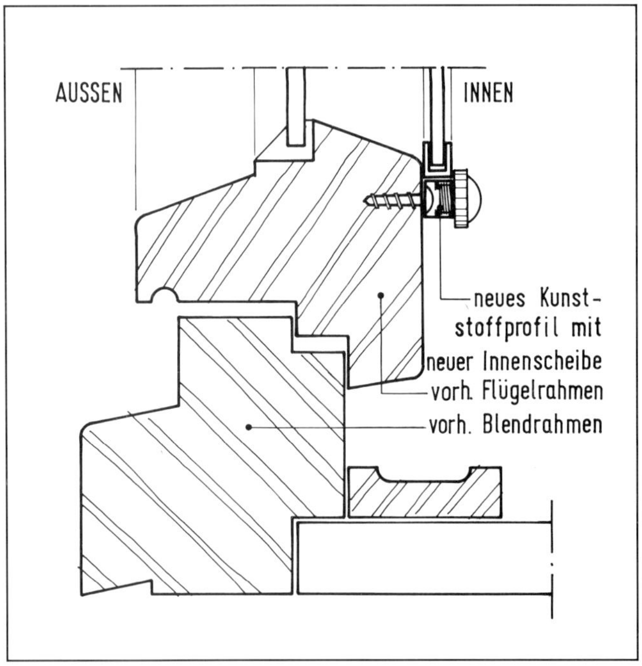

Einbau einer zweiten Glasscheibe in Sparrahmen	
Baukosten	350,- DM/m²
Lebensdauer	10 bis 20 Jahre
Begleitende erforderliche Maßnahmen	Dichtungsprofile einbauen
Einbauzeiten	Ca. 30 Min./Fenster
Wartezeit	Keine
Veränderung der Scheibengröße	Keine
Wärmedurchgangskoeffizient W/(m² x K) (siehe DIN 4108)	Ca. 2,6
Ausführendes Unternehmen	Glaser/Tischler
Beeinträchtigung der Wohnnutzung	Gering
Denkmalverträglichkeit	Gut
Anmerkungen	Alte Sprossenteilung bleibt erhalten

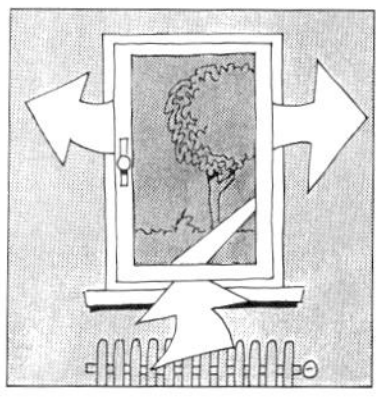

Einbau von Isolierglas in vorhandenen Rahmen	
Baukosten	370,- DM/m²
Lebensdauer	10 bis 20 Jahre
Begleitende erforderliche Maßnahmen	Dichtungsprofile einbauen
Einbauzeiten	Ca. 1 Std./Fenster
Wartezeit	1 Tag
Veränderung der Scheibengröße	Neue Scheibe ist kleiner bei einigen Verfahren
Wärmedurchgangskoeffizient W/(m² x K) (siehe DIN 4108)	Ca. 2,6
Ausführendes Unternehmen	Glaser/Tischler
Beeinträchtigung der Wohnnutzung	Gering
Denkmalverträglichkeit	Schlecht
Anmerkungen	Schwächung des Rahmens durch Auffräsen bei einigen Verfahren

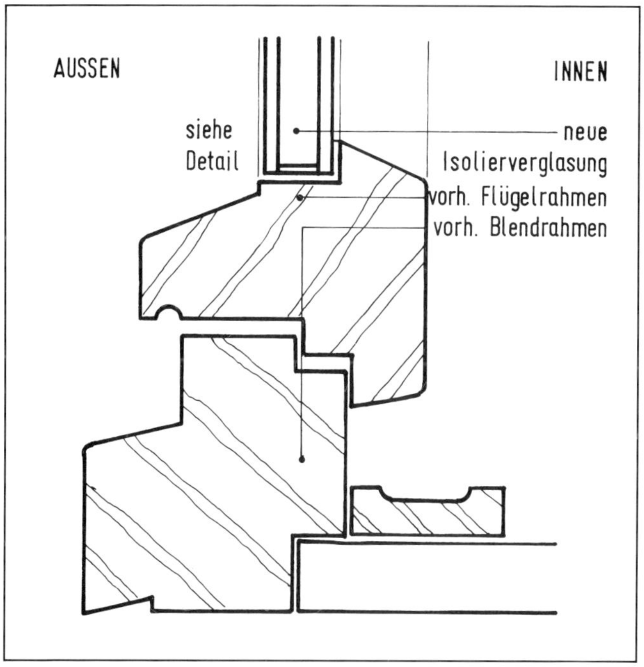

Einbau eines zweiten Fensters innen	
Baukosten	540,- DM/m²
Lebensdauer	40 Jahre Holz 10 bis 20 Jahre Glas
Begleitende erforderliche Maßnahmen	Dichtungsprofile einbauen
Einbauzeiten	Ca. 1 Std./Fenster
Wartezeit	Keine
Veränderung der Scheibengröße	Lichteinfall insgesamt geringer
Wärmedurchgangskoeffizient W/(m² x K) (siehe DIN 4108)	Ca. 1,9
Ausführendes Unternehmen	Tischler
Beeinträchtigung der Wohnnutzung	Gering
Denkmalverträglichkeit	Gut
Anmerkungen	Alte Sprossenteilung bleibt erhalten

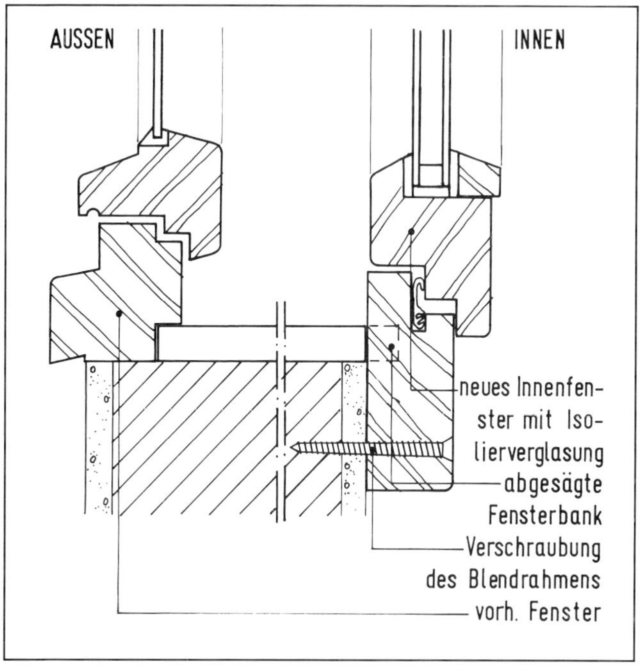

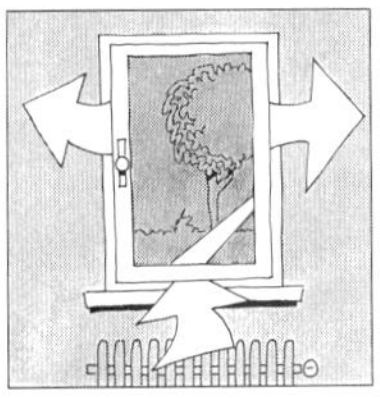

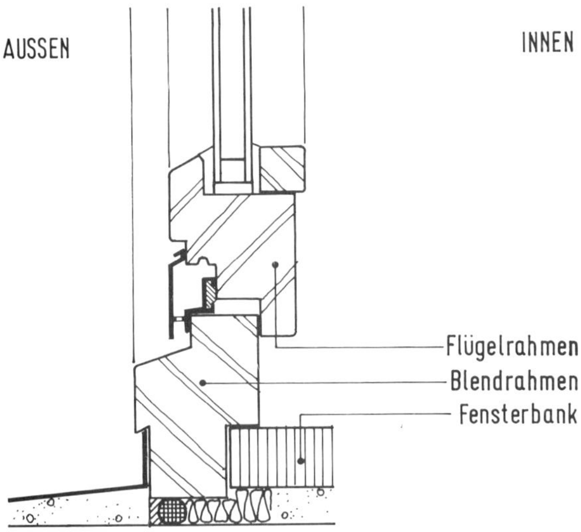

Neues Fenster mit Isolierverglasung (ohne Denkmalschutz)	
Baukosten	710,- DM/m²
Lebensdauer	40 Jahre Holz 10 bis 20 Jahre Glas
Begleitende erforderliche Maßnahmen	Beiputz/Anstrich Wand
Einbauzeiten	Ca. 2 Std./Fenster
Wartezeit	Keine
Veränderung der Scheibengröße	Geringfügig kleiner
Wärmedurchgangskoeffizient W/(m² x K) (siehe DIN 4108)	Ca. 2,6
Ausführendes Unternehmen	Tischler
Beeinträchtigung der Wohnnutzung	Mittel
Denkmalverträglichkeit	Schwierig
Anmerkungen	Sprossenteilung beachten!

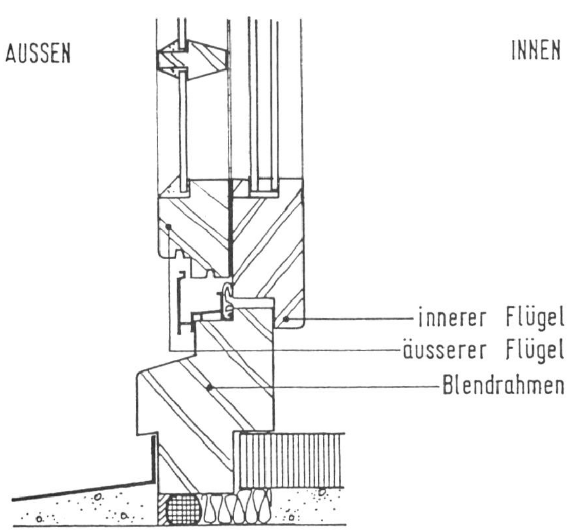

Neues Verbundfenster (ohne Denkmalschutz)	
Baukosten	1165,- DM/m²
Lebensdauer	40 Jahre Holz 10 bis 20 Jahre Glas
Begleitende erforderliche Maßnahmen	Beiputz/Anstrich Wand
Einbauzeiten	Ca. 2 Std./Fenster
Wartezeit	Keine
Veränderung der Scheibengröße	Geringfügig kleiner
Wärmedurchgangskoeffizient W/(m² x K) (siehe DIN 4108)	Ca. 2,3
Ausführendes Unternehmen	Tischler
Beeinträchtigung der Wohnnutzung	Mittel
Denkmalverträglichkeit	Schwierig
Anmerkungen	Aufnahme der alten Sprossenteilung möglich

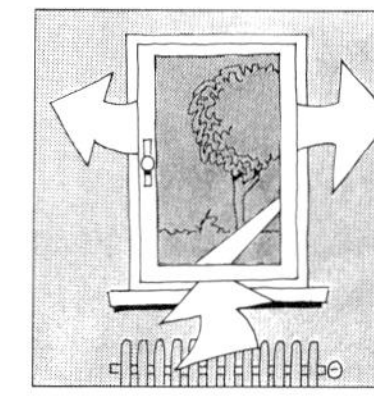

Neues denkmalgerechtes Fenster mit Isolierverglasung	
Baukosten	850,- DM/m²
Lebensdauer	40 Jahre Holz 10 bis 20 Jahre Glas
Begleitende erforderliche Maßnahmen	Beiputz/Anstrich Wand
Einbauzeiten	Ca. 2 Std./Fenster
Wartezeit	Keine
Veränderung der Scheibengröße	Geringfügig kleiner
Wärmedurchgangskoeffizient W/(m² x K) (siehe DIN 4108)	Ca. 2,6
Ausführendes Unternehmen	Tischler
Beeinträchtigung der Wohnnutzung	Mittel
Denkmalverträglichkeit	
Anmerkungen	Sprossenteilung beachten!

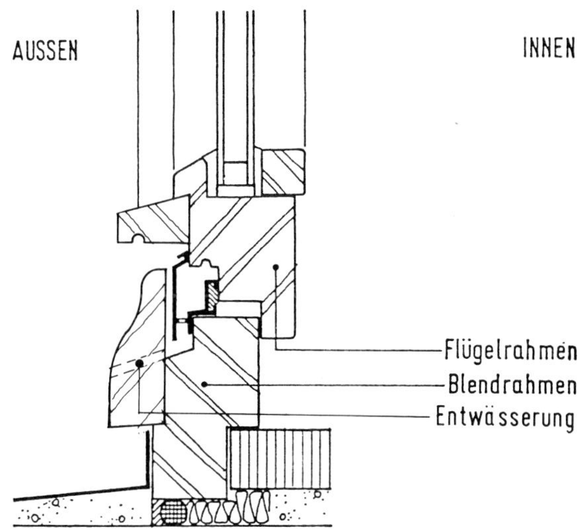

Neues denkmalgerechtes Verbundfenster	
Baukosten	1400,- DM/m²
Lebensdauer	40 Jahre Holz 10 bis 20 Jahre Glas
Begleitende erforderliche Maßnahmen	Beiputz/Anstrich Wand
Einbauzeiten	Ca. 2 Std./Fenster
Wartezeit	Keine
Veränderung der Scheibengröße	Geringfügig kleiner
Wärmedurchgangskoeffizient W/(m² x K) (siehe DIN 4108)	Ca. 2,3
Ausführendes Unternehmen	Tischler
Beeinträchtigung der Wohnnutzung	Mittel
Denkmalverträglichkeit	Gut
Anmerkungen	Aufnahme der alten Sprossenteilung möglich

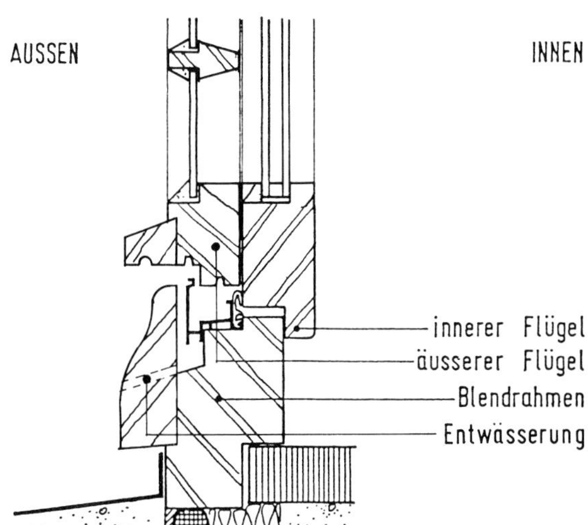

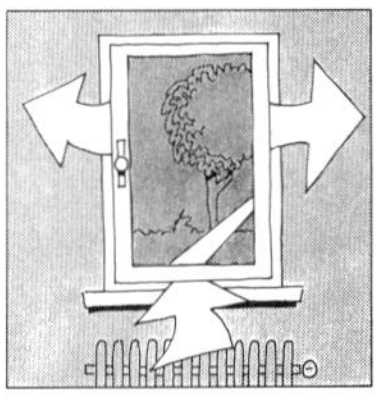

Vor dem Einbau von neuem Isolierglas sind die alten Holzrahmen auf Verwendbarkeit zu prüfen

8.1.2 Einbau von Isolierverglasung in vorhandene Holzrahmen - Erläuterung

Mindestens vier grundsätzlich verschiedene Verfahren zum nachträglichen Einbau von Isolierverglasung in vorhandene Holzfenster stehen zur Verfügung:

□ Einbau von Stufenfalzisolierglas

□ Einbau von Isolierglas mit Kunststoffprofilen

□ Einbau von Isolierglas mit Aluminiumprofilen

□ Auffräsen des Holzrahmens und Einbau von Isolierglas mit Glashalteleisten

Vor dem Einbau von Isolierglas in alte Holzfensterrahmen sind die alten Rahmen sorgfältig auf ihren Zustand zu untersuchen. Das Einsetzen von Wärmeschutzglas in alte Rahmen ist zwar grundsätzlich ein sehr gutes Verfahren zur Verbesserung der Wärmedämmung, es lohnt sich jedoch nur, wenn die Holzrahmen noch in einem Zustand sind, der eine ausreichend lange Lebensdauer garantiert.

Folgende Dinge sind daher sorgfältig zu prüfen:

□ Befall des Holzes durch pflanzliche Schädlinge wie Blättlinge oder Bläuepilze,

□ Gängigkeit und Funktionstüchtigkeit der Beschläge,

□ ausreichende Festigkeit der Bänder,

□ Verformungen oder Verzug der Flügel- und Blendrahmen,

□ ausreichender, mindestens reparaturfähiger Zustand der Holzoberfläche,

□ ausreichende Festigkeit des Fensterflügels.

Durch die neue Isolierverglasung wird erhebliches zusätzliches Gewicht in den Fensterflügel eingebracht, die vorhandene Flügelrahmenkonstruktion muß diese Kräfte aufnehmen können. Darüber hinaus ist durch sorgfältige Klotzung der Scheibe beziehungsweise durch sorgfältige Montage sicherzustellen, daß der Rahmen sich durch das zusätzliche Gewicht nicht verzieht.

Beim nachträglichen Einbau von Isolierverglasung sollte gleichzeitig die Fugendichtigkeit des Fensters durch Einbau von Gummidichtungen verbessert werden.

Einbau von Stufenfalzisolierglas

Stufenfalzisolierglas ist eine besondere Form von Zweischeibenisolierglas, bei der eine Scheibe 12,0 bis 16,0 mm größer ist als die andere und so 6,0 bis 8,0 mm über das Scheibenabstandsprofil und die Verklebung hinaussteht.

Mit dem überstehenden Stufenfalz wird das Isolierglas in den vorhandenen Glasfalz des Holzfensters eingesetzt, verklotzt, befestigt und innen und außen verkittet.

Hierzu muß die alte Glasscheibe ausgebaut und der Glasfalz vollständig und sorgfältig von allen Kittresten befreit werden.

Ein Nachteil dieses Verfahrens besteht darin, daß die Isolierglasscheiben bis zum Einbau durch den überstehenden Glasrand extrem bruchgefährdet sind.

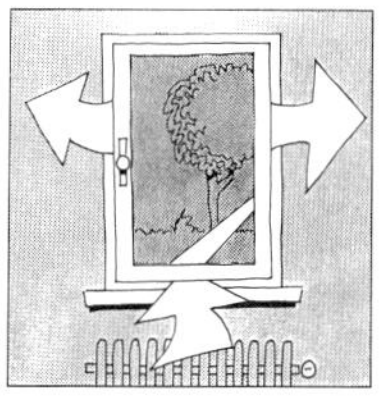

Einbau von Isolierglas mit Kunststoffprofilen

Beim Einbau von Isolierglas mit Kunststoffprofilen wird ebenfalls die alte Glasscheibe ausgebaut, der Glasfalz braucht jedoch nicht ausgestemmt zu werden. Kittreste können dort verbleiben, da das neue Kunststoffprofil den Glasfalz vollständig überdeckt.

Die werkseitig gefertigte Isolierglasscheibe wird vom Glaser mit dem Kunststoffprofil eingefaßt. Das Profil ist an den Ecken auf Gehrung geschnitten und wird mit Stahlwinkeln zusammengehalten. Das Kunststoffprofil wird mit der Scheibe in den Holzrahmen geschraubt. Nach der Montage wird die Schraubenreihe mit einem zweiten Profil abgedeckt. Scheibe und Profil werden innen und außen versiegelt.

Einbau von Isolierglas mit Aluminiumprofil

Bei diesem Verfahren wird die Isolierglasscheibe durch ein Aluminiumprofil eingefaßt. Das Aluprofil ist in den Ecken auf Gehrung geschnitten und verlötet beziehungsweise verschraubt.

Die Isolierglasscheibe wird mit dem Aluprofil in den vorhandenen Glasfalz eingesetzt, befestigt und versiegelt.

Das Aluminiumprofil bildet einen sehr guten Kantenschutz für die Isolierglasscheibe, stellt andererseits aber auch eine gute Wärmebrücke dar, so daß mit Tauwasser auf der Innenseite des Profils gerechnet werden muß.

Auffräsen des Rahmens und Einsetzen des Glases mit Glashalteleisten

Während die bisher vorgestellten Verfahren vom Glaserhandwerk ausgeführt werden, wurde die hier vorgestellte Möglichkeit vom Schreinerhandwerk entwickelt.

Nach dem Ausbau der alten Glasscheibe wird der Fensterrahmen glatt ausgefräst.

Die neue Isolierglasscheibe wird mit inneren und äußeren Glashalteleisten in den vorhandenen Holzrahmen eingesetzt und versiegelt.

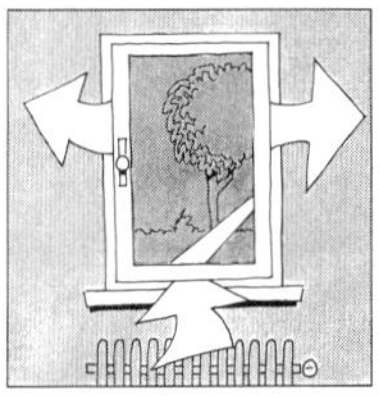

8.1.3 Einbau von Isolierverglasung in vorhandene Holzrahmen - Details

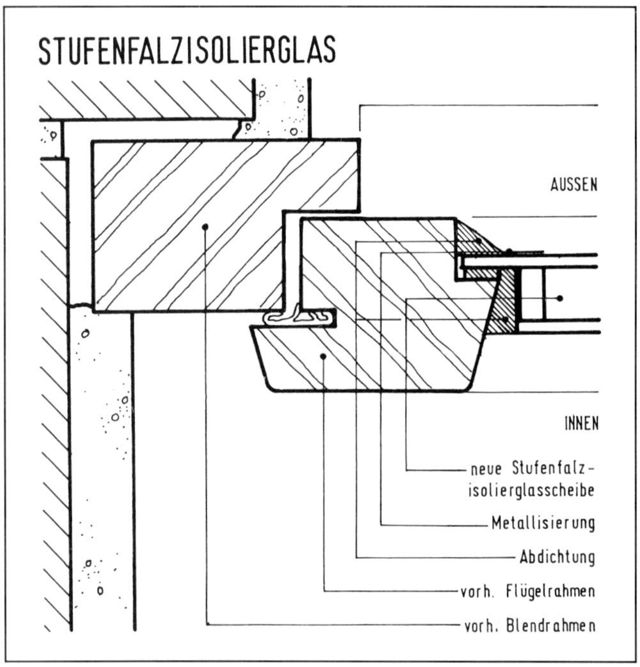

Stufenfalzisolierglas

□ Ausbau der alten Glasscheibe.

□ Einsetzen des neuen Stufenisolierglases.

□ Abdichtung der Fugen mit Fensterkitt.

Der Kittstreifen auf der Außenseite muß den Randverbund der Scheibe vor Lichteinwirkung schützen (UV-Schutz).

Alternativ kann der UV-Schutz durch (werkseitige) Metallisierung der Scheibe erreicht werden.

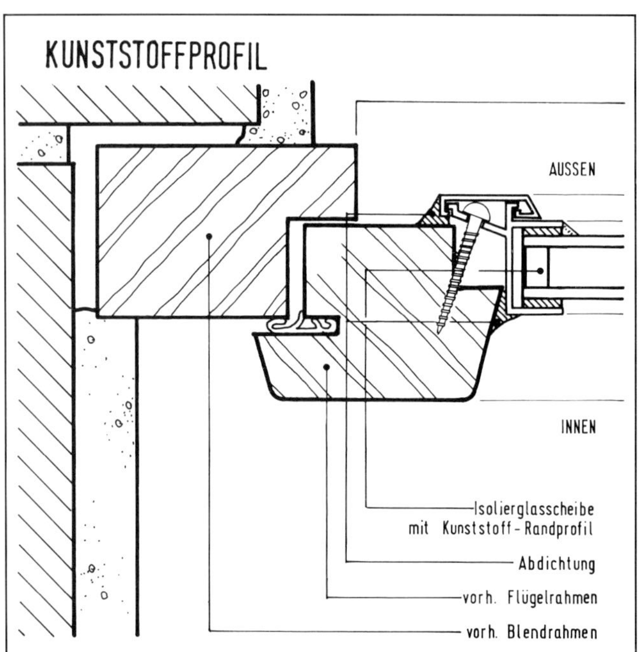

Kunststoffprofil

□ Ausbau der alten Glasscheibe.

□ Einsetzen der neuen Isolierglasscheibe mit Kunststoffprofil.

Verschrauben des Kunststoffprofils am Holzrahmen, Kittfalz wird überdeckt.

□ Anbringen der Versiegelung zwischen Glasscheibe und Kunststoffprofil.

□ Abdichtung der Fuge zwischen Kunststoffprofil und Holzrahmen mit dauerplastischem Dichtungsmaterial.

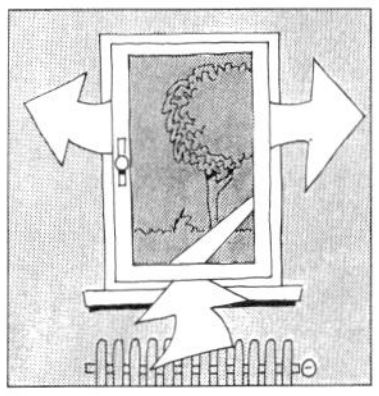

Aluminium-Profil

- □ Ausbau der alten Glasscheibe.
- □ Säubern des vorhandenen Kittfalzes.
- □ Einsetzen der neuen Isolierglasscheibe mit Aluminiumprofil.
- □ Verschrauben des Aluminiumprofils am Holzrahmen.
- □ Abdichten der Fuge zwischen Holzrahmen und Aluminiumprofil mit Fensterkitt.
- □ Anbringen der Versiegelung zwischen Glasscheibe und Aluminiumprofil.

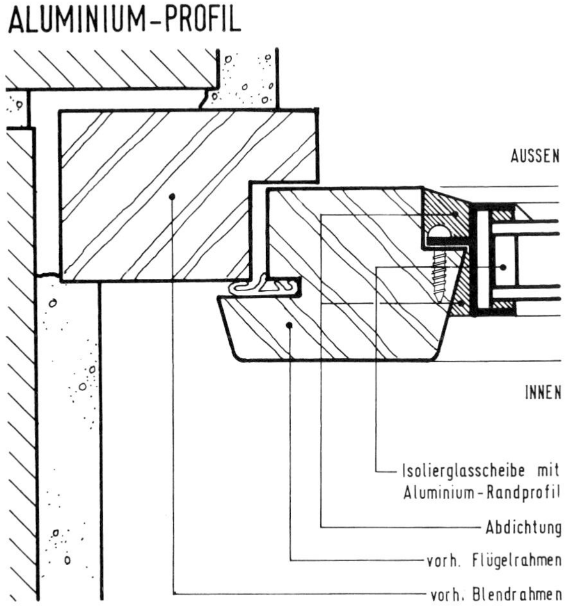

Holzrahmen auffräsen

- □ Ausbau der alten Glasscheibe.
- □ Auffräsen bzw. Aussägen des Kittfalzes im vorhandenen Flügelrahmen.
- □ Einsetzen der Isolierglasscheibe mit neuen Glashalteleisten innen und außen.
- □ Anbringen der Versiegelung zwischen Scheibe und Glashalteleiste.

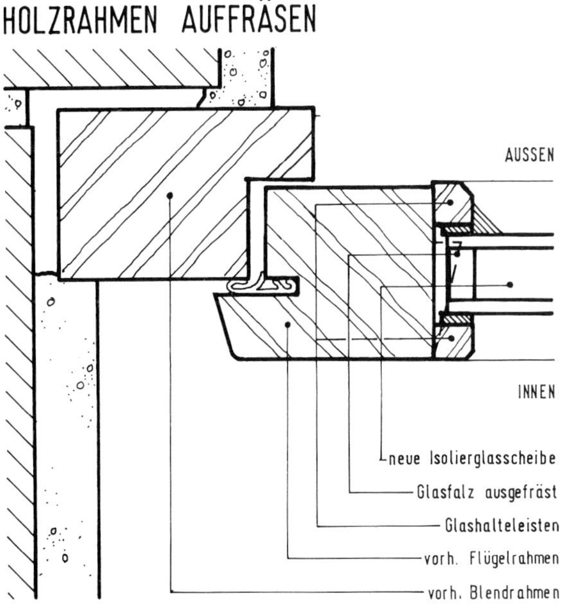

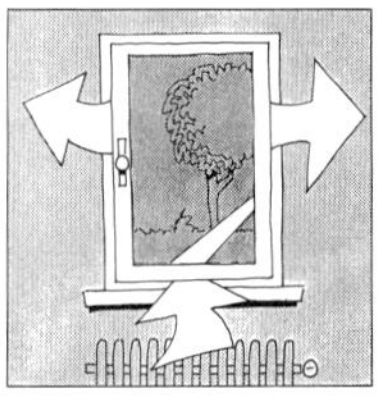

8.1.4 Vergleichende Beurteilung

	Einbau von Dichtungsprofilen	**Zweite Glasscheibe in Sparrahmen**	**Einbau Isolierglas**	**Einbau zweites Fenster innen**	**Neues Fenster mit Isolierverglasung**		**Neues Verbundfenster**	
					normal	**denkmal-gerecht**	**normal**	**denkmal gerecht**
Baukosten	25,- DM/m²	350,- DM/m²	370,- DM/m²	540,- DM/m²	710,- DM/m²	850,- DM/m²	1165,- DM/m²	1400,- DM/m²
Lebensdauer	5 bis 10 Jahre	10 bis 20 Jahre	10 bis 20 Jahre	Holz 40 Jahre	Holz 40 Jahre		Holz 40 Jahre	
			(Lebensdauer von Zweischeibenisolierglas = 10 bis 20 Jahre)					
Begleitende erforderliche Maßnahmen	Keine	Dichtungsprofile einbauen	Dichtungsprofile einbauen	Dichtungsprofile einbauen	Beiputz/ Anstrich Wand		Beiputz/ Anstrich Wand	
Einbauzeiten	Ca. 1 Std./ Fenster	Ca. 30 Min./ Fenster	Ca. 1 Std./ Fenster	Ca. 1 Std./ Fenster	Ca. 2 Std./ Fenster		Ca. 2 Std./ Fenster	
Wartezeit	Keine	Keine	1 Tag	Keine	Keine		Keine	
Veränderung der Scheibengröße	Keine	Keine	Neue Scheibe ist kleiner bei einigen Verfahren	Lichteinfall insgesamt geringer	Geringfügig kleiner		Geringfügig kleiner	
Wärmedurch-gangskoeffizient W/(m² x K) (siehe DIN 4108)	Ca. 5,2	Ca. 2,6	Ca. 2,6	Ca. 1,9	Ca. 2,6		Ca. 2,3	
Ausführendes Unternehmen	Glaser	Glaser/Tischler	Glaser/Tischler	Tischler	Tischler		Tischler	
Beeinträchtigung der Wohnnutzung	Gering	Gering	Gering	Gering	Mittel		Mittel	
Denkmal-verträglichkeit	Gut	Gut	Schlecht	Gut	Schwierig		Gut	
Anmerkungen		Alte Sprossen-teilung bleibt erhalten	Schwächung des Rahmens durch Auffräsen bei einigen Verfahren	Alte Sprossen-teilung bleibt erhalten	Sprossenteilung beachten!		Aufnahme der alten Sprossen-teilung möglich	

8.2 Problempunkt: Mangelhafter Zustand alter Innentüren

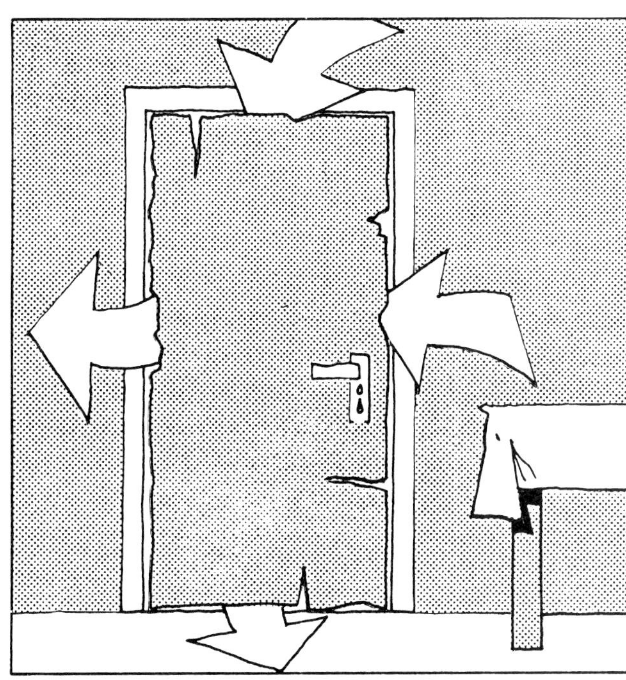

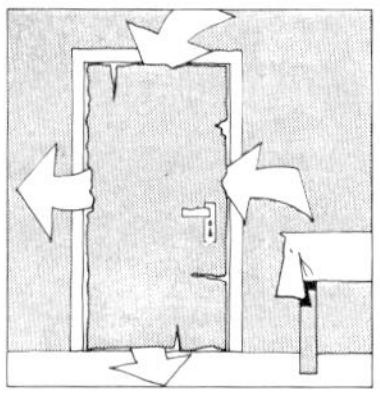

Oft können alte Türblätter wieder aufgearbeitet werden

Aufgearbeitete, historische Füllungstür

Je nach Baualter des Gebäudes trifft man bei der Modernisierung sehr unterschiedliche Türarten und Türqualitäten an.

Während in Gründerzeithäusern reich profilierte Massivholztüren vorherrschen, finden sich in den Häusern der 20er und 30er Jahre zwar immer noch Rahmentüren mit Füllung, die Gestaltung ist jedoch wesentlich zurückhaltender. Die Häuser der 50er Jahre zeigen meist glatte, profillose Türen.

Grundsätzlich sollte man immer versuchen, die alten, vor allem die reich profilierten Türen zu erhalten. Sie stellen ein wesentliches gestalterisches Merkmal des Innenraumes dar und sind oft preiswerter zu reparieren als zu erneuern.

Ist ein Erhalt aller Türen nicht möglich, sollte versucht werden, die erhaltenswerten Türen zusammenliegend anzuordnen, zum Beispiel im Flurbereich. Ist selbst das nicht möglich, sollten zumindest die alten Wohnungseingangstüren erhalten bleiben.

Leider befinden sich die alten Türen oft in einem so schlechten Zustand, daß neben einem Neuanstrich auch eine Überarbeitung der Tür erforderlich wird.

Überarbeitung und Instandsetzung der Tür durch Schreiner

Hierzu zählen insbesondere folgende Arbeiten:

- □ Richten und Befestigen der Türbänder
- □ Reparatur bzw. Austausch des Türschlosses
- □ Reparatur bzw. Ersatz der vorhandenen Drückergarnitur
- □ Neuverleimung oder Ersatz des Stollens auf der Schloß- oder Bandseite der Tür
- □ Kürzen des Türblattes
- □ Einbau von Dichtungen im Türrahmen
- □ Einbau von Dichtungen an der Türschwelle

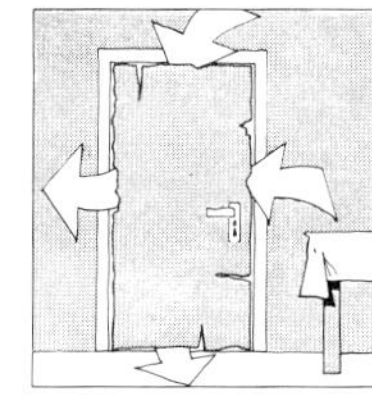

□ gegebenenfalls sogar Ändern der Drehrichtung oder des Anschlages einer Tür.

Ersatz durch neue Tür in Übergröße

Ist eine Reparatur der vorhandenen Tür nicht mehr möglich, muß eine neue Tür eingebaut werden. Handelt es sich hierbei um den Ersatz nur einer einzelnen Tür, wird man die neue Tür nach dem Vorbild der alten auf Maß anfertigen lassen. Das ist zwar sehr teuer, lohnt sich aber, wenn dadurch ein architektonisch geschlossenes Bild erhalten wird. Außerdem werden umfangreiche Nebenarbeiten gespart.

Ersatz durch neue Tür und Änderung der Rohbauöffnung

Wenn ein Ersatz der alten Türen nicht möglich ist oder nicht gewünscht wird, müssen neue Türen, dann allerdings in Normgrößen, eingebaut werden. Da dies auch eine Erneuerung des Türrahmens bedeutet, werden umfangreiche Bauarbeiten erforderlich:

□ die alte Türzarge muß ausgebaut werden

Änderung des Anschlages einer Tür

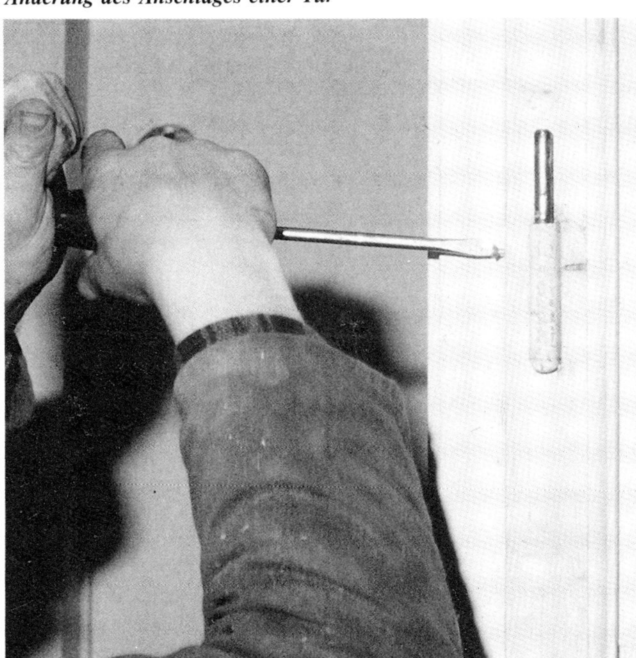

Auch neue Türschlösser lassen sich in alte Türblätter einbauen

□ ist die neue Türöffnung sehr viel kleiner, müssen auch die Hölzer, an denen das alte Türfutter befestigt war, entfernt werden.

□ Anschließend ist die Türöffnung auf das neue Maß zuzumauern und mit einem neuen Türsturz zu überdecken.

□ Nach Abschluß der Mauerarbeiten muß der Wandbereich um die Tür neu verputzt werden.

Beispiel einer handwerklich detailliert aufgearbeiteten Tür

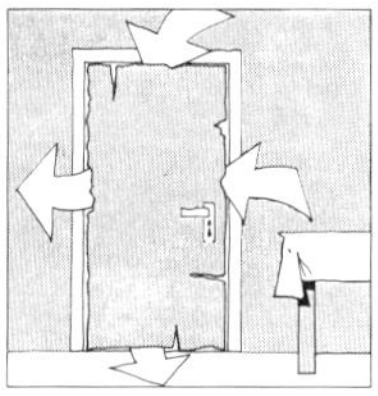

8.2.1 Übersicht über Lösungsmöglichkeiten

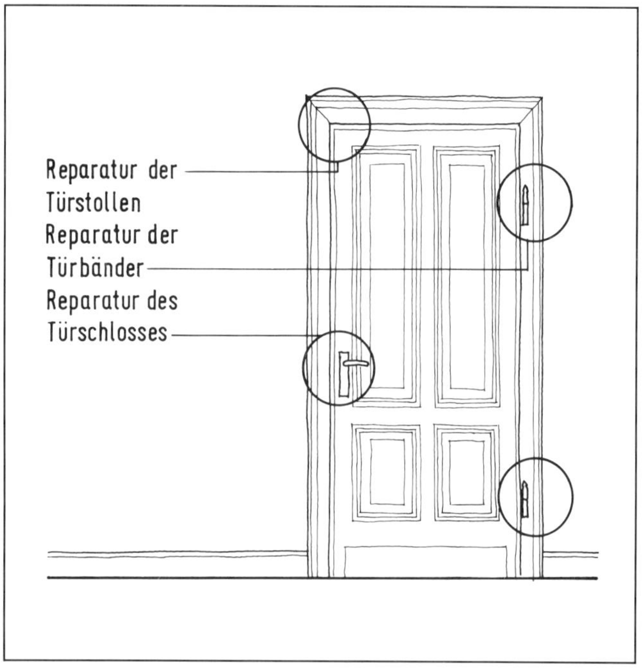

Schreinermäßige Überarbeitung und Instandsetzung	
Baukosten	530,- DM/Tür
Folgekosten	Keine
Begleitende erforderliche Maßnahmen	Keine
Instandhaltungskosten	Evtl. 175,- DM alle 5 Jahre für Anstrich
Lebensdauer	25 bis 30 Jahre
Einbauzeiten	2 Std.
Trocknungs-/Wartezeiten	Keine
Anmerkung	Sehr gute Eignung bei Baudenkmälern

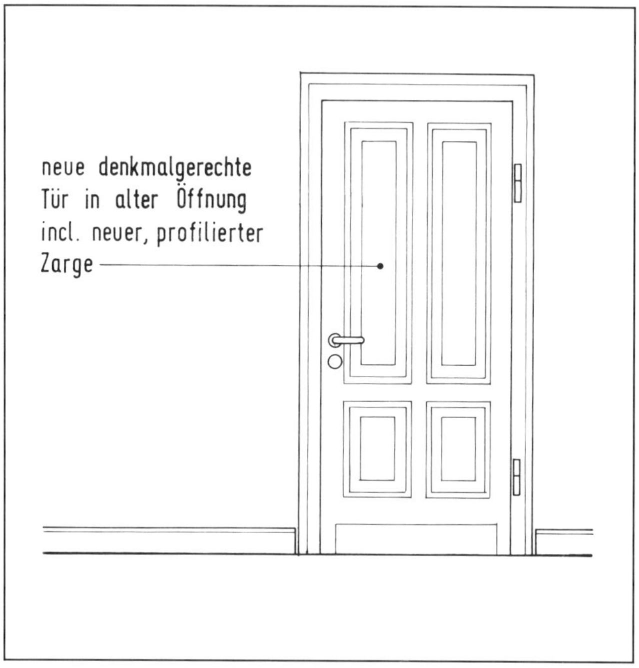

Neue Tür in Übergröße	
Baukosten	1610,- DM/Tür
Folgekosten	Keine
Begleitende erforderliche Maßnahmen	Keine
Instandhaltungskosten	Evtl. 175,- DM alle 5 Jahre für Anstrich
Lebensdauer	25 bis 30 Jahre
Einbauzeiten	2 Std.
Trocknungs-/Wartezeiten	Keine
Anmerkung	Sehr gute Eignung bei Baudenkmälern

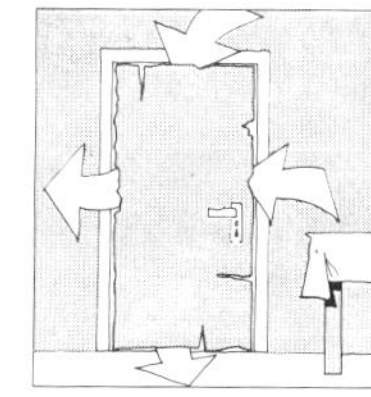

Neue Normtür	
Baukosten	500,– DM/Tür
Folgekosten gesamt	600,– DM/Tür 1100,– DM/Tür
Begleitende erforderliche Maßnahmen	Neuer Sturz, neues Mauerwerk, neuer Putz
Instandhaltungskosten	Evtl. 95,– DM alle 5 Jahre für Anstrich
Lebensdauer	25 bis 30 Jahre
Einbauzeiten	5,5 + 2 Std.
Trocknungs-/Wartezeiten	1 Woche
Anmerkung	Schlecht geeignet für Baudenkmäler

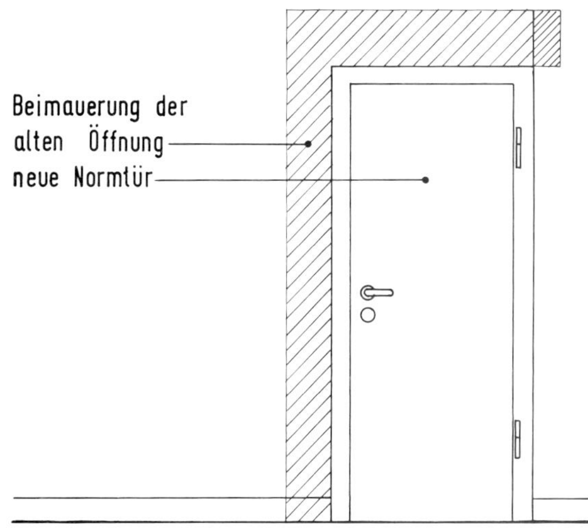

Neue übergroße Tür ohne Profilierung	
Baukosten	1000,– DM/Tür
Folgekosten	Keine
Begleitende erforderliche Maßnahmen	Keine
Instandhaltungskosten	Evtl. 120,– DM alle 5 Jahre für Anstrich
Lebensdauer	25 bis 30 Jahre
Einbauzeiten	2 Std.
Trocknungs-/Wartezeiten	Keine
Anmerkung	Schlecht geeignet für Baudenkmäler

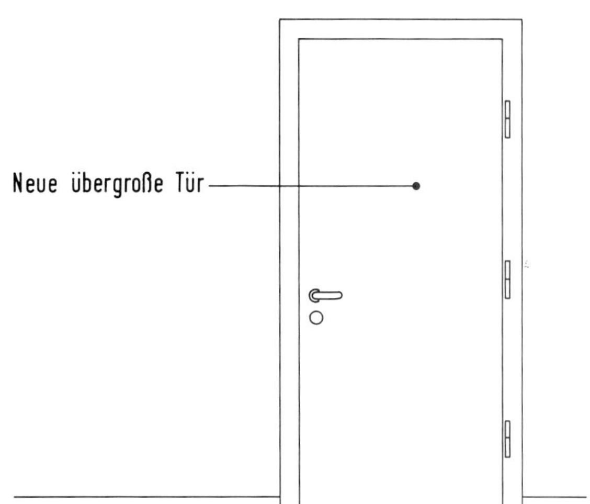

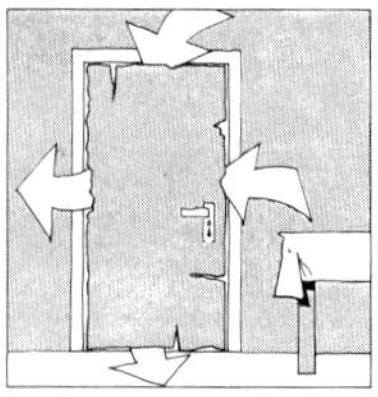

8.2.2 Vergleichende Beurteilung

	Überarbeitung Instandsetzung	**Neue Tür in Übergröße**	**Neue Normtür**	**Neue übergroße Tür ohne Profilierung**
Baukosten	530,– DM/Tür	1610,– DM/Tür	500,– DM/Tür	1000,– DM/Tür
Folgekosten gesamt	Keine	Keine	600,– DM/Tür 1150,– DM/Tür	Keine
Begleitende erforderliche Maßnahmen	Keine	Keine	Neuer Sturz Neues Mauerwerk Neuer Putz	Keine
Instandhaltungskosten	Evtl. 175,– DM alle 5 Jahre für Anstrich	Evtl. 175,– DM alle 5 Jahre für Anstrich	Evtl. 95,– DM alle 5 Jahre für Anstrich	Evtl. 120,– DM alle 5 Jahre für Anstrich
Lebensdauer	25 bis 30 Jahre	25 bis 30 Jahre	25 bis 30 Jahre	25 bis 30 Jahre
Einbauzeiten	2 Std.	2 Std.	5,5 + 2 Std.	2 Std.
Trocknungs-/Wartezeiten	Keine	Keine	1 Woche	Keine
Anmerkung	Sehr gute Eignung bei Baudenkmälern	Sehr gute Eignung bei Baudenkmälern	Schlecht geeignet für Baudenkmäler	Schlecht geeignet für Baudenkmäler

9 Installation

9.1 Problempunkt: Verlegung neuer Heizungsleitungen

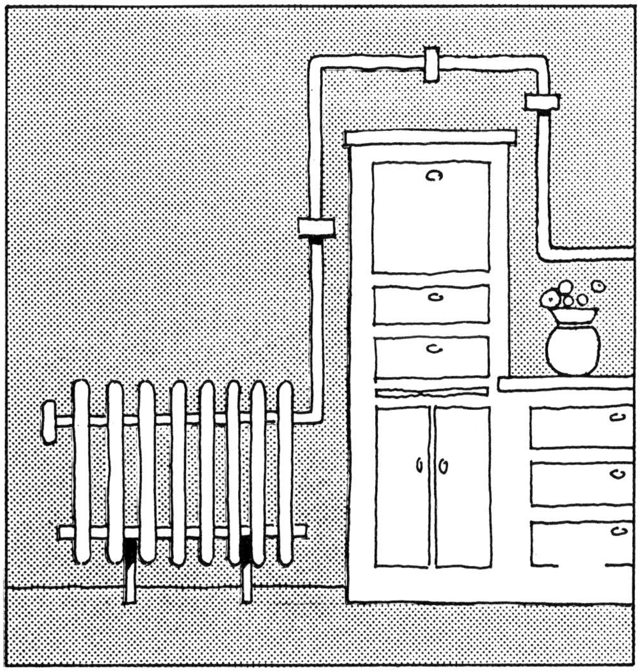

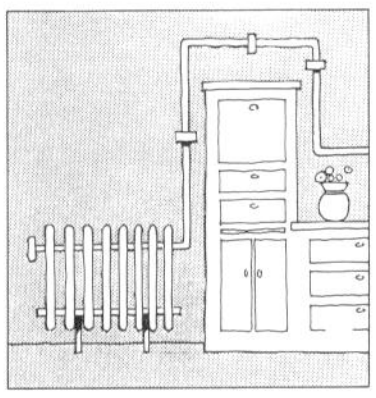

Bei der Planung von Installationsleitungen in Türnischen Sturz beachten!

Im Zuge von Modernisierungen werden im allgemeinen auch die Heizungsanlagen modernisiert oder Einzelofenheizungen durch Zentral- oder Etagenheizungen ersetzt.

Beim Einbau von Zentralheizungsanlagen und bei senkrechter Verlegung der Heizleitungen ist die Anbringung der Rohrleitungen meist unproblematisch. Es muß jedoch beachtet werden, daß Heizleitungen durch fremde Wohnungen der Heizungsanlagen-Verordnung unterliegen und entsprechend, das heißt 1:1, gedämmt werden müssen.

Die Rohre werden also zweckmäßig in einer Raumecke angeordnet und mit einem Putzkasten verkleidet.

Beim Einbau von Etagenheizungen müssen die Heizleitungen horizontal verlegt werden.

Hierbei entscheidet der gewünschte Standard über die Art der Anbringung.

Verlegung der Rohre unter Putz

Die Verlegung unter Putz ist nicht gerade altbaugerecht, wird hier jedoch erwähnt, da sie immer wieder vorkommt.

Zur Verlegung waagerechter Heizleitungen unter Putz müssen umfangreiche Schlitzarbeiten in den Wänden vorgenommen werden. Waagerechte Aussparungen dürfen in Mauerwerkswänden nur unter bestimmten Bedingungen und nur mit bestimmten Abmessungen hergestellt werden:

- Wanddicke $>$ 24,0 cm,
- Schlitzhöhe $<$ 6,0 cm,
- Schlitztiefe $<$ 3,0 cm,
  bei Zweikammer-Hohlsteinen $<$ 1,0 cm
- Schlitze nur im oberen und unteren Drittel der Wandhöhe
- maximal 2 Schlitze in jeder Wand
- gegenseitiger Abstand $>$ 50,0 cm
- keine Schlitze bei Einkammer-Hohlblocksteinen
- bei Mehrkammer-Hohlblocksteinen im Bereich eines Wanddrittels nur Aussparungen auf einer Wandseite.

Heizungsleitungen können auf Putz über der Fußleiste verlegt werden

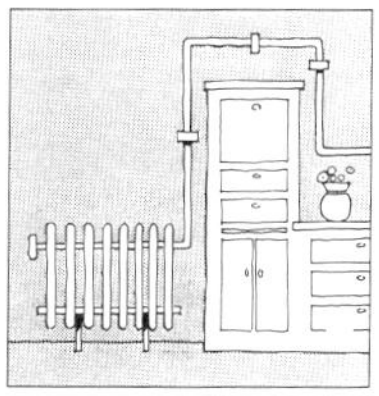

Siehe hierzu auch DIN 1053, »Berechnung und Ausführung von Mauerwerk«, Blatt 1.

Müssen die Heizungsrohre in der Außenwand verlegt werden, sind sie durch Ummantelung mit Dämmstoff vor Wärmeverlusten zu schützen (Dämmstoffdicke = Rohrdurchmesser). Dies führt zu sehr großen Gesamtdurchmessern, die zu berücksichtigen sind. Die Heizungsrohre sind immer so zu verlegen, daß sie deutlich oberhalb der Fußleiste liegen, um Beschädigungen der verdeckten Heizleitungen beim Anbringen der Fußleisten zu vermeiden.

Verlegung der Rohre in neuer Fußleiste

Sollen die Rohre nicht unter Putz verlegt werden, kann man sie auf der Wand befestigen und mit einem geeigneten Holz- oder Kunststoffprofil abdecken.

Hierzu werden die Heizrohre (Durchmesser maximal 22,0 mm) zunächst mit einem Klemmprofil an der Wand befestigt. Auf dem Klemmprofil ist ein Schlitten beweglich gelagert, in den eine Abdeckleiste eingeklemmt wird. Die bewegliche Lagerung gestattet eine Höhentoleranz bei der Montage des Klemmprofils.

Verlegung der Rohre auf Putz oberhalb der Fußleiste

Die einfachste und preiswerteste Art der Rohrverlegung ist die Montage ohne Verkleidung auf Putz.

Hierzu werden auf der Wand oberhalb der Fußleiste Kunststoffklammern montiert, in die die Kupferrohre eingeklemmt werden, die jedoch, weil sichtbar, sehr sorgfältig verlegt werden müssen.

Bei offener horizontaler Leitungsverlegung innerhalb der Wohnung in Verbindung mit wohnungsweiser Regelbarkeit der Heizung (Etagenheizung oder Zentralheizung mit nur einem Steigestrang) ist eine Dämmung der Rohre nach Heizungsanlagen-Verordnung nicht erforderlich.

Da die Rohre offen sichtbar auf der Wand verlaufen, ist die Verlegung entsprechend sorgfältig vorzunehmen.

9.1.1 Übersicht über Lösungsmöglichkeiten

Verlegung unter Putz	
Baukosten	155,- DM/m
Folgekosten	50,- DM/m
Begleitende erforderliche Maßnahmen	Schlitze stemmen Isolierung Beiputz
Einbauzeiten	1,5 + 0,5 Std./m
Trocknungs-/Wartezeiten	2 bis 3 Tage
Gestaltung	Sehr gut
Anmerkungen	Starke Beeinträchtigung der Wohnnutzung durch Staubbildung beim Stemmen. Feuchte- und Schmutzbelastung durch Beiputz. Statisch oft schwierig wegen großer Durchmesser von Rohr mit Isolierung.

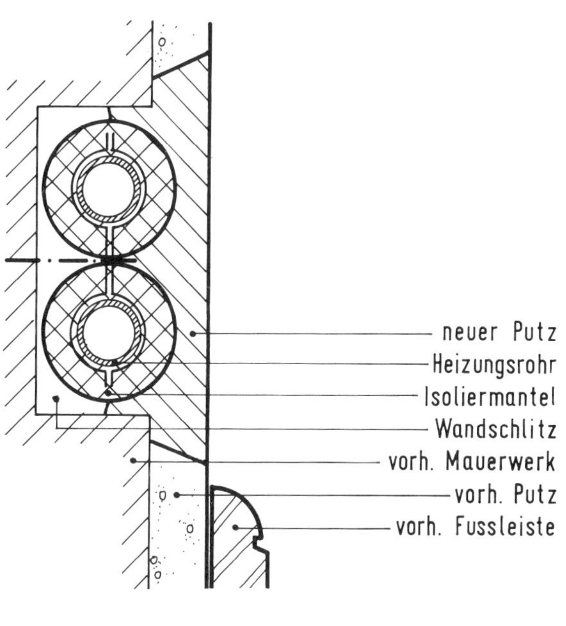

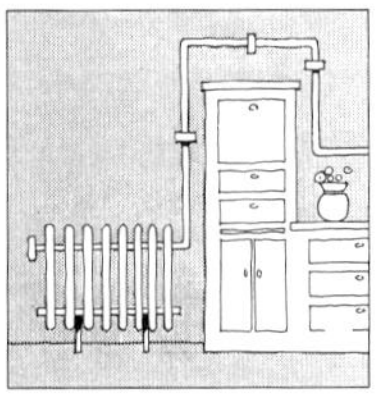

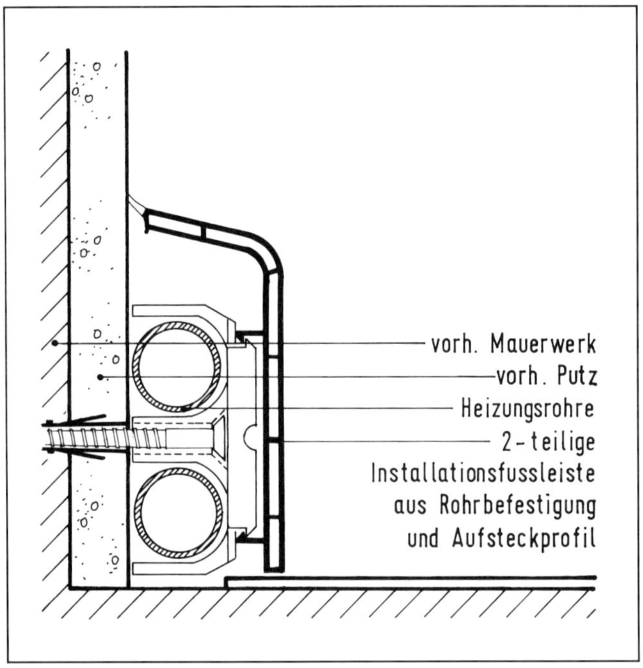

Verlegung in neuer Fußleiste	
Baukosten	110,- DM/m
Folgekosten	
Begleitende erforderliche Maßnahmen	Keine
Einbauzeiten	1,0 Std./m
Trocknungs-/Wartezeiten	Keine
Gestaltung	Gut
Anmerkungen	Auf sorgfältige Verlegung achten.

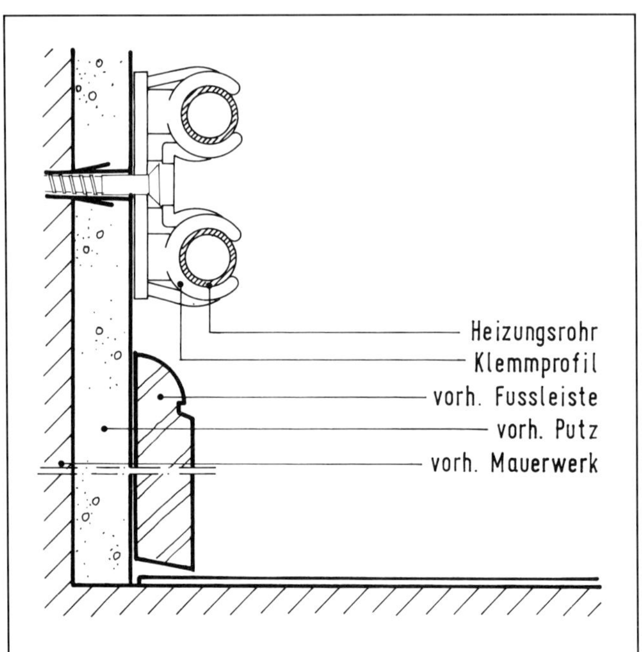

Verlegung auf Putz	
Baukosten	80,- DM/m
Folgekosten	
Begleitende erforderliche Maßnahmen	Keine
Einbauzeiten	0,8 Std./m
Trocknungs-/Wartezeiten	Keine
Gestaltung	Befriedigend
Anmerkungen	Akzeptanz durch Mieter oft gering. Auf sorgfältige Verlegung achten. Optischer Eindruck!

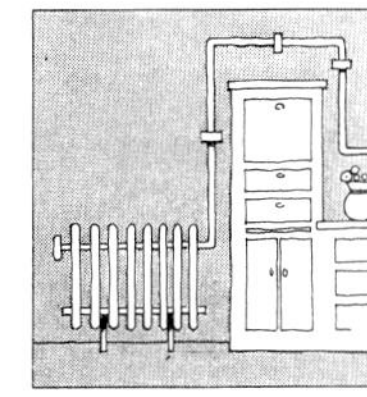

9.1.2 Vergleichende Beurteilung

	Verlegung unter Putz	Verlegung in neuer Fußleiste	Verlegung auf Putz
Baukosten	155,- DM/m	110,- DM/m	80,- DM/m
Folgekosten	50,- DM/m		
Begleitende erforderliche Maßnahmen	Schlitze stemmen Isolierung Beiputz	Keine	Keine
Einbauzeiten	1,5 + 0,5 Std./m	1,0 Std./m	0,8 Std./m
Trocknungs-/Wartezeiten	2 bis 3 Tage	Keine	Keine
Gestaltung	Sehr gut	Gut	Befriedigend
Anmerkungen	Starke Beeinträchtigung der Wohnnutzung durch Staubbildung beim Stemmen. Feuchte- und Schmutzbelastung durch Beiputz. Statisch oft schwierig wegen großer Durchmesser von Rohr mit Isolierung.	Auf sorgfältige Verlegung achten.	Akzeptanz durch Mieter oft gering. Auf sorgfältige Verlegung achten. Optischer Eindruck!

9.2 Problempunkt: Verlegung neuer Sanitärabflußleitungen

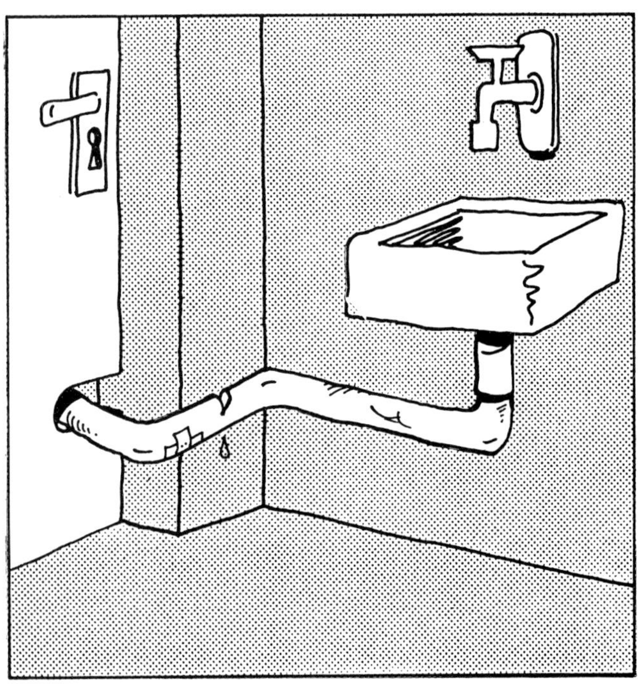

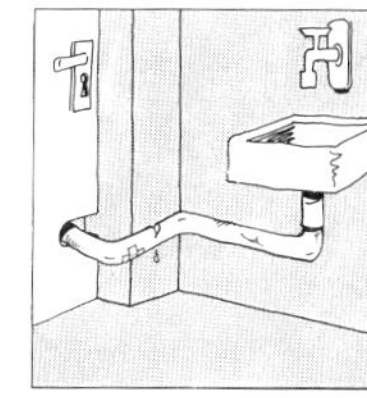

Geringer Schuttanfall, wenn Leitungen auf Putz verlegt werden

Bei der Erneuerung der Haustechnik werden fast immer auch die Sanitärabflußleitungen erneuert. Beim Einbau neuer Bäder oder WC's ist die Installation neuer Rohrleitungen ohnehin erforderlich.

Nur ganz selten werden vorhandene Aussparungen für die Verlegung der Rohrleitungen zur Verfügung stehen. Die Aussparungen müssen also neu gestemmt oder die Rohrleitungen auf der Wand verlegt und verkleidet werden.

Verlegung unter Putz

Wenn ausreichend dicke Wände zur Verfügung stehen und Bauablauf (unbewohnte Räume) und Kostenrahmen es zulassen, können die Schlitze für die Rohre in die Wand gestemmt werden, wenngleich dies auch nicht sehr altbaugerecht ist. Zu beachten ist hierbei, daß die Abmessungen des Schlitzes groß genug bemessen werden. Für ein Abflußrohr DN 100 ist unter Berücksichtigung von Muffen und Befestigungsmitteln der Schlitz mindestens in den Abmessungen 15,0 x 15,0 cm herzustellen.

Auch hier ist DIN 1053, Blatt 1 zu berücksichtigen.

Verlegung in Aufputzkasten

Die Verlegung der Abflußrohre auf Putz ist grundsätzlich zu bevorzugen, da weniger gestemmt werden muß, weniger Schutt anfällt und das Verfahren insgesamt preiswerter ist.

Die senkrechte Verlegung der Rohrleitungen ist im allgemeinen unproblematisch. Bei Holzbalkendecken muß allerdings der Streichbalken beziehungsweise Wechsel berücksichtigt werden, der eine Verlegung der Rohre in der Raumecke verhindert.

Die waagerechten Anschlußleitungen werden soweit wie möglich unterhalb der Duschtasse oder der Badewanne verlegt und im übrigen mit einem (gefliesten) Sockelkasten verkleidet.

Soll einem erhöhten Standard Rechnung getragen werden, können alle waagerechten Rohre auf der Wand verlegt und anschließend mit einer ca. 1,20 m hohen Vorsatzschale verkleidet werden. Das Waschbecken wird direkt an der Vorsatzschale

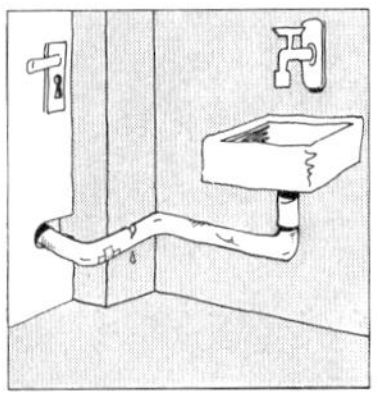

befestigt, gleichzeitig dient die Oberfläche der Vorsatzschale als Ablagefläche.

Zur Verkleidung der Rohre werden Gipskarton- oder Gipsfaserplatten verwendet, die durch Metallwinkel verbunden werden.

Alternativ stehen oberflächenbeschichtete Polystyrolschaumplatten zur Verfügung, die auf Gehrung geschnitten und verklebt unmittelbar als Fliesenträger dienen.

Verlegung in Kaminzügen

Durch entsprechende Grundrißplanung ist es manchmal möglich, alte Kaminzüge oder Lüftungen für die Verlegung senkrechter dünner Abflußleitungen zu nutzen. Das geht zwar auch nicht ohne Stemmarbeiten, aber der Umfang der Stemmarbeit ist manchmal geringer, und vor allem werden die besonders zeitaufwendigen Deckendurchbrüche und gegebenenfalls Aussparungen gespart.

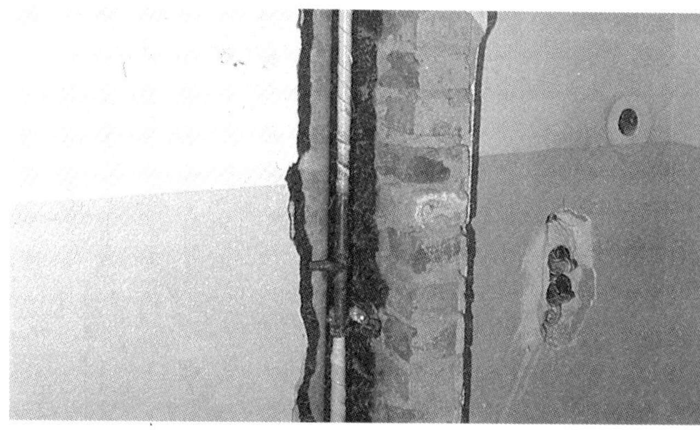

Manchmal können alte Kamine für die Rohrverlegung genutzt werden

Die Kaminzüge werden soweit geschlitzt, daß sich die Abflußrohre einschieben lassen. An vorgesehenen Abzweigen und an Befestigungspunkten werden zusätzliche Löcher hergestellt.

Nach Verlegen der Leitungen werden die Schlitze und Öffnungen mit Putzträger überspannt und verputzt beziehungsweise vermauert.

9.2.1 Übersicht über Lösungsmöglichkeiten

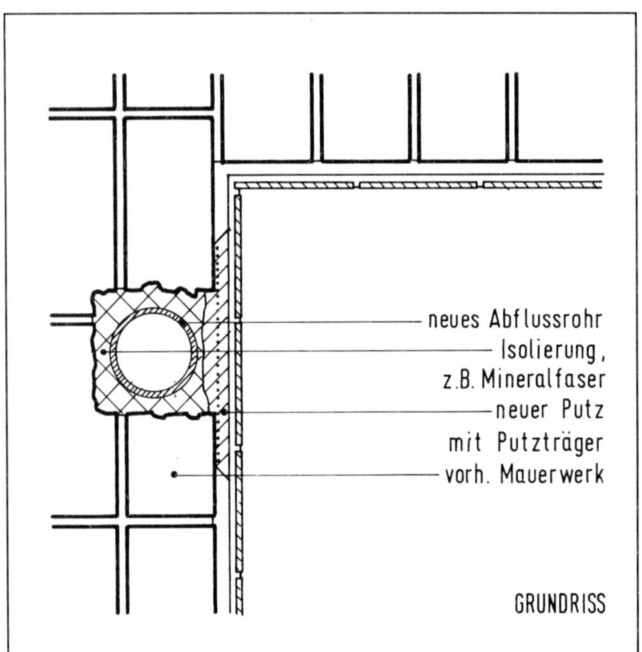

Verlegung unter Putz	
Baukosten	40,- DM/m²
Folgekosten Gesamt	120,- DM/m² 160,- DM/m²
Begleitende erforderliche Maßnahmen	Stemmen des Schlitzes Beiputz
Einbauzeiten	1,0 + 1,0 Std./m
Trocknungs-/Wartezeiten	2 bis 3 Tage
Verlust an Wohnfläche	Nein
Anmerkungen	Wegen Wärmebrückenbildung nicht zu empfehlen in Außenwänden

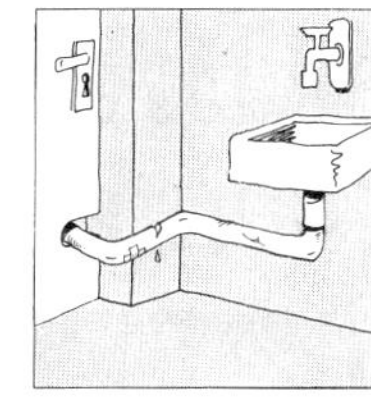

Verlegung in Aufputzkasten	
Baukosten	40,- DM/m²
Folgekosten Gesamt	70,- DM/m² 110,- DM/m²
Begleitende erforderliche Maßnahmen	Herstellen des Verkleidungskastens
Einbauzeiten	0,5 + 1,0 Std./m
Trocknungs-/Wartezeiten	1 Tag
Verlust an Wohnfläche	Ja
Anmerkungen	

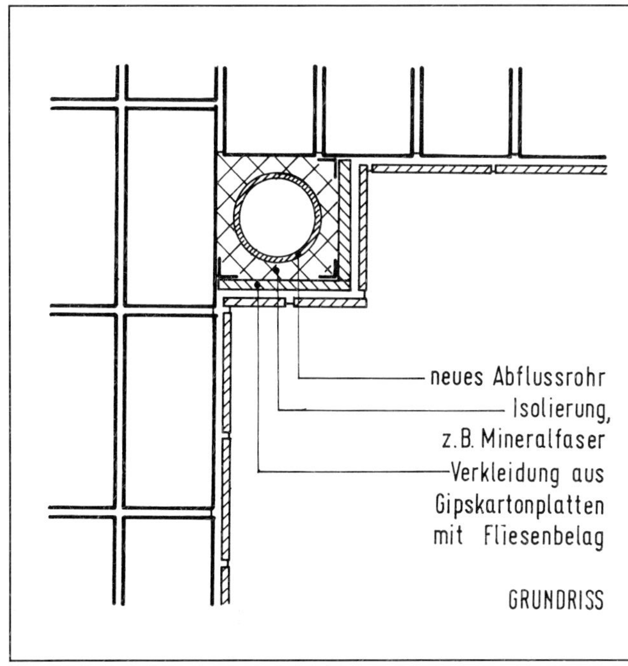

Verlegung in Kaminzügen	
Baukosten	40,- DM/m²
Folgekosten Gesamt	55,- DM/m² 95,- DM/m²
Begleitende erforderliche Maßnahmen	Stemmen von Öffnungen Beiputz
Einbauzeiten	0,8 + 0,5 Std./m
Trocknungs-/Wartezeiten	2 bis 3 Tage
Verlust an Wohnfläche	Nein
Anmerkungen	Sonderfall Nur bei bestimmten Grundrissen möglich

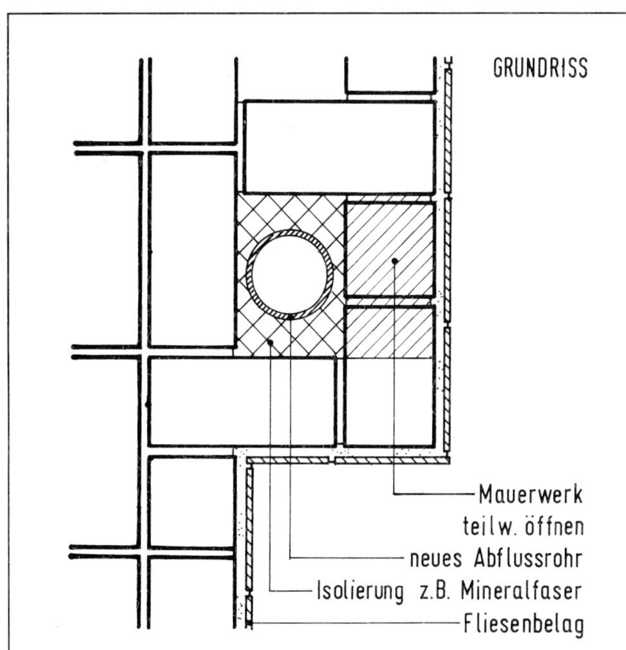

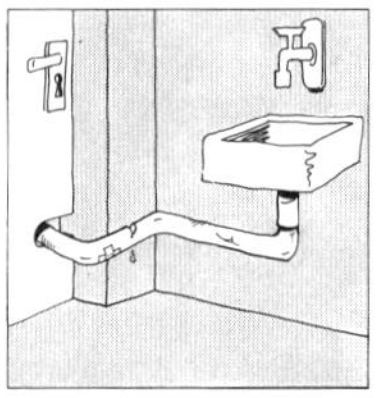

9.2.2 Vergleichende Beurteilung

	Verlegung unter Putz	**Verlegung in Aufputzkasten**	**Verlegung in Kaminzügen**
Baukosten	40,- DM/m²	40,- DM/m²	40,- DM/m²
Folgekosten	115,- DM/m²	70,- DM/m²	55,- DM/m²
Gesamt	155,- DM/m²	110,- DM/m²	95,- DM/m²
Begleitende erforderliche Maßnahmen	Stemmen des Schlitzes Beiputz	Herstellen des Verkleidungskastens	Stemmen von Öffnungen Beiputz
Einbauzeiten	1,0 + 1,0 Std./m	0,5 + 1,0 Std./m	0,8 + 0,5 Std./m
Trocknungs-/Wartezeiten	2 bis 3 Tage	1 Tag	2 bis 3 Tage
Verlust an Wohnfläche	Nein	Ja	Nein
Anmerkungen	Wegen Wärmebrückenbildung nicht zu empfehlen in Außenwänden		Sonderfall Nur bei bestimmten Grundrissen möglich

D Anhang

1 Einbauzeiten verschiedener Konstruktionen

1.1 Übersicht: Vergleich der Einbauzeiten verschiedener Konstruktionen

Vorgesehene Maßnahme:	*Alternative Konstruktionen:*
1. Neuer Unterboden mit oberseitigem PVC-Belag	1.1 Zementmörtel, schwimmend, PVC-Belag 1.2 Zementmörtel mit Zusatz, schwimmend, PVC-Belag 1.3 Rapidmörtel-Estrich, schwimmend, PVC-Belag 1.4 Spanplatten auf Filzbahn, PVC-Belag 1.5 Spanplatten auf Perlite-Schüttung, PVC-Belag 1.6 Gußasphalt auf Perlite-Schüttung, PVC-Belag 1.7 Trocken-Verbundestrich auf Polystyrol, PVC 1.8 Trockenestrich auf Perlite-Schüttung, PVC 1.9 Armierter Kunststoff-Spachtelboden, PVC
2. Fußbodenoberbeläge auf intaktem Unterboden	2.1 Teppich-Bahnenware verlegen und verkleben 2.2 PVC-Bahnenware verlegen und verkleben 2.3 Keramik-Bodenplatten aufkleben, verfugen 2.4 Parkettbelag verlegen und versiegeln
3. Neue Trennwände mit Elektroinstallation und Tapete	3.1 Metallständerwand mit Gipskartonbeplankung 3.2 Vollgips-Plattenwand mit Spachtelung 3.3 Bimsplattenwand mit beidseitigem Verputz
4. Wandbekleidungen von Wohnräumen	4.1 Einfache Tapeten, Putzreparatur 4.2 Rauhfaser mit Anstrich, Putzreparatur 4.3 Schwere Sondertapeten, Putzreparatur
5. Neue Wandfliesen in Feuchträumen	5.1 Auf neuem Zementputz geklebt, Verfugung 5.2 Auf neuem Fertigputz (MP 75) geklebt, Verfugung 5.3 In Mörtel versetzt, Verfugung 5.4 Auf neuer Gipskartonbauplatte »I« geklebt, Verfugung 5.5 Überkleben vorhandener Fliesen, Verfugung
6. Deckenbekleidungen in Wohnräumen	6.1 Naßputz auf Heraklith, Rauhfaser, Anstrich 6.2 Gipskartonbekleidung, Rauhfaser, Anstrich 6.3 Verbretterung mit Nut- und Federbrettern 6.4 GKB-Abhängedecke, Metallprofile, Rauhfaser, Anstrich
7. Verbessern von Holzgeschoßtreppenstufen	7.1 Lackieren von Auftritten, Setzstufen, Wangen 7.2 Abschleifen, Versiegeln der Auftritte 7.3 PVC-Belag auf Auftritten, Metallkanten, spachteln
8. Erneuerung von Innentüren	8.1 Normgroße Türen erneuern, deckend lackieren 8.2 Normgroße Türen erneuern, fertige Oberfläche 8.3 Übergroße Türen auf Normmaß, deckend lackieren 8.4 Überstülpzargentüren in Sondergrößen

Vorgesehene Maßnahme:	*Alternative Konstruktionen:*
9. Erneuerung von Fenstern, Verglasungen	9.1 Stufen-Isolierverglasung, Anstrich Fenster
	9.2 Zweite Glasscheibe innen in Rahmen
	9.3 Überstülp-Kunststoffenster über Blendrahmen
	9.4 Neues Kunststoffenster, neue Innenbank
	9.5 Neues Holzfenster, Oberflächenbehandlung, Innenbank
	9.6 Neues Holzdoppelfenster, Oberflächenbehandlung
10. Verlegung von Sanitärleitungen - Fallrohr, Gas, Wasser	10.1 Vor der Wand verlegt, unverkleidet
	10.2 Vor der Wand verlegt, GKB-Verkleidung
	10.3 Eingestemmt, naß verputzt
11. Heizleitungen horizontal	11.1 Oberhalb der Fußleiste auf der Wand, lackieren
	11.2 Hinter Spezial-Fußleistenprofil
	11.3 In Horizontalschlitz, neue Fußleiste
12. Verschiedene Heizflächen	12.1 Stahl-Gliederradiatoren, lackieren
	12.2 Fertig einbrennlackierte Flächenheizkörper
13. Montage von Wärmeerzeugern	13.1 Zentraler Gas-Heizkessel für 20 Wohnungen
	13.2 Gas-Etagenheizthermen für 20 Wohnungen

1.2 Neuer Unterboden mit PVC-Belag (m²)

Konstruktionen:	Arbeitsgänge / Leerzeiten					
1 Zementmörtel als Normalestrich, auf Polystyrolplatten schwimmend verlegt - darauf Aufbringen eines PVC-Oberbelages	Arbeitsgang 1: Säubern, Platten verlegen, Abdeckpapier, Estrich aufbringen, abreiben — 5 m²/Std.	Leerzeit 1: Trocknungszeit vor Aufbringen des Oberbelages — 28 Tage	Arbeitsgang 2: Spachteln des trockenen Estrichbodens — 30 m²/Std.	Leerzeit 2: Trocknungszeit vor Verlegen des PVC-Bodens — 1 Tag	Arbeitsgang 3: Aufkleben des PVC-Belages als Bahnenware — 12 m²/Std.	Fertig
2 Zementmörtel mit Zusatzmittel, auf Polystyrolplatten schwimmend verlegt - darauf Aufbringen eines PVC-Oberbelages	Arbeitsgang 1: Säubern, Platten verlegen, Abdeckpapier, Estrich aufbringen, abreiben. — 5 m²/Std.	Leerzeit 1: Trocknungszeit vor Aufbringen des Oberbelages — 12 Tage	Arbeitsgang 2: Spachteln des trockenen Estrichbodens — 30 m²/Std.	Leerzeit 2: Trocknungszeit vor Verlegen des PVC-Bodens — 1 Tag	Arbeitsgang 3: Aufkleben des PVC-Belages als Bahnenware — 12 m²/Std.	Fertig
3 Rapid-Mörtelestrich, auf Polystyrolplatten schwimmend verlegt - darauf Aufbringen eines PVC-Oberbelages	Arbeitsgang 1: Säubern, Platten verlegen, Abdeckpapier, Estrich aufbringen, abreiben. — 5 m²/Std.	Leerzeit 1: Trocknungszeit vor Aufbringen des Oberbelages — 2 Tage	Arbeitsgang 2: Spachteln des trockenen Estrichbodens — 30 m²/Std.	Leerzeit 2: Trocknungszeit vor Verlegen des PVC-Bodens — 1 Tag	Arbeitsgang 3: Aufkleben des PVC-Belages als Bahnenware — 12 m²/Std.	Fertig
4 Spanplattenbelag auf Filz-Unterlegbahn verlegen und verschrauben, darauf Aufbringen eines PVC-Oberbelages	Arbeitsgang 1: Filz verlegen, Platten aufbringen, verschrauben, abisolieren — 3 m²/Std.	Arbeitsgang 2: Spachteln der Spanplatten als Vorarbeit für Oberboden — 30 m²/Std.	Leerzeit 1: Trocknungszeit vor Verlegen des PVC-Bodens — 1 Tag	Arbeitsgang 3: Aufkleben des PVC-Belages als Bahnenware — 12 m²/Std.	Fertig	
5 Spanplattenbelag auf Perlite-Schüttung schwimmend verlegen, darauf Aufbringen eines PVC-Belages	Arbeitsgang 1: Perlite einbringen, Abdeckung, Spanplatten abisolieren — 2 m²/Std.	Arbeitsgang 2: Spachteln der Spanplatten als Vorarbeit für Oberboden — 30 m²/Std.	Leerzeit 1: Trocknungszeit vor Verlegen des PVC-Bodens — 1 Tag	Arbeitsgang 3: Aufkleben des PVC-Belages als Bahnenware — 12 m²/Std.	Fertig	

Nr.	Aufbau						
6	Gußasphaltbelag auf Odenwaldplatten und Perliteschüttung, darauf Aufbringen eines PVC-Belages	Arbeitsgang 1 Perlite, Odenwaldplatten aufbringen, Gußasphalt aufbringen 5 m²/Std.	Leerzeit 1 Trocknungszeit vor Verlegung des Oberbelages 6 Stunden	Arbeitsgang 2 Spachteln des Gußasphaltes als Vorarbeit für Oberboden 30 m²/Std.	Leerzeit 2 Trocknungszeit vor nächstem Arbeitsgang 1 Tag	Arbeitsgang 3 Zusätzliche Spachtelung als Vorarbeit 40 m²/Std.	Leerzeit 3 Trocknungszeit vor Verlegen des PVC-Bodens 1 Tag
		Arbeitsgang 4 Aufkleben des PVC-Belages als Bahnenware 12 m²/Std.	Fertig				

Nr.	Aufbau					
7	Trockenverbundestrich auf Polystyrolplatten verlegen, darauf Aufbringen eines PVC-Belages	Arbeitsgang 1 Verlegen der Trockenverbundelemente, abisolieren der Oberfläche 5 m²/Std.	Arbeitsgang 2 Spachteln der Oberfläche als Vorarbeit für Oberboden 30 m²/Std.	Leerzeit 1 Trocknungszeit vor Verlegen des PVC-Belages 1 Tag	Arbeitsgang 3 Aufkleben des PVC-Belages als Bahnenware 12 m²/Std.	Fertig
8	Trockenestrich schwimmend auf Perlite-Schüttung verlegen, darauf Aufbringen eines PVC-Belages	Arbeitsgang 1 Perlite einbringen, GK-Spezialplatten aufbringen, abisolieren 2 m²/Std.	Arbeitsgang 2 Spachteln der Oberfläche als Vorarbeit für Oberboden 30 m²/Std.	Leerzeit 1 Trocknungszeit vor Verlegen des PVC-Belages 1 Tag	Arbeitsgang 3 Aufkleben des PVC-Belages als Bahnenware 12 m²/Std.	Fertig

9	Armierten Kunststoff-Spachtelboden aufbringen, darauf Verlegen eines PVC-Belages	Arbeitsgang 1	Leerzeit 1	Arbeitsgang 2	Leerzeit 2	Arbeitsgang 3	Leerzeit 3
		Säubern, neutralisieren der vorhandenen Oberflächen	Trocknungszeit vor nächstem Arbeitsgang	Gewebebahnen anheften und spachteln	Trocknungszeit vor nächstem Arbeitsgang	Granulat aufbringen und verkleben	Trocknungszeit vor nächstem Arbeitsgang
		30 m²/Std.	1 Tag	20 m²/Std.	1 Tag	15 m²/Std.	1 Tag
		Arbeitsgang 4	Leerzeit 4	Arbeitsgang 5			
		Granulatauftrag spachteln	Trocknungszeit vor Aufbringen des Oberbelages	Spachtelung schleifen, Verkleben des PVC-Belages	Fertig		
		10 m²/Std.	1 Tag	9 m²/Std.			

Vergleichende Übersicht: Neuer Unterboden mit oberseitigem PVC-Belag (PVC-Material 30,– DM/m²)

Nr.	Alternative Konstruktionen	Reine Arbeitszeit je Person und Einheit	Summe der Leerzeiten	Bauteilkosten in DM
1	Zementmörtel, schwimmend, PVC-Belag	0,32 Std./m²	29 Tage	75,– DM/m²
2	Zementmörtel mit Zusatz, schwimmend, PVC	0,32 Std./m²	13 Tage	78,– DM/m²
3	Rapid-Mörtelestrich, schwimmend, PVC	0,32 Std./m²	3 Tage	95,– DM/m²
4	Spanplatten auf Filzbahn, PVC-Belag	0,45 Std./m²	1 Tag	84,– DM/m²
5	Spanplatten auf Perliteschüttung, PVC	0,62 Std./m²	1 Tag	110,– DM/m²
6	Gußasphalt auf Perliteschüttung, PVC	0,52 Std./m²	2,5 Tage	90,– DM/m²
7	Trockenverbundestrich auf Polystyrol, PVC	0,32 Std./m²	1 Tag	110,– DM/m²
8	Trockenestrich auf Perlite, PVC-Belag	0,62 Std./m²	1 Tag	127,– DM/m²
9	Armierter Kunststoffspachtelboden, PVC	0,37 Std./m²	4 Tage	97,– DM/m²

1.3 Fußbodenoberbeläge auf intaktem Unterboden (m^2)

Konstruktionen:		Arbeitsgänge / Leerzeiten					
1	Teppich-Bahnenware verlegen und verkleben, incl. geringer Vorarbeiten am Unterboden	Arbeitsgang 1 Säubern, Kleberreste entfernen, neutralisieren Untergrund 20 m^2/Std.	Arbeitsgang 2 Spachteln des vorbereiteten Unterbodens 30 m^2/Std.	Leerzeit 1 Trocknungszeit vor Verlegen des Teppichbodens 1 Tag	Arbeitsgang 3 Verlegen und Verkleben des Teppichbodens 20 m^2/Std.	Fertig	
2	PVC-Bahnenware verlegen und verkleben, incl. geringer Vorarbeiten am Unterboden	Arbeitsgang 1 Säubern, Kleberreste entfernen, neutralisieren Untergrund 20 m^2/Std.	Arbeitsgang 2 Spachteln des vorbereiteten Unterbodens 30 m^2/Std.	Leerzeit 1 Trocknungszeit vor nächstem Spachtelgang 1 Tag	Arbeitsgang 3 2. Spachtelgang als Vorarbeit für PVC-Belag 40 m^2/Std.	Leerzeit 2 Trocknungszeit vor Verlegen des PVC-Belages 1 Tag	Arbeitsgang 4 Aufkleben des PVC-Belages als Bahnenware 12 m^2/Std.
3	Keramikplatten im Klebeverfahren verlegen und einfugen, incl. geringer Vorarbeiten am Unterboden	Arbeitsgang 1 Säubern, Kleberreste entfernen, neutralisieren Untergrund 20 m^2/Std.	Arbeitsgang 2 Ausgleichsspachtelung des Untergrundes 20 m^2/Std.	Leerzeit 1 Trocknungszeit vor Aufbringen der Bodenplatten 1 Tag	Arbeitsgang 3 Verlegen und Aufkleben der Keramik-Bodenplatten 1,5 m^2/Std.	Leerzeit 2 Trocknungszeit vor Einfugen der Bodenplatten 1 Tag	Arbeitsgang 4 Einfugen des Plattenbelages 8 m^2/Std.
4	Parkettbelag verlegen, abschleifen und 3 x versiegeln, incl. geringer Vorarbeiten am Unterboden	Arbeitsgang 1 Säubern, Kleberreste entfernen, neutralisieren Untergrund 20 m^2/Std.	Arbeitsgang 2 Ausgleichsspachtelung des Untergrundes 20 m^2/Std.	Leerzeit 1 Trocknungszeit vor Verlegen des Parkettbelags 1 Tag	Arbeitsgang 3 Parkettbelag verlegen und abschleifen 10 m^2/Std.	Arbeitsgang 4 Parkettfugen abspachteln und 1 x versiegeln 20 m^2/Std.	Leerzeit 2 Trocknungszeit vor der nächsten Versiegelung 1 Tag
		Arbeitsgang 5 Weiterer Versiegelungsgang des Parkettbelags 30 m^2/Std.	Leerzeit 3 Trocknungszeit vor der Schlußversiegelung 2 Tage	Arbeitsgang 6 Schlußversiegelung des Parkettbelages 30 m^2/Std.	Leerzeit 4 Trocknungszeit bis zur Begehbarkeit 3 Tage	Fertig	

Vergleichende Übersicht: Fußbodenbeläge auf intaktem Unterboden (Material ca. 30,– DM/m²)				
Nr.	**Alternative Konstruktionen**	**Reine Arbeitszeit je Person und Einheit**	**Summe der Leerzeiten**	**Bauteilkosten in DM**
1	Teppich-Bahnenware verlegen, verkleben	0,13 Std./m²	1 Tag	44,– DM/m²
2	PVC-Bahnenware verlegen, verkleben	0,19 Std./m²	2 Tage	50,– DM/m²
3	Keramik-Bodenplatten kleben, einfugen	0,89 Std./m²	2 Tage	115,– DM/m²
4	Parkettbelag verlegen, 3 x versiegeln	0,32 Std./m²	7 Tage	70,– DM/m²

1.4 Neue Trennwände mit Elektroinstallation und Tapete (m²)

Konstruktionen:	Arbeitsgänge / Leerzeiten					
	Arbeitsgang 1	Arbeitsgang 2	Arbeitsgang 3	Arbeitsgang 4	Leerzeit 1	Arbeitsgang 5
1 Metallständerwände mit eingelegter Wärmedämmung, Elektroinstallation, Gipskartonbeplankung, Tapete	Metallständer erstellen, einseitige GK-Beplankung	Elektroleitungen und Dosen einbauen	Dämmatten einhängen, Wand mit GK-Beplankung schließen	Plattenstöße überspannen, Spachtelung, beidseitig	Trocknungszeit vor nächstem Arbeitsgang	Neutralisieren der Wandflächen, beidseitig
	2 m²/Std.	60 m²/Std.	4 m²/Std.	6 m²/Std.	1 Tag	12 m²/Std.
	Leerzeit 2	Arbeitsgang 6				
	Trocknungszeit vor dem Tapezieren und Anstrich	Rauhfaser kleben, Dispersionsanstrich, beidseitig	Fertig			
	0,5 Tag	3 m²/Std.				

2	Vollgipsplattenwände, Elektroinstallation, Fugenspachtelung, Tapete					
	Arbeitsgang 1	Arbeitsgang 2	Arbeitsgang 3	Leerzeit 1	Arbeitsgang 4	Leerzeit 2
	Vollgipsplattenwand erstellen	Einfräsen und Verlegen der Elektroleitungen, Dosen	Plattenfugen und Schlitze verspachteln, beidseitig	Trocknungszeit vor nächstem Arbeitsgang	Neutralisieren der Wandflächen, beidseitig	Trocknungszeit vor Tapezieren und Anstrich
	1,8 m^2/Std.	30 m^2/Std.	2 m^2/Std.	2 Tage	12 m^2/Std.	1 Tag
	Arbeitsgang 5					
	Rauhfaser kleben, Anstrich, beidseitig	Fertig				
	3 m^2/Std.					

3	Bimsplattenwände, Elektroinstallationen, beidseitiger Verputz, Tapete					
	Arbeitsgang 1	Leerzeit 1	Arbeitsgang 2	Arbeitsgang 3	Leerzeit 2	Arbeitsgang 4
	Bimsplattenwand erstellen	Trocknungs- und Abbindezeit	Einfräsen und Verlegen der Elektroleitungen, Dosen	Wandputz als Fertigputz MP 75 auftragen, beidseitig	Trocknungszeit vor nächstem Arbeitsgang	Neutralisieren der Wandflächen, beidseitig
	3 m^2/Std.	2 Tage	40 m^2/Std.	2 m^2/Std.	6 Tage	12 m^2/Std.
	Leerzeit 3	Arbeitsgang 5				
	Trocknungszeit vor nächstem Arbeitsgang	Rauhfaser kleben, Anstrich, beidseitig	Fertig			
	1 Tag	3 m^2/Std.				

Vergleichende Übersicht: Neue Trennwände mit Elektroinstallation und Tapete (Rauhfaser, Anstrich)

Nr.	Alternative Konstruktionen	Reine Arbeitszeit je Person und Einheit	Summe der Leerzeiten	Bauteilkosten in DM
1	Metallständerwand, GK-Beplankung	1,35 Std./m^2	1,5 Tage	142,– DM/m^2
2	Vollgips-Plattenwand, gespachtelt	1,48 Std./m^2	3 Tage	137,– DM/m^2
3	Bimsplattenwand mit Verputz	1,28 Std./m^2	9 Tage	127,– DM/m^2

1.5 Wandbekleidungen von Wohnräumen (m²)

Konstruktionen:	Arbeitsgang 1	Arbeitsgang 2	Leerzeit 1	Arbeitsgang 3	Arbeitsgang 4	
1 Anbringen von einfachen, leichten Tapeten, incl. Alttapete entfernen, Putzreparatur	Vorhandene Tapeten, 1-, 2lagig entfernen 15 m²/Std.	Reparatur von kleineren Putzschäden und Rissen 10 m²/Std.	Trocknungszeit bei mittlerer Putzstärke 6 Tage	Putzverfestigung durch Tiefengrundanstrich 18 m²/Std.	Wandflächen vorleimen, Kleben mittlere Tapeten 8 m²/Std.	Fertig
2 Anbringen von Rauhfaser, deckender Anstrich, incl. Alttapete entfernen, Putzreparatur	Vorhandene Tapeten, 1-, 2lagig entfernen 15 m²/Std.	Reparatur von kleineren Putzschäden und Rissen 10 m²/Std.	Trocknungszeit bei mittlerer Putzstärke 6 Tage	Putzverfestigung durch Tiefengrundanstrich 18 m²/Std.	Wandflächen vorleimen, Rauhfaser, Anstrich 5 m²/Std.	Fertig
3 Anbringen von schweren, gemusterten Tapeten, incl. Alttapete entfernen, Putzreparatur	Vorhandene Tapeten, 1-, 2lagig entfernen 15 m²/Std.	Reparatur von kleineren Putzschäden und Rissen 10 m²/Std.	Trocknungszeit bei mittlerer Putzstärke 6 Tage	Putzverfestigung durch Tiefengrundanstrich 18 m²/Std.	Wandflächen vorleimen, Makulatur, Sondertapete 3 m²/Std.	Fertig

Arbeitsgänge / Leerzeiten

Vergleichende Übersicht: Wandbekleidungen von Wohnräumen (Tapeten, Rauhfaser)

Nr.	Alternative Konstruktionen	Reine Arbeitszeit je Person und Einheit	Summe der Leerzeiten	Bauteilkosten in DM
1	Einfache Tapeten, Putzreparatur	0,35 Std./m²	6 Tage	16,- DM/m²
2	Rauhfaser, Anstrich, Putzreparatur	0,42 Std./m²	6 Tage	18,- DM/m²
3	Schwere Sondertapeten, Putzreparatur	0,55 Std./m²	6 Tage	30,- DM/m²

1.6 Neue Wandfliesen in Feuchträumen (m^2)

Konstruktionen:	Arbeitsgänge / Leerzeiten					
1 Altputz/Fliesen abschlagen, neu verputzen mit Zementmörtel, neue Fliesen im Klebeverfahren aufbringen, fugen	Arbeitsgang 1	Arbeitsgang 2	Leerzeit 1	Arbeitsgang 3	Leerzeit 2	Arbeitsgang 4
	Altputz/Fliesen abschlagen, säubern Untergrund	Rohflächen mit Haftgrund vorspritzen	Trocknungszeit vor nächstem Arbeitsgang	Zementputz auftragen, Oberfläche abreiben	Trocknungszeit vor Fliesen aufbringen	Fliesen mit Spezialkleber aufkleben
	3 m^2/Std.	10 m^2/Std.	1 Tag	2 m^2/Std.	2 Tage	1 m^2/Std.
	Leerzeit 3	Arbeitsgang 5				
	Trocknungszeit vor dem Einfugen	Einfugen und dauerelastisches Verfugen der Fliesen	Fertig			
	1 Tag	8 m^2/Std.				
2 Altputz/Fliesen abschlagen, neu mit Fertigputz MP 75 verputzen, neue Fliesen im Klebeverfahren aufbringen, fugen	Arbeitsgang 1	Arbeitsgang 2	Leerzeit 1	Arbeitsgang 3	Leerzeit 2	Arbeitsgang 4
	Altputz/Fliesen abschlagen, säubern Untergrund	Rohflächen mit Haftgrund vorspritzen	Trocknungszeit vor nächstem Arbeitsgang	Maschinenputz MP 75 auftragen, abreiben	Trocknungszeit vor nächstem Arbeitsgang	Neutralisieren der Putzflächen
	3 m^2/Std.	10 m^2/Std.	1 Tag	4 m^2/Std.	20 Tage	20 m^2/Std.
	Leerzeit 3	Arbeitsgang 5	Leerzeit 4	Arbeitsgang 6		
	Trocknungszeit vor Aufkleben der Fliesen	Fliesen mit Spezialkleber aufkleben	Trocknungszeit vor dem Einfugen	Einfugen und dauerelastisches Verfugen	Fertig	
	1 Tag	1 m^2/Std.	1 Tag	8 m^2/Std.		
3 Altputz/Fliesen abschlagen, neue Fliesen in Mörtel versetzen, einfugen	Arbeitsgang 1	Arbeitsgang 2	Leerzeit 1	Arbeitsgang 3	Leerzeit 2	Arbeitsgang 4
	Altputz/Fliesen abschlagen, säubern Untergrund	Rohflächen mit Haftgrund vorspritzen	Trocknungszeit vor nächstem Arbeitsgang	Fliesen in Mörtelbett versetzen	Trocknungszeit vor dem Einfugen	Einfugen und dauerelastisches Verfugen
	3 m^2/Std.	10 m^2/Std.	1 Tag	0,6 m^2/Std.	2 Tage	8 m^2/Std.

Nr.	Konstruktion						
4	Feuchtigkeitsimprägnierte GKB-I-Platte über Altputz anbringen, neue Fliesen im Klebeverfahren aufbringen, fugen	Arbeitsgang 1: GKB-I-Platte aufbringen, Fugen überspachteln – 2,5 m²/Std.	Arbeitsgang 2: Neutralisieren, grundieren der Bauplatten – 20 m²/Std.	Leerzeit 1: Trocknungszeit vor nächstem Arbeitsgang – 1 Tag	Arbeitsgang 3: Fliesen mit Spezialkleber aufkleben – 1 m²/Std.	Leerzeit 2: Trocknungszeit vor dem Einfugen – 1 Tag	Arbeitsgang 4: Einfugen und dauerelastisches Verfugen – 8 m²/Std.
5	Überspachteln vorhandener Fliesenbeläge, Überkleben mit neuen Fliesen, einfugen	Arbeitsgang 1: Fliesen reinigen, vollflächig überspachteln – 15 m²/Std.	Leerzeit 1: Trocknungszeit vor dem Aufbringen der Fliesen – 1 Tag	Arbeitsgang 2: Fliesen mit Spezialkleber aufkleben – 1 m²/Std.	Leerzeit 2: Trocknungszeit vor dem Einfugen – 1 Tag	Arbeitsgang 3: Einfugen und dauerelastisches Verfugen – 8 m²/Std.	Fertig

Vergleichende Übersicht: Neue Wandfliesen in Feuchträumen (Fliesenpreis ca. 35,– DM/m²)

Nr.	Alternative Konstruktionen	Reine Arbeitszeit je Person und Einheit	Summe der Leerzeiten	Bauteilkosten in DM
1	Abschlagen, Zementputz, Fliesen kleben	2,07 Std./m²	4 Tage	186,– DM/m²
2	Abschlagen, neuer MP 75, Fliesen kleben	1,87 Std./m²	23 Tage	190,– DM/m²
3	Abschlagen, Fliesen in Mörtel setzen	2,23 Std./m²	3 Tage	200,– DM/m²
4	GKB-I-Platte über Altputz, Fliesen kleben	1,60 Std./m²	2 Tage	192,– DM/m²
5	Überkleben vorhandener Fliesen	1,20 Std./m²	2 Tage	140,– DM/m²

1.7 Deckenbekleidungen in Wohnräumen (m²)

Konstruktionen:	Arbeitsgänge / Leerzeiten					
1 Altputz abschlagen, Heraklith-Platten als Putzträger aufbringen, Naßputz aufbringen, Rauhfaser, Anstrich	Arbeitsgang 1: Putz abschlagen, Heraklithplatten, Putz MP 75	Leerzeit 1: Trocknungszeit vor nächstem Arbeitsgang	Arbeitsgang 2: Neutralisieren, Grundieren des Putzes	Leerzeit 2: Trocknungszeit vor dem Tapezieren	Arbeitsgang 3: Rauhfaser kleben, Anstrich mit Dispersionsfarbe	Fertig
	0,7 m²/Std.	6 Tage	20 m²/Std.	1 Tag	4,5 m²/Std.	
2 Altputz abschlagen, Gipskartonbauplattenverkleidung, Spachtelung, Rauhfaser, Anstrich	Arbeitsgang 1: Putz abschlagen, GK-Bauplattenverkleidung	Arbeitsgang 2: Plattenfugen überspannen und spachteln	Leerzeit 1: Trocknungszeit vor nächstem Arbeitsgang	Arbeitsgang 3: Neutralisieren, Grundieren der Bauplatten	Leerzeit 2: Trocknungszeit vor nächstem Arbeitsgang	Arbeitsgang 4: Rauhfaser kleben, Anstrich mit Dispersionsfarbe
	1 m²/Std.	12 m²/Std.	1 Tag	24 m²/Std.	0,5 Tage	4,5 m²/Std.
3 Lattenkonstruktion als Tragkonstruktion auf Altputz aufbringen, Verbretterung mit N-F-Fichtenbrettern	Arbeitsgang 1: Lattung als Tragkonstruktion anbringen	Arbeitsgang 2: Verbretterung auf der Lattung befestigen	Arbeitsgang 3: Oberflächenbehandlung, 1. Anstrich	Leerzeit 1: Trocknungszeit vor nächstem Arbeitsgang	Arbeitsgang 4: Oberflächenbehandlung, Schlußanstrich	Fertig
	2 m²/Std.	1 m²/Std.	20 m²/Std.	1 Tag	30 m²/Std.	
4 Abhängekonstruktion aus Metallprofilen unter Altputz, GKB-Beplankung, Spachtelung, Rauhfaser, Anstrich	Arbeitsgang 1: Abhängekonstruktion aus Metallprofilen montieren	Arbeitsgang 2: Gipskartonplatten unterseitig montieren	Arbeitsgang 3: Plattenstöße überspannen und spachteln	Leerzeit 1: Trocknungszeit vor nächstem Arbeitsgang	Arbeitsgang 4: Neutralisieren, Grundieren der Bauplatten	Leerzeit 2: Trocknungszeit vor dem Tapezieren
	2,5 m²/Std.	2,5 m²/Std.	12 m²/Std.	1 Tag	24 m²/Std.	0,5 Tage
	Arbeitsgang 5: Rauhfaser kleben, Anstrich mit Dispersionsfarbe	Fertig				
	4,5 m²/Std.					

Vergleichende Übersicht: Deckenbekleidungen in Wohnräumen				
Nr.	**Alternative Konstruktionen**	**Reine Arbeitszeit je Person und Einheit**	**Summe der Leerzeiten**	**Bauteilkosten in DM**
1	Abschlagen, Naßputz auf Träger, Rauhfaser	1,70 Std./m^2	7 Tage	87,- DM/m^2
2	Abschlagen, Trockenputz, Rauhfaser	1,35 Std./m^2	1,5 Tage	75,- DM/m^2
3	Holzverbretterung unter Altputz	1,58 Std./m^2	1 Tag	78,- DM/m^2
4	Abhängedecke mit Gipskarton, Rauhfaser	1,32 Std./m^2	1,5 Tage	83,- DM/m^2

1.8 Verbessern von Holzgeschoßtreppenstufen (Stck)

Konstruktionen:	Arbeitsgänge / Leerzeiten					
1 Spachteln von kleinen Schäden an den Stufen, lackieren der Auftritte und Setzstufen, incl. Wangenanteilen	Arbeitsgang 1: Reinigen, spachteln, grundieren und vorstreichen; 8 Stck/Std.	Leerzeit 1: Trocknungszeit vor nächstem Arbeitsgang; 1 Tag	Arbeitsgang 2: Lackieren von Auftritten, Setzstufen, Wangen; 8 Stck/Std.	Leerzeit 2: Trocknung bis zur Begehbarkeit; 2 Tage	Fertig	
2 Abschleifen der Auftritte, mehrfach Versiegeln, Setzstufen und Wangen anteilig lackieren	Arbeitsgang 1: Reinigen, abschleifen der Stufen, beispachteln; 7 Stck/Std.	Leerzeit 1: Trocknungszeit für die Spachtelung; 0,5 Tage	Arbeitsgang 2: Auftritte einmal versiegeln; 10 Stck/Std.	Leerzeit 2: Trocknungszeit vor nächster Versiegelung; 1 Tag	Arbeitsgang 3: Auftritte zum 2. Mal versiegeln; 12 Stck/Std.	Leerzeit 3: Trocknungszeit vor nächster Versiegelung; 0,5 Tage
	Arbeitsgang 4: Auftritte zum 3. Mal versiegeln; 12 Stck/Std.	Leerzeit 4: Trocknung bis zur Begehbarkeit; 2 Tage	Arbeitsgang 5: Setzstufen, Wangen grundieren, vorstreichen; 20 Stck/Std.	Leerzeit 5: Trocknungszeit vor nächstem Arbeitsgang; 1 Tag	Arbeitsgang 6: Schlußlackierung der Setzstufen und Wangen; 20 Stck/Std.	Leerzeit 6: Trocknung bis zur Begehbarkeit; 1 Tag
3 Anbringen von Metallkantenprofilen und Ausspachteln ausgetretener Auftritte, PVC-Belag der Auftritte mit Stufenkante, Setzstufen lackieren	Arbeitsgang 1: Profile anbringen, reinigen, beispachteln; 4 Stck/Std.	Leerzeit 1: Trocknungszeit vor nächstem Arbeitsgang; 1 Tag	Arbeitsgang 2: PVC-Belag mit Stufenkantenprofilen anbringen; 6 Stck/Std.	Arbeitsgang 3: Setzstufen, Wangen grundieren, vorstreichen; 20 Stck/Std.	Leerzeit 2: Trocknungszeit vor nächstem Arbeitsgang; 1 Tag	Arbeitsgang 4: Schlußlackierung der Setzstufen, Wangen; 20 Stck/Std.
	Leerzeit 3: Trocknung bis zur Begehbarkeit; 1 Tag	Fertig				

Vergleichende Übersicht: Verbessern von Holz-Geschoßtreppenstufen				
Nr.	**Alternative Konstruktionen**	**Reine Arbeitszeit je Person und Einheit**	**Summe der Leerzeiten**	**Bauteilkosten in DM**
1	Lackieren Auftritte, Setzstufen, Wangen	0,26 Std./Stck.	3 Tage	14,– DM/Stck.
2	Abschleifen, Versiegeln Auftritte	0,52 Std./Stck.	6 Tage	17,– DM/Stck.
3	Metallkanten, PVC-Belag der Auftritte	0,52 Std./Stck.	3 Tage	43,– DM/Stck.

1.9 Erneuerung von Innentüren (Stck)

Konstruktionen:		Arbeitsgänge / Leerzeiten				
1	Normtür ausbauen, neue Tür, vorgrundiert, einbauen, lackieren von Türblatt und Zarge	Arbeitsgang 1: Alte Tür ausbauen, vorgrundierte Zarge einbauen, Beiputz – 0,2 Stck/Std.	Arbeitsgang 2: Zarge, Türblatt, vorgrundiert, fertig lackieren – 2 Stck/Std.	Leerzeit 1: Trocknungszeit für den Anstrich – 1 Tag	Arbeitsgang 3: Türblatt einhängen, Beschläge montieren – 10 Stck/Std.	Fertig
2	Normtür ausbauen und fertig endbeschichtete Tür einbauen	Arbeitsgang 1: Alte Tür ausbauen, Zarge einbauen, Beiputz – 0,2 Stck/Std.	Arbeitsgang 2: Türblatt einhängen, Beschläge montieren – 10 Stck/Std.	Fertig		

Nr.	Beschreibung	Arbeitsgang 1	Arbeitsgang 2	Arbeitsgang 3	Arbeitsgang 4	Leerzeit 1	Arbeitsgang 5
3	Sondergröße durch Beimauern/Sturz auf Normgröße bringen, neue Tür vorgrundiert einbauen, lackieren von Türblatt und Zarge	Alte Tür ausbauen, incl. Zarge	Beimauerungen und Fertigsturz einbauen	Zarge einbauen, vorgrundiert, Beiputz	Zarge, Türblatt lackieren	Trocknungszeit für den Anstrich	Türblatt einhängen, Beschläge montieren
		2 Stck/Std.	0,15 Stck/Std.	0,22 Stck/Std.	2 Stck/Std.	1 Tag	10 Stck/Std.

Nr.	Beschreibung	Arbeitsgang 1	Arbeitsgang 2	Arbeitsgang 3	
4	Überstülpzargentür unter Beibehaltung der alten Zarge einbauen, fertig folienbeschichtete Oberfläche	Türblatt aushängen, Fitschen, Profile entfernen	Neue Zarge über alter Zarge einbauen	Türblatt einhängen, Beschläge montieren	Fertig
		5 Stck/Std.	0,2 Stck/Std.	10 Stck/Std.	

Vergleichende Übersicht: Erneuerung von Innentüren, Wandstärke bis 24 cm

Nr.	Alternative Konstruktionen	Reine Arbeitszeit je Person und Einheit	Summe der Leerzeiten	Bauteilkosten in DM
1	Normgröße, Blatt und Zarge lackieren	5,6 Std./Stck	1 Tag	650,- DM/Stck
2	Normgröße, Blatt und Zarge furniert	5,1 Std./Stck	-	750,- DM/Stck
3	Übergröße, Beimauerung, lackieren	12,3 Std./Stck	1 Tag	900,- DM/Stck
4	Übergröße, Überstülpzarge, folienbeschichtet	5,3 Std./Stck	-	1090,- DM/Stck

1.10 Erneuerung von Fenstern, Verglasungen (m^2)

	Konstruktionen:	Arbeitsgänge / Leerzeiten					
1	Stufenisolierverglasung in vorhandene Fensterflügel einbauen, überlackieren des Fensters	Arbeitsgang 1 Ausbau Verglasung, Falze reinigen, vorstreichen 2 m^2/Std.	Leerzeit 1 Trocknungszeit vor nächstem Arbeitsgang 0,5 Tage	Arbeitsgang 2 Stufen-Isolierverglasung einbauen 4 m^2/Std.	Arbeitsgang 3 Rahmen beiarbeiten, beidseitig vorlackieren 2 m^2/Std.	Leerzeit 2 Trocknungszeit vor nächstem Arbeitsgang 1 Tag	Arbeitsgang 4 Beidseitige Schlußlackierung des Rahmens 1,6 m^2/Std.
2	Zweite Glasscheibe innen auf die Fensterflügel aufbringen, in Kunststoffrahmen zum Öffnen	Arbeitsgang 1 Reinigen der Fensterflügel innenseitig 20 m^2/Std.	Arbeitsgang 2 Glasscheibe in Fertigrahmen innen aufbringen 6 m^2/Std.	Fertig			
3	Kunststoffenster über zu erhaltendem Blendrahmen als Überstülpkonstruktion einbauen, fertig isolierverglast	Arbeitsgang 1 Alte Flügel, Fitschen ausbauen, Blendrahmen imprägnieren 3 m^2/Std.	Arbeitsgang 2 Überstülp-Fenster einbauen, fertig verglast 3 m^2/Std.	Fertig			
4	Altes Fenster ausbauen, neues Kunststoffenster mit Isolierverglasung einbauen, Beiputz, neue Innenfensterbank einbauen	Arbeitsgang 1 Fenster, alte Fensterbank ausbauen, innen 5 m^2/Std.	Arbeitsgang 2 Neues Fenster einbauen, Verglasung einsetzen 1,7 m^2/Std.	Arbeitsgang 3 Neue Fensterbank einbauen, innen 2,5 m^2/Std.	Arbeitsgang 4 Beiputz, dauerelastische Versiegelung 1,3 m^2/Std.	Fertig	

Nr.	Beschreibung	Arbeitsgang 1	Arbeitsgang 2	Arbeitsgang 3	Arbeitsgang 4	Arbeitsgang 5	Leerzeit 1	Arbeitsgang 6	
5	Altes Fenster ausbauen, neues Holzfenster mit Isolierverglasung einbauen, Oberflächenbehandlung, neue Innenfensterbank einbauen	Fenster, alte Fensterbank innen ausbauen	Neues, vorgrundiertes Fenster einbauen, verglasen	Neue Fensterbank innen einbauen	Beiputz, dauerelastische Versiegelung	1. Anstrich Oberflächenbehandlung, beidseitig	Trocknungszeit vor dem Schlußanstrich	Beidseitige Schlußlackierung des Rahmens	Fertig
		5 m²/Std.	1,7 m²/Std.	2,5 m²/Std.	1,3 m²/Std.	1,6 m²/Std.	1 Tag	1,6 m²/Std.	

Nr.	Beschreibung	Arbeitsgang 1	Arbeitsgang 2	Arbeitsgang 3	Arbeitsgang 4	Leerzeit 1	Arbeitsgang 5
6	Altes Fenster ausbauen, neues Holz-Doppelfenster mit 2 Scheiben einbauen, Oberflächenbehandlung, Beiputz	Fenster, alte Fensterbank innen ausbauen	Neue vorgrundierte Fenster einbauen, verglasen	Beiputz, dauerelastische Versiegelung	1. Anstrich Oberflächenbehandlung, vierseitig	Trocknungszeit vor dem Schlußanstrich	Schlußlackierung der Rahmen, vierseitig
		5 m²/Std.	0,7 m²/Std.	1,3 m²/Std.	0,7 m²/Std.	1 Tag	0,7 m²/Std.

Vergleichende Übersicht: Erneuerung von Fenstern, Verglasungen

Nr.	Alternative Konstruktionen	Reine Arbeitszeit je Person und Einheit	Summe der Leerzeiten	Bauteilkosten in DM
1	Stufenisolierglas, beidseitig lackieren	1,9 Std./m²	1,5 Tage	380,- DM/m²
2	Zweite Glasscheibe innen	0,2 Std./m²	-	320,- DM/m²
3	Überstülp-Kunststoffenster	0,7 Std./m²	-	610,- DM/m²
4	Kunststoffenster, neue Innenbank	2,0 Std./m²	-	510,- DM/m²
5	Holzfenster, neue Innenbank, Oberflächenbehandl.	3,2 Std./m²	1 Tag	590,- DM/m²
6	Holz-Doppelfenster, Oberflächenbehandlung	5,3 Std./m²	1 Tag	1090,- DM/m²

1.11 Sanitärleitungen - Fallrohr, Gas, Wasser (m)

Konstruktionen:	Arbeitsgänge / Leerzeiten					
	Arbeitsgang 1	Arbeitsgang 2	Arbeitsgang 3	Arbeitsgang 4	Leerzeit 1	Arbeitsgang 5
1 Verlegung der Ver- und Entsorgungsleitungen auf der Wand in Abstellräumen, unverkleidet	Deckendurchbrüche anlegen für die Verlegung	Fallrohr für Abwasser verlegen, befestigen	Wasser-Versorgungsleitung verlegen, befestigen	Gas-Versorgungsleitung verlegen, befestigen	Abdrücken der Gasleitungen	Deckendurchbrüche isolieren, dann schließen
	3 Stck/Std.	2,5 m/Std.	2,5 m/Std.	2,5 m/Std.	0,5 Tage	2 Stck/Std.
	Arbeitsgang 1	Arbeitsgang 2	Arbeitsgang 3	Arbeitsgang 4	Leerzeit 1	Arbeitsgang 5
2 Verlegung der Ver- und Entsorgungsleitungen auf der Wand, Dämmung, Verkleidung mit GKB-Platten, Spachtelung der Platten	Deckendurchbrüche anlegen	Fallrohr für Abwasser verlegen, befestigen	Wasser-Versorgungsleitungen verlegen, befestigen	Gas-Versorgungsleitung verlegen, befestigen	Abdrücken der Gasleitungen	Deckendurchbrüche isolieren, dann schließen
	3 Stck/Std.	2,5 m/Std.	2,5 m/Std.	2,5 m/Std.	0,5 Tage	2 Stck/Std.
	Arbeitsgang 6	Arbeitsgang 7	Leerzeit 2			
	GK-Plattenverkleidung auf Unterkonstruktion	Plattenstöße überspannen, spachteln	Trocknungszeit vor nächstem Arbeitsgang	Fertig		
	3 m/Std.	12 m/Std.	1 Tag			
	Arbeitsgang 1	Arbeitsgang 2	Arbeitsgang 3	Arbeitsgang 4	Leerzeit 1	Arbeitsgang 5
3 Einstemmen der Leitungen in vorhandenes Mauerwerk, Verlegung, Dämmung, Überspannen mit Putzträger, Naßputz	Schlitz und Deckendurchbrüche herstellen	Fallrohr für Abwasser verlegen, befestigen	Wasser-Versorgungsleitung verlegen, befestigen	Gas-Versorgungsleitung verlegen, befestigen	Abdrücken der Gasleitungen	Deckendurchbrüche isolieren, dann schließen
	2 m/Std.	2,5 m/Std.	2,5 m/Std.	2,5 m/Std.	0,5 Tage	2 Stck/Std.
	Arbeitsgang 6	Leerzeit 2				
	Streckmetallüberspannung, mit Naßputz beiputzen	Trocknungszeit vor nächstem Arbeitsgang	Fertig			
	2 m/Std.	6 Tage				

Vergleichende Übersicht: Sanitärleitungen - Fallrohr, Gas, Wasser				
Nr.	**Alternative Konstruktionen**	**Reine Arbeitszeit je Person und Einheit**	**Summe der Leerzeiten**	**Bauteilkosten in DM**
1	Vor der Wand verlegt, unverkleidet	2,0 Std./m	0,5 Tage	240,- DM/m
2	Vor der Wand verlegt, GKB-Verkleidung	2,5 Std./m	1,5 Tage	320,- DM/m
3	Eingestemmt, naß verputzt	2,7 Std./m	6,5 Tage	320,- DM/m

1.12 Heizleitungen horizontal (m)

Konstruktionen:		Arbeitsgänge / Leerzeiten				
1	Verlegung der Leitungen oberhalb der Fußleiste auf der Wand, lackieren im Wandton	Arbeitsgang 1 Wanddurchbrüche, Leitungen verlegen, isolieren im WD 2,5 m/Std.	Leerzeit 1 Abdrücken der Rohrleitungen auf Dichtheit 0,5 Tage	Arbeitsgang 2 Wanddurchbrüche schließen, Rohrleitungen lackieren 20 m/Std.	Fertig	
2	Demontieren vorhandener Fußleisten, Verlegung der Leitungen hinter Spezial-Fußleistenprofil	Arbeitsgang 1 Vorhandene Fußleisten demontieren 60 m/Std.	Arbeitsgang 2 Wanddurchbrüche, Leitungen verlegen, isolieren im WD 2,5 m/Std.	Leerzeit 1 Abdrücken der Rohrleitungen auf Dichtheit 0,5 Tage	Arbeitsgang 3 Wanddurchbrüche schließen, Fußleistenprofil montieren 5 m/Std.	Fertig

3	Demontieren vorhandener Fußleisten, Anlegen Horizontalschlitz, Leitungsverlegung, Beiputzen, neue Fußleiste anbringen	Arbeitsgang 1	Arbeitsgang 2	Arbeitsgang 3	Leerzeit 1	Arbeitsgang 4	Leerzeit 2
		Vorhandene Fußleisten demontieren	Horizontalschlitze, Wanddurchbrüche stemmen	Leitungen verlegen, isolieren im Wandschlitz	Abdrücken der Rohrleitungen auf Dichtheit	Horizontalschlitz vermörteln, beiputzen	Trocknungszeit vor Anbringen der Fußleisten
		60 m/Std.	2 m/Std.	2,2 m/Std.	0,5 Tage	4 m/Std.	3 Tage
		Arbeitsgang 5	Fertig				
		Anbringen der Fußleisten, lackieren					
		4,5 m/Std.					

Vergleichende Übersicht: Heizleitungen horizontal

Nr.	Alternative Konstruktionen	Reine Arbeitszeit je Person und Einheit	Summe der Leerzeiten	Bauteilkosten in DM
1	Oberhalb der Fußleisten auf der Wand	0,45 Std./m	0,5 Tage	35,- DM/m
2	Hinter Spezial-Fußleistenprofil	0,62 Std./m	0,5 Tage	62,- DM/m
3	In Horizontalschlitz, neue Fußleiste	0,95 Std./m	3,5 Tage	92,- DM/m

1.13 Verschiedene Heizflächen (Stck)

Konstruktionen:	Arbeitsgänge / Leerzeiten					
	Arbeitsgang 1	Arbeitsgang 2	Arbeitsgang 3	Arbeitsgang 4	Leerzeit 1	Arbeitsgang 5
1 Anschließen von Stahlradiatoren mit Thermostatventilen an neues Heizsystem, lackieren	Stahlradiator anpassen und montieren	Demontieren für Malerarbeiten, lagern	Wandhintergrund hinter Heizkörper streichen	Stahlradiator lackieren, 1x	Trocknungszeit Wand und Radiator	Radiator, Thermostatventile montieren
	0,5 Stck/Std.	6 Stck/Std.	3 Stck/Std.	1 Stck/Std.	1 Tag	5 Stck/Std.
	Arbeitsgang 1	Arbeitsgang 2				
2 Anschließen von fertig einbrennlackierten Flächenheizkörpern mit Thermostatventilen an neues Heizsystem	Fertig lackierten Heizkörper montieren	Thermostatventile anbringen	Fertig			
	1 Stck/Std.	8 Stck/Std.				

Vergleichende Übersicht: Verschiedene Heizflächen - incl. Lieferung

Nr.	Alternative Konstruktionen	Reine Arbeitszeit je Person und Einheit	Summe der Leerzeiten	Bauteilkosten in DM
1	Stahl-Gliederradiator, lackieren	2,20 Std./Stck	1 Tag	320,- DM/Stck
2	Fertig lackierter Flächenheizkörper	1,13 Std./Stck	-	345,- DM/Stck

1.14 Montage von Wärmeerzeugern (Stck)

Konstruktionen:		Arbeitsgänge / Leerzeiten					
1	Zentralen Gasheizkessel aufstellen, an das Leitungsnetz anschließen, Anschluß an Gasversorgung, Elektroverdrahtung	**Arbeitsgang 1** Betonieren des Montagesockels für den Wärmeerzeuger 0,5 Stck/Std.	**Leerzeit 1** Abbindezeit bis zur Belastbarkeit 3 Tage	**Arbeitsgang 2** Kessel aufstellen, befestigen, Kaminanschluß 0,2 Stck/Std.	**Arbeitsgang 3** Anschluß an Gasnetz und Heizrohrsystem 0,25 Stck/Std.	**Arbeitsgang 4** Elektroverdrahtung, Steuerung anschließen 0,5 Stck/Std.	Fertig
2	Gas-Etagenheiztherme montieren, an das Leitungsnetz anschließen, Gasanschluß, Elektroverdrahtung	**Arbeitsgang 1** Halterung und Montageplatte anbringen 0,25 Stck/Std.	**Arbeitsgang 2** Beiputz, Anstrich des Wandhintergrundes 3 Stck/Std.	**Leerzeit 1** Trocknungszeit vor nächstem Arbeitsgang 1 Tag	**Arbeitsgang 3** Therme montieren, Kaminanschluß 0,3 Stck/Std.	**Arbeitsgang 4** Anschluß an Gasnetz und Heizrohrsystem 0,3 Stck/Std.	**Arbeitsgang 5** Elektroverdrahtung, Steuerung anschließen 0,5 Stck/Std.

Vergleichende Übersicht: Montage von Wärmeerzeugern – incl. Lieferung (Projektgröße: 20 WE)

Nr.	Alternative Konstruktionen	Reine Arbeitszeit je Person und Einheit	Summe der Leerzeiten	Bauteilkosten in DM
1	Zentraler Gas-Heizkessel für 20 WE	13 Std./Stck x 1 Stck = 13 Std.	3 Tage	11 500,– DM/Stck
2	Gasetagen-Heizthermen für 20 WE	13 Std./Stck x 20 Stck = 260 Std.	1 Tag	3000,– DM/Stck x 20 = 60 000,– DM

2 Lebensdauer von Bauteilen

Die Kenntnis der Lebensdauer ist für die Beurteilung einer Konstruktion außerordentlich wichtig. Gleichwohl ist die Ermittlung verläßlicher Werte recht schwierig, da intensive Langzeituntersuchungen fehlen und sehr viele Faktoren die Lebensdauer erheblich beeinflussen.

Typische Einflußfaktoren sind beispielsweise Baustoff, Bauart, Einbauort, Bewitterung, Abnutzung oder Pflegeaufwendung.

Alle diese Faktoren sind von Haus zu Haus sehr unterschiedlich und lassen sich im voraus nur schwer bestimmen.

Es ist deshalb klar, daß alle Angaben über die Lebensdauer von Konstruktionen nur Durchschnittswerte sein können, die im Einzelfall deutlich über- oder unterschritten werden können.

Andererseits sind Werte über Lebensdauern unabdingbar, da sie die einzige Kenngröße darstellen, die etwas über die Dauerhaftigkeit einer Konstruktion aussagt.

Um diesen komplizierten Bereich möglichst transparent darzustellen, haben wir die Lebensdauerangaben aus drei verschiedenen Quellen zusammen- und gegenübergestellt.

Die Tabellen wurden folgenden Quellen entnommen:

A = Wertermittlungs-Richtlinien des Bundes vom 31. 5. 76

B = Häufigkeitskatalog des Gesamtverbandes Gemeinnütziger Wohnungsunternehmen e. V., Köln

C = Werte aufgrund eigener Ermittlungen unter Zugrundelegung von Firmenangaben für den Bereich der Altbaumodernisierung

		Lebensdauer in Jahren		
Bereich	**Bauteil**	**A**	**B**	**C**
Primärkonstruktion	einfache Ausführung	80–200	80	80
	städtische Ausführung	100	80	80
	gehobene Ausführung	100–120	80	80
	monumentale Ausführung	150	80	80
	Leichtwände	–	40	40
Dachhaut	Ziegel, Schiefer	100	26	25–30
	Asbestzement	70–80	26	30
	Zinkblech	40–50	20	30
	Kupferblech	–	–	–
	Doppelte Pappe	20–30	13	20
	Stahlblech	20–30	13	20
	Schornsteinköpfe gemauert	–	–	–
	Schornsteinköpfe Hartbrandsteine	–	–	–
Dachstuhl	Stahl und Holz	80–200	80	80
	Chem. Holzschutz	–	–	–
Dachrinne	Kupferblech	100	26	40
	Zinkblech	40	20	30
	Stahl verzinkt	15–20	16	20
Putz	Deckenputz auf Massivdecken	100	40	80
	Deckenputz auf Putzträger	80	40	50
	Deckenputz in Naßräumen	40	26	30
	Innenwandputz	100	40	50
	Außenwandputz	40–60	20	30
Fußböden	Estrich, Plattenbeläge in Mörtel	80–100	26	25–40
	Ziegelpflaster im Sandbett	–	–	40
	Hartholz (Buche-Eichenparkett)	80–100	40	50
	Weichholz (Nadelholzparkett)	40–60	26	30

Bereich	Bauteil	Lebensdauer in Jahren A	B	C
	Kunststoffbeläge	30–40	20	–
	Linoleum	20–30	20	30
	Steinholz	–	–	–
	Textilbeläge	5–10	7	10
	Holzfußböden u. Holzscheuerleisten	–	–	–
Treppenstufen	Hartholz, Stein	100	26	30
	Weichholz	50–60	26	25
Fenster	Hartholz (Eiche, Meranti)	50–80	40	50
	Weichholz (Nadelholz)	30–50	26	30
	Fensterbänke aus Holz/Asbestzement	20–60	26	30
	Fensterläden	20–25	16	30
	Rolläden (Holz oder Kunststoff)	–	–	–
	Elastische und plastische Verfugungen	–	–	–
Türen	Innentüren	100	26	25–30
	Außentüren (Stahl, Leichtmetall, Eiche)	80–100	40	50
	Außentüren (Nadelholz)	30–50	20	30
Beschläge	Tür- und Fensterbeschläge	30–50	16	20
	Außen-Metallgitter und Geländer	40–50	26	40
Verschalungen	Vertäfelungen (Kunststoff und Asbestzement)	100	26	25–30
	Brettverschalungen	25–30	–	15–30
Elektroinstallation	Unterputzleitungen	50–60	26	40
	Aufputzleitungen	30–40	26	30
	in Feuchträumen	25–30	26	30
	Schalter und Dosen	10–20	12	20

Bereich	Bauteil	Lebensdauer in Jahren A	B	C
	Heißwasserbereiter, Koch- und Heizgeräte	10–15	10	10
Sanitäre Installationen	Wasserrohrleitungen, Kupfer, Kunststoff, Blei	60–80	40	30
	Stahl verzinkt	15–40	26	30
	Stahlrohr, schwarz	50–60	26	25
	Einrichtungsgegenst.	20–40	26	30
	Waschbecken, WC-Becken aus Porzellan	–	–	–
	Badewannen aus Gußeisen, Stahlblech	–	–	–
	Armaturen	–	8	15
	Elektrodurchlauf.	–	–	–
Heizung	Heizkörper, Grauguß	60–80	26	30
	Heizkörper, Stahl, Konvektoren	5–20	26	29
	Rohrleitungen, Kupfer, Kunststoff	60–80	26	30
	Rohrleitungen, Stahlrohr, schwarz	20–50	20	30
	Ventile, Hähne	30–40	12	20
	Heizkessel, Grauguß	20–40	20	30
	Heizkessel, Stahl	15–30	16	30
	Ölofen	15–25	13	20
	Gasheizthermen und Gasdurchlauferhitzer für Warmwasserbereit.	–	–	–
	Gas- und Kohleherd	15–20	12	30
Sonstiges	Anstriche auf Fenstern innen und außen	–	–	3–5
	Anstriche auf Fassaden	–	–	15
	Elastische und plastische Verfugungen	–	–	5–10

3 Literaturverzeichnis

ALLGEMEINE LITERATUR ALTBAUMODERNISIERUNG

Ahnert, R., Krause, K.
Typische Baukonstruktionen von 1860 bis 1960;
Band I
Gründungen, Wände, Decken, Dachtragwerke
Wiesbaden 1986
Band II
Stützen, Treppen, Balkone und Erker, Fußböden, Dachdeckungen
Berlin 1988

Arendt, Claus
Altbau-Erneuerung
Stuttgart 1977

Balkowski, Dieter
Sanierung historischer Bausubstanz
Köln 1982

Braun, Thomas
Techniken der Instandsetzung und Modernisierung im Wohnungsbau
Wiesbaden 1981

Kastner, Richard
Gebäudesanierung
München 1983

Landesinstitut für Bauwesen und angewandte Bauschadensforschung
Typische Schadenspunkte an Wohngebäuden
Aachen 1986

Maniecki, Gerhard
Umbau alter Häuser
Köln 1983

Rau, O., Braune, U.
Der Altbau; Renovieren, Restaurieren, Modernisieren
Stuttgart 1991

Schmitz, H.
Altbaumodernisierung – Konstruktions- und Kostenvergleiche
Köln 1984

Schmitz, H., Herausgeber
Planen und Bauen im Bestand
Stuttgart 1989

Schmitz, H., Fleischmann, R., Meisel, U.
Althausmodernisierung – praxisbezogene Anleitung
Forschungsauftrag MSWV NW
Schriftenreihe Landes- und Stadtentwicklungsforschung des Landes Nordrhein-Westfalen
Band 3.019/I und II (vergriffen)

Schmitz, H., Meisel, U.
Wirtschaftliche Altbaumodernisierung in der Praxis
Schriftenreihe Gesamtverband Gemeinnütziger Wohnungsunternehmen, Heft 21
Köln 1985 (vergriffen)

Schmitz, H., Meisel, U.
Modernisierung und Mieter
Schriftenreihe Gesamtverband Gemeinnütziger Wohnungsunternehmen, Heft 24
Köln 1986

SPEZIELLE PROBLEME DER ALTBAUMODERNISIERUNG/DETAILFRAGEN

Arendt, Claus
Trockenlegung. Leitfaden zur Sanierung feuchter Bauwerke
Stuttgart 1983

Dahmen, Lamers
Feuchtigkeitsschutz in Naßräumen des Wohnungsbaus II
in: »Deutsches Architektenblatt« 7/87

Fachverband des Deutschen Fliesengewerbes
Abdichtung im Verbund mit Fliesen für Innenbereiche
in: »Fliesen und Platten« 4/87

Froelich, Hepp, Löffel, Schmid
Konstruktionsmerkmale für Fenster
in: »Deutsches Architektenblatt« 6/87

Herken, Gerd
Anforderungen an die Abdichtung von Naßräumen des Wohnungsbaus in DIN-Normen
Aachener Bausachverständigentage 1988
Wiesbaden 1988

Internationale Bauausstellung
Berling, Hrsg.
Badeinbau
Berlin 1984

Internationale Bauausstellung
Berling, Hrsg.
Sanierung von Holzbalkendecken
Berlin 1985

Idler, Weber
Hinweise für den Einsatz von Wärmedämmverbundsystemen an Fassadenflächen
in: »Deutsches Architektenblatt« 1/85

Meisel, U.
Naturstein, Erhaltung und Restaurierung von Außenbauteilen
Wiesbaden 1988

Meyer-Bohe, Walter
Gebäude-Erneuerung
1. Folge Fenster und Türen
in: »Das Bauzentrum« 4/87

Mitz, Rudolf
Fußbodensanierung im Altbau
in: »Fußboden« 3/83

Oswald, Rainer
Die Abdichtung von Naßräumen im Wohnungsbau nach dem neuesten Diskussionsstand
Aachener Bausachverständigentage 1988
Wiesbaden 1988

Oswald, Rainer
Sanierungsmaßnahmen bei Außenwänden und Fenstern
in: »Deutsches Architektenblatt« 6/87

Oswald, Rainer
Nachträgliche Wärmedämmung von einschaligen Flachdächern
in: »Deutsches Architektenblatt« 9/84

Oswald, R., Rogier, D., Lamers, R., Schnapauff, V.
Außenwände und Fensteranschlüsse, Konstruktionsempfehlungen zur Altbausanierung
Wiesbaden 1985

Oswald, R., Schnapauff, V.
Nachträglicher Wärmeschutz von Außenwänden
in: »Deutsches Architektenblatt« 10/84

Oswald, R., Schnapauff, V.
Feuchtigkeitsschutz in Naßräumen des Wohnungsbaus I
in: »Deutsches Architektenblatt« 5/87

Sasse, H. R.
Baustoffhandbuch der Altbausanierung
Darmstadt 1980

Seifert, Daler, Heine
Fenster bei Altbauerneuerung
in: »Fenster und Fassade« 2/79

Schild, Oswald, Rogier, Schweikert
Bauteile im Erdreich, Konstruktionsempfehlungen zur Altbaumodernisierung
Wiesbaden 1980

Schmitz, H.
Verfahren/Geräte zur Erfassung von Bauschäden
Schriftenreihe des Landesinstitut für Bauwesen und angewandte Bauschadensforschung
Aachen 1988

Schmitz, H., Böhning, J., Goerdt-Hofacker, H.
Verminderung von Kellerfeuchtigkeit in Altbauten
Schriftenreihe des Landesinstitut für Bauwesen und angewandte Bauschadensforschung
Aachen 1991

Schmitz, H., Stannek, N.
Erhalt von Bauteilen; Hohe Qualität, niedrige Kosten
Köln 1991

KOSTENBERECHNUNG

Schmitz, H.
Altbaumodernisierung – Konstruktions- und Kostenvergleiche
Köln 1984

Schmitz, H., Krings, E., Hutzelmeyer, H.
Baukosten 89/90; Instandsetzung/Sanierung/Modernisierung/ Umnutzung
Essen 1989/90

Schmitz, H., Schilling, M., Conen, M.
Baukosten im ökologisch orientierten Bauen
Schriftenreihe des Landesinstitut für Bauwesen und angewandte Bauschadensforschung
Aachen 1989

BAUPHYSIK

Ast, Bach, Diemer, König, Wagner, Gertis
Energiediagnose für Wohngebäude
Institut für Kernenergetik und Energiesysteme
Stuttgart 1986

Dorff, Robert
Schadensfreie Altbaumodernisierung
Wärmeschutz, Schallschutz, Feuchtigkeitsschutz
BDB-Bildungswerk
Bonn 1986

Gertis, Karl
Temperatur und Luftfeuchte im Innern von Wohngebäuden
Aachener Bausachverständigentage 1988
Wiesbaden 1988

Gertis/Ertel
Verbesserungsmöglichkeiten in Altbauten
Schall – Wärme – Feuchte
Seminarunterlage IBP Stuttgart 1986

Gösele, Karl
Schallschutz im Mauerwerksbau
in: Mauerwerkskalender 1987

Gösele, K., Schüle, W.
Schall, Wärme, Feuchte
Wiesbaden 1985

Hösle, Richard
Austrocknung von Mauerwerk nach der Beschichtung mit einem außenseitigen Wärmedämmverbundsystem
in: »Deutsches Architektenblatt« 2/85

Künzel, Helmut
Instationärer Wärme- und Feuchteaustausch an Gebäudeinnenoberflächen
Aachener Bausachverständigentage 1988
Wiesbaden 1988

Lochner, Ploss
Wärme- und Schalldämmung im Innenausbau
Köln 1979

Schild, Erich
Bauphysik
Braunschweig 1979

WEITERFÜHRENDE LITERATUR

Bundesminister für Raumordnung, Bauwesen und Städtebau (Hrsg.)
Querschnittsbericht Altbaumodernisierung
Schriftenreihe 04 Bau- und Wohnforschung,
Heft Nr. 04.102
Bonn 1984

Böttcher, Hartmann, Schmid
Verbundfenster
in: »Fenster und Fassade« 3/81
Wiesbaden 1981

Cramer, Johannes
Handbuch der Bauaufnahme – Aufmaß und Befund
Stuttgart 1984

Dartsch, Bernhard
Bauen heute in alter Substanz
Historische Baubestimmungen und aktuelle Hinweise
Köln 1990

Dittrich, Helmut
Feuchteschäden im Altbau
Ursache - Verhinderung - Behebung
Köln 1986

Dzierzon, Zull
Altbauten zerstörungsarm untersuchen
Bauaufnahme, Holzuntersuchung, Mauerfeuchtigkeit
Köln 1990

Frick/Knöll/Neumann/Weinbrenner
Baukonstruktionslehre, Teil 1 und Teil 2
Stuttgart 1987

Gerner, Manfred
Fachwerksünden
Schriftenreihe des Deutschen Nationalkomitees für Denkmalschutz, Band 27
Bonn 1986

Gibbins
Großsiedlungen, Bestandspflege und Weiterentwicklung
München 1988

Grassnick/Holzapfel
Der schadenfreie Hochbau
Band 2: Allgemeiner Ausbau
Köln 1982

Grosser, Dietger
Pflanzliche und tierische Bau- und Werkholzschädlinge
Leinfeldchen 1985

Hartmann, Hans-J.
Sanierung von Fenstern
in: »Fenster und Fassade« 1/84

Köneke, Rolf
Schäden am Haus - Ursachen, Beseitigung, Kosten
Köln 1985

Menkhoff, Herbert
Bauunterhaltungskosten von Bauteilen modernisierter Wohngebäude
in: »Deutsches Architektenblatt« 9/84

Nebel, Herbert
Sanieren und Modernisieren von Gebäuden
Wermelskirchen 1986

Nebel, Herbert
Sanieren und Modernisieren von Fachwerkbauten
Schriftenreihe BMBau, Band 04.069
Bonn/Mönchengladbach 1982

ÖGEB
Erhaltung und Erneuerung von Bauten
Band 1 - Grundlagen
Österreichische Gesellschaft zur Erhaltung von Bauten
Wien 1986

Peters, Heinz
Instandhaltung und Instandsetzung von Wohnungseigentum
Wiesbaden 1984

Plümecke, Karl
Preisermittlung für Bauarbeiten
Köln 1989

Pohlenz, Rainer
Der schadenfreie Hochbau
Band 3: Wärmeschutz, Tauwasserschutz und Schallschutz
Köln 1987

Rybicki, Rudolf
Bauschäden an Tragwerken, Teil 1 + 2
Düsseldorf 1978

Schild u. a.
Schwachstellen, Band 1-5
Wiesbaden 1980

Scholz, Wilhelm
Baustoffkenntnis
Düsseldorf 1988

Schmid, Josef
Anforderung an den Wärmeschutz von Fenstern
in: »Fenster und Fassade« 4/83

Schulze, Horst
Fliesenbeläge auf Gipsplatten und Spanplatten in Naßbereichen
Aachener Bausachverständigentage 1988
Wiesbaden 1988

Seifert, Erich
Fenster und Außentüren
Seminarunterlage Akademie der Architektenkammer
Düsseldorf 1979

Stade, Franz
Die Holzkonstruktionen
Leipzig 1989

Weber, Helmut
Mauerfeuchtigkeit
Sindelfingen 1986

Weber, Helmut u. a.
Thermografie im Bauwesen
Kontakt & Studium, Band 81
Grafenau 1982

Zentralverband des Deutschen Dachdeckerhandwerks, (Hrsg.)
Regeln für Dachdeckungen mit Dachziegeln und Dachsteinen
Berlin 1984